共享经济

组织形态与行为革新

SHARING ECONOMY

organizational form and behavioral innovation

赵慧娟 / 著

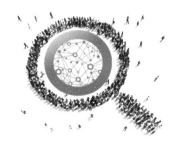

经济管理出版社

ECONOMY & MANAGEMENT PUBLISHING HOUSE

图书在版编目（CIP）数据

共享经济：组织形态与行为革新 / 赵慧娟著 . — 北京：经济管理出版社，2021.6
ISBN 978-7-5096-8068-1

Ⅰ . ①共… Ⅱ . ①赵… Ⅲ . ①商业模式—研究 Ⅳ . ① F71

中国版本图书馆 CIP 数据核字（2021）第 115811 号

组稿编辑：杨 雪
责任编辑：杨 雪 詹 静 王 蕾
责任印制：张馨予
责任校对：陈 颖

出版发行：经济管理出版社
　　　　　（北京市海淀区北蜂窝 8 号中雅大厦 A 座 11 层　100038）
网　　　址：www.E-mp.com.cn
电　　话：（010）51915602
印　　刷：唐山昊达印刷有限公司
经　　销：新华书店
开　　本：710mm×1000mm/16
印　　张：17
字　　数：236 千字
版　　次：2021 年 8 月第 1 版　2021 年 8 月第 1 次印刷
书　　号：ISBN 978-7-5096-8068-1
定　　价：79.00 元

共享经济（Sharing Economy），又称分享经济，是在互联网时代产生的一种新型经济形态和资源配置方式，短时间内既成为影响全球的经济现象，也成为学术界研究的热点问题。特别是 2020 年以来，在抗击新冠肺炎疫情过程中，诸如网约车、共享员工、在线教育等共享经济新形态发挥了重要作用，共享经济充分表现出其在整合闲置资源、快速高效满足多样需求、创造新价值方面的潜力，成为后疫情时代推动经济社会发展的新引擎。我国高度重视共享经济的发展，出台了《关于促进共享经济发展的指导性意见》等一系列支持性政策，在"十四五"规划中将促进共享经济健康发展列为国家层面的发展战略。近年来，中国企业在其中扮演了越来越重要的角色，已成为共享经济在全球的引领者。根据 2017~2020 年《中国共享经济发展年度报告》和 2019 年《胡润全球"独角兽"榜》的数据，在"独角兽"企业数量上，2017 年中国成为世界第一，其中一半具有共享经济属性，滴滴出行和美团点评等企业进入了前十名，近年来又有多家共享经济型企业进入"独角兽"行列。由此可见，共享经济及其引领的一系列商业实践已成为重要的经济现象。

共享经济最早于 2008 年在美国兴起，是利用闲置的房源、车辆、时间、技能服务等进行共享，进而产生经济价值。什么是共享经济？从微观层面上说，共享经济就是人们把自己闲置的资源拿出来与他人分享，并相互获益的一种行为；从宏观层面来看，它是这种微观行为产生的新的经济形态。它有两大先决条件：产能过剩的经济形势和移动互联网技术。

　　如今，我们正处于共享经济的黄金时代，人们会越来越多地认识到分享过剩资源的意义与重要性，致力于努力挖掘平台与个人的重要价值。"共享"二字蕴含着无限大的想象空间，如今，云计算、大数据、宽带网络与智能终端等智慧化力量的聚合，催生着"共享经济"的新形态。它改变着我们传统的"拥有""产权"等核心观念，转变为"使用""信用""合作"。"共享平台""人人参与"改变着我们的政府、企业与人的角色，冲击着现有社会的分工和监管。

　　早在 1978 年，美国得克萨斯州立大学社会学教授马科斯·费尔逊和伊利诺伊大学社会学教授琼·斯潘思就提出了"共享经济"这一术语。2000 年之后，随着互联网"2.0 时代"的到来，逐步为共享经济的发展奠定了技术基础，尤其是移动互联网的发展。2010 年前后，Uber、Airbnb 等一系列实物共享平台的出现，才真正将"共享经济"理论付诸实践，一时间"共享经济"一词迅速火遍全球，成了一种潮流。同时，共享经济也在逐渐改变着人们的生活：出行有网约车、共享单车、共享汽车；吃饭有众多外卖 O2O；家政服务有 e 袋洗、河狸家等共享服务；甚至还有随叫随到的上门美甲、上门按摩等，似乎所有的产品都可以和共享经济搭上边，大到宝马轿车，小到充电宝、雨伞，无所不能，并使越来越多的创业者、投资者开始尝试、探索"共享经济"商业模式。共享经济企业如雨后春笋般冒了出来，尤其是在共享出行领域。

　　2014~2016 年，共享经济经历了疯狂的发展时期，根据国家信息中心统计数据显示，2016 年我国共享经济市场交易额达 3.45 万亿元，同比增长 103%，这一增速位居全球之冠，而 2017 年，共享经济企业又出现了纷纷倒闭的现象。倒闭的共享经济企业至少有 19 家，其中包括 7 家共享单车企业、2 家共享汽车企业、7 家共享充电宝企业、1 家共享租衣企业、1家共享雨伞企业和 1 家共享睡眠仓企业。毫无疑问，共享经济将是我国经济发展的一大趋势，但是为何还有那么多共享经济企业纷纷倒闭呢？这里面不乏一些狂热的创业者和投资者，以为披上"共享经济"的华丽外衣，就可以拿到融资，进而盈利，其实不然。到底什么是共享经济？我们必须有一个清楚的认识。

《中国共享经济发展年度报告（2020）》显示，2019年是我国共享经济深度调整的一年。受到国际国内宏观经济下行压力加大等多种因素影响，共享经济市场交易规模增速显著放缓，直接融资规模也大幅下降。共享经济在稳定就业方面发挥了积极作用。在整体就业形势压力较大的情况下，共享经济领域就业仍然保持了较快增长。平台员工数为623万人，比2018年增长4.2%；共享经济参与者人数约8亿人，其中提供服务者人数约7800万人，同比增长4%。共享经济在推动服务业结构优化、促进消费方式转型等方面的作用进一步显现。长期来看，共享经济发展"危"中藏"机"：在疫情期间网络技术在各个领域的应用得到进一步深化，人们的在线消费习惯得到进一步培养，作为共享制造重要基础的产业互联网发展面临新的契机。报告认为，2020年共享经济增速将因疫情影响而出现一定幅度的回落，预计在8%~10%；2021年和2022年增速将有较大回升，预计未来3年间年均复合增速将保持在10%~15%。

据《中国共享经济发展年度报告（2021）》和《中国共享经济发展年度报告（2020）》显示，在2020年暴发的新冠肺炎疫情冲击下的共享经济整体市场规模增速大幅放缓，不同领域发展的不平衡状况更加突出。知识技能、医疗共享等领域的市场规模大幅增长，共享住宿、共享办公、交通出行等需要通过线下活动完成交易闭环的领域出现显著下滑。2020年共享经济参与者人数约为8.3亿人，其中服务提供者约为8400万人，同比增长约7.7%；平台企业员工数约631万人，同比增长约1.3%。我国就业形势总体稳定并好于预期，离不开一系列保就业政策的实施，也得益于共享经济发展提供了大量灵活就业岗位。在疫情期间，5G、人工智能、物联网等技术得到更广泛应用，推动了线上和线下加速融合，共享型服务和消费新业态新模式发展加速，成为提升经济韧性和活力的重要力量。

当然，在瞬息万变的互联网时代，我们要时常具有分析判断的能力。

关于"共享经济",有以下几个不可回避的问题:

（1）它的本质特征是什么？共享经济的业务模式是什么？

（2）共享经济下组织形态有哪些演变？

（3）共享经济下个人与组织的关系是什么样的？

（4）共享经济实现组织的协同管理了吗？

（5）共享经济对企业的组织文化有何影响？

（6）共享经济下企业组织的领导行为有何变化？

读完本书,你会发现,在共享经济下的组织形态、组织行为与组织管理值得我们研究,共享经济下企业的组织变革也势在必行。人们已经为此思考了很多,但很多方面仍然还有待于我们在后续与共享经济有关的书中去——发现并深入研究。

目录
CONTENTS

第二章
共享经济与组织
形态的演变

CHAPTER 02

第三章
共享经济下的
个体与组织

CHAPTER 03

第四章
共享经济组织的
协同管理

CHAPTER 04

第六章
共享经济领导
行为

CHAPTER 06

第七章
共享经济下组织的
转型与变革

CHAPTER 07

CHAPTER
01

第一章

共享经济概述

共享经济作为反映就业形势和经济走势的一个风向标，从发展前景看，共享经济是一种技术、制度和组织的组合创新方式，无论是从培育经济增长新动能，推进产业转型升级，还是从满足消费者巨大的潜在需求来看，共享经济的作用远未充分释放，共享经济向各领域加速渗透融合的大趋势不会改变。目前，国内外学术界对共享经济崛起和发展的讨论颇多，但是关于共享经济的理论阐释却众说纷纭。因此，系统地梳理相关理论的演变过程、定义和主要特征，对深入研究我国共享经济的相关课题显得尤为重要。

◉ 第一节　共享经济的内涵与构成

一、共享经济的演变

共享经济（Sharing Economy），也叫作协同消费（Collaborative Consumption），一般是指以获得一定报酬为主要目的，基于陌生人且存在物品使用权暂时转移的一种新的经济模式。最早是由西方社会学学者从探讨社区结构的消费者行为中引申出来的。当时的移动互联网技术、智能手机尚未出现，消费活动受到时间、空间和频率的局限，导致共享经济未能大范围应用到经济生活中。

2007 年以来，日臻完善的云计算、在线支付和移动互联网等技术，为共享经济的迅猛发展提供了沃土。这些技术的广泛应用极大地提升了第三方平台的整合能力，消除了商品和服务的提供方和消费者之间在时间和空间上的屏障，提高了交易双方的活动频率和效率。共享经济也因此经过了30 多年的酝酿和发展，并逐渐形成较为完整的理论体系。

（1）共享经济的雏形。1978 年，美国学者马科斯·费尔逊（Marcus Felson）和琼·斯潘思（Joe L. Spaeth）在《社区结构和协同消费：基于日常活动理论》（*Community Structure and Collaborative Consumption*：*A Routine Activity Approach*）一文中，首次提到协同消费这个概念。两位学者认为，一人或多人与他人联合消费有价货品或服务的行为，都属于协同消费的范畴。例如，与朋友喝啤酒，和家人共餐，开车去拜访某人或者与家人共用一台洗衣机。

费尔逊和斯潘思教授在学者霍利（Amos　H. Hawley）关于社区结构的人类生态学理论框架下，按照消费者在协同消费产品或服务过程中所处的时间和空间的异同，把协同消费分为"接触式""关联式""分离式"三种不同的消费方式。他们认为，协同消费是个人对独享资源观念的转变，以及更愿意与他人共同参与消费的结果。

（2）共享经济的发展。2000 年，Zipcar 和 Buzzcar 的创始人罗宾·蔡斯（Robin Chase）研究发现，人们真正需要的是汽车的使用权，而不是所有权。互联网可以把汽车的拥有者和使用者直接联系起来，让消费者便捷地使用租赁公司提供的车辆。Zipcar 和 Buzzcar 公司的共享汽车遍布市中心和居民住宅区的每个角落，而且配有专用的停车位，公司承担共享汽车的维修和保养费用，注册会员可以以低廉的价格，方便地使用共享汽车。如今，凭借其强大的物联网技术和技术服务系统，Zipcar 已经成为世界最大的共享汽车公司。

罗宾·蔡斯指出，互联网技术的革新使资源共享变得简单和便捷，人们越来越倾向于从资源的所有者向资源的使用者转变。由于在共享经济方面做出的杰出贡献以及在商业应用上取得的巨大成功，蔡斯成为了人们公认的共享经济鼻祖。她在美国先后斩获了"年度女企业家"（2001）、"年度创新者"（2002）、商业周刊"十大设计师"（2007）、时代周刊"100 大最有影响力的人物"（2009）、哈佛大学"妇女领导奖"（2014）等荣誉。

2014 年，素有"共享经济之父"之称的美国华盛顿特区经济趋势基金会总裁杰里米·里夫金（Jeremy Rifkin），在《零边际成本社会》（*The Zero Marginal Cost Society*）一书中预测，科技的不断革新，将加快能源、通信和交通三个基本要素的互动。资源可以在物联网平台上自由交换，而且其边际成本大幅度降低，甚至趋近于零。共享价值开始取代交换价值，人们可以很廉价地获得商品和服务，就会更加重视资产的使用权而不是其所有权。零边际成本和协同共享消费将逐渐成为人类生产和发展的主要经济模式之一（Chris et al.，2015）。共享经济模式不仅提高了生产率，而且有效地减少了碳足迹，保护地球的生态体系。到 21 世纪上半叶，共享经济模式将在很大程度上缩小人们之间的收入差距，最终实现全球经济民主化。

2014 年，英国共享经济教母——黛比·沃斯可（Debbie Wosskow）在

《释放共享经济》（*Unlocking the Sharing Economy*）中指出，共享经济是指能够帮助人们共享资产、资源、时间和技能的线上平台。沃斯可认为，固定资产（如民房、办公室、工厂、实验室等）、非物质的资产（如任务、时间、技能等）、拼车等业务都有非常广阔的前景，建议英国政府相关部门应该制定相关法律法规，并和企业或组织一起推动共享经济模式的发展（Weber，2014）。

（3）共享经济的成熟。2010 年，雷切尔·波茨曼和鲁·罗杰斯联合出版的《我的就是你的：协同消费的崛起》（*What's Mine Is Yours：The Rise of Collaborative Consumption*）一书中，详细地阐述了协同消费理论。2011年，波茨曼被《时代周刊》评选为"改变世界的十大理念之一"的风云人物。2015 年被称为"共享经济元年"。如今，共享模式已走到第 6 个年头，发展实现了从支持、发展到健康成长。从中国政府工作报告的具体措辞来看，共享经济的市场正在潜移默化地发生着改变。2017 年，政府的主要思路是"支持和引导"；2018 年，则是"发展"；到了 2019 年，关键词变成了"健康"。2019 年《政府工作报告》提出，要"坚持包容审慎监管，支持新业态、新模式发展，促进平台经济、共享经济健康成长"，这是共享经济连续第 5 年出现在政府工作报告中。在过去几年里，共享经济遍地开花，但也出现了一系列问题。一方面，不少企业为了共享而共享，将"共享"概念当作风口，大有跟风炒概念的嫌疑。另一方面，共享经济发展处于初级阶段，很多不规范甚至不合规的问题出现，比如单车乱停、乱放等问题。但我们也要看到，共享经济对资源使用效率的提高有着重要的推动作用。以哈啰出行为例，在过去的 2019 年，哈啰单车解决了全国 300 多个城市，1.61 亿人次的 98 亿次出行需求，并通过与蚂蚁森林合作，产生了超过 450 亿克能量，相当于种植了能够固定 2500 万平方米的梭梭树。无论是解决出行需求还是助力低碳环保，都贡献了突出的力量。如今的"健康发展"，要求充分发挥共享经济提高效率的作用，坚决杜绝侵犯用户的合法权益，同时防止造成资源的浪费。

二、共享经济的定义

（一）共享经济的内涵发展

"共享经济"这个术语最早由美国得克萨斯州立大学社会学教授马科斯·费尔逊和伊利诺伊大学社会学教授琼·斯潘思于 1978 年在发表的论文（*Community Structure and Collaborative Consumption：Aroutine Activity Approach*）中提出。

雷切尔·波茨曼共享经济理论的进化过程：2010 年提出协同消费。协同消费是技术进步对传统市场（租赁、借贷、交换、分享、易货、再融资）等行为的重塑，这种模式和规模在互联网出现之前不可能发生。协同消费的本质是技术力量释放了"闲置资产"（Idle Capacity）的社会、经济和环境价值。2012 年提出共享经济、信任和信誉资本。共享经济是一个人们可以直接分享免费或收费的闲置资产或服务的经济系统。共享经济主要建立在具有社会黏性的"点对点"市场上，陌生人之间相互信任。市场中资产和服务的"提供者"通常被称为"微型企业家"。2014 年提出协同经济。协同经济是一个释放闲置资产的经济系统，该系统平台能够更高效、更便捷地对供需进行匹配。这种经济模式有效地解决了旧经济体系存在的浪费、多余媒介、复杂和互不信任等诟病。

说到共享经济就不能不提共享经济的鼻祖罗宾·蔡斯，她提出"共享经济"的公式：产能过剩 + 共享平台 + 人人参与，如图 1-1 所示。她创办的 Zipcar、Buzzcar 和汽车共享平台，这两家公司的共享汽车遍布范围很广，市中心和民居住宅区都能找到公司提供的专用停车位，消费者只要注册成为会员，就可以以非常便宜的价格使用共享汽车。如今，Zipcar 已成为世界最大的共享汽车公司平台。因在共享经济方面做出的杰出贡献及在商业上取得的巨大成功，蔡斯成为人们公认的共享经济鼻祖。

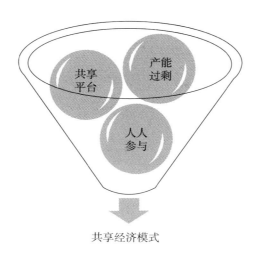

共享经济模式

图 1-1 罗宾·蔡斯提出的"共享经济"公式

资料来源：放牛哥.共享经济［M］.北京：中国纺织出版社，2018.

罗宾·蔡斯曾经说过："因为我们在某个时刻有闲置不用的汽车和房间，可以提供给附近的人使用。我们共同参与到共享经济中来，可以通过贡献个体的力量，让我们获得过去很难获得的资源。所以，你如果有一辆汽车，在闲置的时间将它租出去，从而产生利益，这也是一种创业。这种创业人人都能参与，有人参与才能共享。"

（二）共享经济的标准定义

2015 年，共享经济（Sharing Economy）作为十大流行热词之一被《牛津英文词典》收录。《牛津英文词典》给出了共享经济的标准定义，其定义为："在一个经济体系中，通过免费或收费的方式，将资产或服务在个人之间进行共享。信息一般以互联网的方式进行传播：多亏了共享经济，你可以在自己的需求得到满足的情况下，将闲置的资产比如汽车、公寓、自行车，甚至 Wi-Fi 网络出租给他人。"来自百度百科的定义，共享经济是指拥有闲置资源的机构或个人，将资源使用权有偿让渡给他人，让渡者获取回报，分享者通过分享他人的闲置资源创造价值。在共享经济中，闲置资源既是第一要素，也是最关键的要素。它是资源拥有方和资源使用方实现资源共享的基础。在共享经济概念下的闲置资源可以理解为：该资源原本为个人或组织自身使用，在没有处于使用状态或被占用的状态时，即为闲置资源。

"共享经济"从狭义来讲，是指以获得一定报酬为主要目的，基于陌生人且存在物品使用权暂时转移的一种商业模式。共享经济的本质是整合线下的闲散物品或服务者。目前共享经济龙头已现，共享经济将成为社会服务行业内最重要的一股力量。

三、共享经济的本质

共享经济是基于技术手段提升闲置资源利用效率的新范式，在移动互联、大数据、云计算等技术支撑下，成为资源配置效率提升的重要方式。共享经济以平台化、高效化、开放性和分布式作为特征，基于所有权和使用权分离，利用信息脱域和新的信用机制，依托多方市场平台实现需求、供给和匹配机制的融合，降低交易成本，实现长尾效应和规模效应。共享经济的运行需要三个基本前提条件：一是客观上存在可供分享的物品或服务，且利用效能被系统性低估；二是主观上共享标的的拥有者、享用者以及其他参与方具有分享的动机；三是具有连接需求者和供给者的机制或机构。

共享经济的本质——整合线下的闲散物品或服务者，让他们以较低的价格提供产品或服务。对于供给方来说，通过在特定时间内让渡物品的使用权或提供服务，来获得一定的金钱回报；对需求方而言，不直接拥有物品的所有权，而是通过租、借等共享的方式使用物品。共享经济的本质其实是一句话，即弱化"拥有权"，强调"使用权"。无论是资源还是技能，对于拥有者而言因为私有化而没有得到充分利用，如今却得到了更广阔的价值。成功抓住共享经济带来的机遇，能够创造更多的价值。共享经济强调两个概念：使用资源而不占有、不使用就是浪费。这句话高度概括了共享经济的本质。

共享经济的实质是社会资源组织化。共享经济由于其与传统消费模式的巨大差异性，一度被认为会带来"颠覆性"影响。共享经济是以个体消费者之间的分享、交换、借贷、租赁等行为为基本方式，通过互联网平台实现商品、服务、数据、知识及技能等在不同主体之间进行共享的经济模式，其本质就是以信息技术为支撑、实现共享标的所有权与使用权相分离，在共享标的所有者和需求者之间实现使用权共享的新模式，共享经济将带来生产、消费、运营等模式的"颠覆性"变化。

在共享经济运行一段时间后，共享经济成为一种盘活存量、提升效率和增进服务的新范式。共享经济盘活存量，对增量要求降低。由于共享标的的提供成本要低于再生产的成本，对于资源要素具有显著的节约功能。共享经济促成了一种适度消费、协同消费、合作互惠、相互信任的经济新伦理，对于遏制消费主义、奢侈型消费具有积极意义。互联网等重大技术进步使社会知识结构发生了动态变化，促进人类交互的基础设施发生重大改进，社会成员交互机会实质性增加，技术革新下的竞合与创新促进了社会收益率曲线的上移，整体来说促进了社会福利的增进。从价值创造看，共享经济不是个人价值或公司价值的创造及再分配，而是扩大经济社会价值的总规模。

四、共享经济的要素

共享经济在运行过程中需要具有五个基本要素：[①]

（1）闲置资源。当经济发展到一定程度后，资源利用效率就出现结构性变化，部分资源成为闲置资源，为共享经济的发展提供了"供给基础"。并且，闲置资源的所有权可以清晰界定，使用权与所有权可有效分离。

（2）真实需求。真实需求可能来自两个类型：第一个类型是体验式需求，注重通过分享来提升自身消费"福利"，这个类型非常普遍但是需求过度分散，较难形成相对独立业务模式；第二个类型是成本型需求，注重通过分享而非占有产品或服务主体所有权来降低消费的成本，这是共享经

---

① 郑联盛.共享经济：本质、机制、模式与风险［J］.国际经济评论，2017（6）：45-69+5.

济的主流需求模式。

（3）连接机制。一般由共享经济中介平台来实现，建立起闲置资源和真实需求的连接匹配机制。

（4）信息流。共享经济运行中必须能够有效获得供给者和需求者的真实信息，通过征集、分类、整理、分析可以形成支持供需匹配的信息系统，且这个系统可动态完善，形成对于供需双方都具有约束力的信用机制。

（5）收益。对于供给者而言，提升闲置资源的利用率可以有效提升共享标的的经济价值，使自身在拥有其所有权的同时成本降低或收益提高；对于需求者而言，共享经济为其提供了产品和服务的使用权，无须付出较高成本获得可能不是必需的所有权，或者付出很高成本支付产品和服务的生产成本。

在五个要素的配置和整合过程中，各个不同要素对共享经济发展起到了不同的作用。闲置资源是共享经济发展的基础；共享平台是共享经济运行的载体，共享平台以信息流为支撑，以连接机制为功能；供需匹配是共享经济实现的关键，主要在于如何实现最优匹配，实现零边际成本，解决技术和制度问题；基于"双赢"的收益机制是共享经济发展的基本动力。共享经济的运行本质是通过技术手段让闲置资源的使用权以短期让渡的方式使闲置资源所有者获得相应的收益权。在共享经济的运行机制中，不仅使用闲置资源比生产或购置新的资源成本更低，而且依靠互联网技术可实现快速的定位和高效服务，执行效率更高。

◉ 第二节　共享经济的特征与运行机制

一、共享经济的特征

基于国内外共享经济的发展态势和实践经验，共享经济的发展运行模

式虽然有差别，但是，分析不同类型的共享经济模式发现其具有如下共同特征：①

一是平台化。共享经济是基于互联网技术和资源的共享平台；共享经济是整合、分享海量的分散化闲置资源，满足多样化需求的平台；共享经济的互联网平台两端分别为资源供给方和资源需求方，供需双方通过平台实现供需匹配。

二是高效化。云计算、大数据、物联网、移动互联网等互联网技术的支持，使供需双方在进行商品和服务交易时的成本大幅度降低，共享经济使供需双方的匹配可以跨越时间和空间的约束，变成一个边际成本递减、效率不断提升的过程。共享经济有利于形成规模经济，充分利用长尾客户的聚集效应，使业务模式更加高效并获得成本收益的可持续。

三是开放性。共享经济大潮带来的窗口和机遇，没有给传统企业设置任何"天花板"。共享经济的业务模式具有广泛的开放性，市场具有多边性，对于资源拥有者和需求者是开放的，具有同等的进入门槛。共享经济的开放性能够吸引更多的供给者和需求者集聚到共享经济的平台上来，双方实现供需匹配，形成一个自我完善的开放的生态系统。

四是分布式。在共享经济发展中，构建一个基于分布式技术的服务体系已成为重要的发展趋势。如区块链融入共享经济构建一种分布式数据库。区块链的核心潜力在于分布式数据库的特性及其如何有助于透明、安全和效率。通过区块链技术能够建立和追踪加密货币，区块链技术的分布式自治组织的出现，使经济活动的去中心化、信用化、公平化更加明显，与共享经济相结合，能实现最大化利用有限的资源，同时有利于大众以一种更加弹性、灵活的方式参与到社会分工与交易中来。人与人之间的协作关系被重塑，社会资源分配也更公平化。

---

① 郑联盛.共享经济：本质、机制、模式与风险［J］.国际经济评论，2017（6）：45-69+5.

二、共享经济的社会逻辑

共享经济在世界各地都收获特别的青睐，每个人都倾向于便捷、低价、富有选择性的事物，而共享经济得以蓬勃发展不仅有经济上的优势，更有深刻的社会运作逻辑，本书主要从三个方面进行分析：

（一）交易成本

交易成本的概念首先由科斯（Ronald Coase）在其《企业的性质》中提出，他用交易成本来解释企业为什么存在，交易成本包含商品在市场中以任何形式流通而产生的费用。在互联网出现以前，当我们想要将闲置的物品租赁或转手给他人时，其中寻找对象、与合适的人交易等过程都需要成本，比如收集资料、搭车与对象碰面等，当这些总的成本大于闲置物品所得到的收益时，人们并不会选择去交换，反而更愿意让其继续闲置。另外，我们所生活的圈子有一定范围，你所能匹配到的对象极其有限，当需要你不断询问来获得需要人的信息时，你的感觉是负面的。重重阻碍导致人们不愿意去共享这一结果，然而互联网带来了革命性的变化。供需匹配的效率因互联网而得到高速增长。以"闲鱼"应用为例，个体可以将自己闲置物品的照片上传到该应用，并加以描述，只要喜欢并CLICK一下就能在几日内收到该物品，所消耗的成本主要为查找想要东西的成本，相较于传统的闲置物品交换已节省不少其他成本。

闲置物品的概念是很宽泛的，也许是你已阅读完的一本书、一把不喜欢的椅子，也可以是自己的爱车、一间空置的房间、空余的时间等。正是因为打破原有交易的束缚，每个个体都可以成为经营者，人们可以自由、方便地用闲置物品来换取收益，充分利用旧物资源。这种再消费的方式既扩展了市场的可交易物品，又使每个个体之间产生更多联结，而这些方式被接受的原因在很大程度上归结为交易成本的降低。

在大数据时代，个体在客户端留下大量数据信息，包括购买、消费、浏览、收藏等。这些数据经由平台数据分析师的处理，转换成给用户的推荐，在很多情况下这样的推荐正是自己当下所需，这也是节省交易成本的互联网产物。

（二）信任

在过去的社会，我们在诸多交易中依赖中间人这一特殊角色，我们不需要考虑是否相信别人，诸如销售员、股票经纪人、中介商、代理商等都是我们可信赖的中间人。然而在互联网时代，这样的角色成了多余，P2P 的模式使个体与个体直接实现"点对点"交易，这样的资本去中介化通常能带来更高效率。共享经济平台促使用户去相信陌生人，相信优步（Uber）司机的技术和安全、相信二手物品的描述、相信上门服务的按摩师、相信入住自己房间的旅游者等，这样的信任如何实现？

首先，平台建立认证和互评机制。如要成为优步司机、Airbnb 房主，个体都需要进行线上认证，平台作为第三方也会对房源进行实地评价或对司机进行线下认证，当使用完优步服务后，司机与乘客可以进行互评，这样一种长期、动态的评价使每个人在使用服务时的信任主体不仅局限于此次服务的对象，同时把其他用户也容纳进来，增强了用户和司机的可信度。互联网的这种透明化为每个行动主体在共享过程中营造一种隐性的约束力，个体为了长期交易的可能会选择诚信、可靠的行为，即对未来的考虑。在每个平台上，诚信等级也是互评机制的衍生物，这成为衡量个体在共享经济中诚信度的标准，个体为了提高自己的诚信等级也会选择诚信友好行为。当然，这一切的结果都必须建立在评价是真实的。在一个开放、相互信任、相互鼓励、相互付出的平台上，那些不守规则的破坏者、滥用资源者会很快被淘汰。随着共享经济的发展，各个平台的信用也将达致共享，这里的共享代表着个体的诚信记录愈加透明化，这也赋予每个个体以自我监管能力和相互监督能力。此时，互联网社会也如传统社会般拥有一套信誉机制，且相较于传统社会公开性与可操作性更强。

其次，平台打造虚拟社区。在当下的社会中个体主义风行，但是实质上我们渴望沟通、需要社会交往。"公社"在维基百科上的解释是"一个资源共享的社区"，史密斯在为其公社项目做实验时就成功证明了公社在互联网时代的可能性，大家并不真正乐意孤立生活，而是缺乏简易而高效的互助平台，这种通过将社会资源共联起来的方式加强了人与人之间的纽带，这也印证了格兰诺维特的"弱关系的力量"。在 Facebook、人人网、豆瓣网等平台，我们也能看到虚拟社区的影子，个体由于兴趣而加入某个小组共同体，这种互联网社会营造的归属感进一步加强了信任，在平台上与陌生人相约看演出、穷游等都成为可能，而沙发旅行（CouchSurfing）则将虚拟社区重新回归到真实世界，注册者来自世界各地，都热爱旅游、喜欢体验不同的文化，在现实生活中他们为彼此提供免费住宿，融入当地生活，分享不同的旅行见闻，这充分体现人们对陌生人的信任所带来的价值，当这样的互助成为一种时尚，所引发的社会价值变革也是不可估量的。

信任使共享经济成为可能，而共享经济又促进人们之间的信任。互联网的力量使世界各地的人都参与到这一场信任的变革中，一种动态式的相互合作将使人们的关系更紧密。个体也不再是孤立的存在，而有了更多社会联结，这在某种程度上缔造了新的共同体。

（三）机会公平

当共享经济时代来临时，我们对物品的占有让位于对物品的使用，我们乐于分享我们的物品。比如，每一个个体都可以用比购买低得多的价格租到心仪的奢侈品或体验价格不菲的豪车，当体验成为一种时尚，我们不再羡慕那些拥有豪车或奢侈品的富豪，我们转而去追求自己真正热爱的事物和自由。例如，杜瓦尔（Egg 创始人）讲的："过去我们通常是通过使用、消费产品来定义自己的身份，比如穿的衣服、开的车、用的电子产品。但现在，消费品牌在身份定位中的作用在降低，我们更多的是通过行为——生活中做出的选择、价值观、自我表现——来定义身份。"就目前而言，这样的转变要共享经济比较成熟时才能实现，这在中国仍然需要较长时间的培育。另外，共享经济作为资源社会化的代表，它起到的作用是重新整合社会资源，人们可以通过更低的价格甚至免费享受到更好的体验，这在之前的社会中是难以想象的。共享经济有一种互助文化，以众筹为例，每个微小的创意或梦想都可以通过别人一点一滴的助力成为可能，而众筹者也会提供给捐助者不同形式的创意物品或其他回报，这些共享经济的出现给予了每个人机会公平，每个人都有更多的渠道获取不同的资源，即经济主体创客化。面对充满不确定性的未来，共享经济还能够提供多元化的职业道路来抵御潜在的失业风险，这也为机会公平提供可能，即个体可以通过更低的门槛来创造财富。

三、共享经济的内在运行机制

共享经济以其独特的内在运行机制，既成为资源配置效率提升的一种新范式，又成为经济运行的有机组成部分。共享经济的内在运行机制，涉及关键的核心环节，主要包括共享产品与服务的所有权与使用权分离、供需有效匹配、去中介与再中介及连接机制构建、信息脱域技术与信用约束机制、成本优势与规模效应、利基市场形成与长尾效应实现等方面，体现出较为复杂的资源配置体系。

（一）共享经济的核心环节

1. 所有权与使用权分离

共享经济表面上是在分享实体商品或各种虚拟的服务，实质是商品或服务的使用权和所有权的分离。闲置资源所有权和使用权的暂时分离，所有权和使用权的边界逐渐模糊化，催生了一种双层的产权结构，底层是资源的所有权，表层是资源的使用权，表现出在商品拥有上是私有，但在使用及服务上是公有。共享经济注重的是闲置资源的更有效的利用，更加公平、高效、高频、有偿、重复地进行社会资源的共享，通过闲置资源的共享，暂时转移、让渡闲置资源的使用权，可以有效地减少个人对资源的占有规模和占有实践，降低资源能源压力，通过交易共享资源的使用权，使个体化的所有权和社会化的使用权实现有机结合。

共享经济以信息技术为支撑，以信息终端为载体，使闲置资源的使用时间和使用地域实质性扩大，在这种情况下，物品的使用权比所有权显得更有价值，尤其是在闲置资源数量众多且呈现聚集状态时，所有权的价值逐渐被降低，因为共享经济的关键在于闲置资源有没有被充分有效地加以利用，没有被有效利用的闲置资源价值几乎为零。同时，所有权的拥有方式逐渐从个人所有转向共享式所有，独占式所有权难免会出现资源的闲置和低效利用，而共享式所有权则是通过使用权的让渡实现所有权某种程度上的"共享"。而且，随着用户对非有形资源或服务的需求日益旺盛，消费者对所有权和使用权的认知出现了变化，消费者不太关注产品或服务的所有权属性问题，而是注重产品和服务的使用能否满足需求，注重供需匹配过程中的体验，尤其是对于非盈利性的共享经济更是如此，用户对价格、产品和服务的权属问题不再过多关注，所有权的界定也不再是必要的环节，而是变成了一种供需匹配模式，所以共享经济更有利于实现高效的供需匹配。

共享经济更容易实现规模效应。基于互联网技术搭建的共享经济平台，可以实现共享产品或服务的聚集，使使用成本大大低于拥有所有权的成本，边际成本逐渐降低甚至可降低为零，实现规模效应。而且随着共享标的使用权让渡，共享经济带来的交易日益高频化，在收益总量上增长显著，在成本上大幅降低，也体现了共享经济的规模效应的优势，从而能够实现成本收益的可持续性。另外，互联网时代虚拟社区互联、社交网络迅速发展，产生了所谓的集合价值（Aggregate Value）[1]，提高了共享经济的规模效应。实质上，规模产生的过程也是价值共创的过程，尤其是对于盈利性共享经济而言，只

———————

[1] 克莱·舍基. 认知盈余［M］. 胡泳译. 北京：中国人民大学出版社，2011.

有在规模足够大的情况下，才更有利于供需的快速匹配，表现出较低的服务成本、较高的响应速度，形成可持续发展的业务模式。

2. 供需有效匹配

共享经济发展的需求基础是协同消费，协同消费的特点是不依赖于共享产品或服务的所有权，而是以使用权为支撑，通过特定的互联网平台来实现产品及服务的共享，无须承担拥有所有权所带来的义务责任。消费者在协同消费中被称为是消费变革者（Transumers）[①]。很重要的一点是，协同消费通过互联网平台实现了分散的、个性化的消费需求的聚集，平台上同样聚集了具有使用权的产品和服务，能够使闲置资源供给与需求通过平台的聚集实现快速匹配，从而使共享产品及服务发挥出更大的使用效能，协同消费在形成规模效应的同时更有利于实现成本收益的可持续性。

协同消费是共享产品和服务需求池形成的前提和基础。协同消费的产生同时伴随着消费的几个趋向问题：一是消费的便利性逐渐增强。共享经济很多时候表现为"懒人经济"，技术的快速发展使产品及服务供给更加便捷、高效，消费更加便利且成本优势明显，正好符合消费者的价值取向；二是消费者变得更加主动。与传统消费模式不同，消费者行为多是被动的，受促销、打折等因素影响而刺激消费，而在共享经济的协同消费模式中，互联网平台使信息共享更容易实现，在解决了信息不对称的前提下，消费者更加注重消费"主权"和消费"控制权"[②]；三是消费者剩余是驱动共享消费的重要因素。消费者剩余是指消费者消费一定数量的某种商品愿意支付的最高价格与这些商品的实际市场价格之间的差额。对于一般消费者而言，消费者剩余是消费的潜在驱动力，且在共享经济下的协同消费中，消费者剩余的内涵更加丰富，不再以价格差异作为衡量的标准，而

① Botsman，Rachel，What's Mine Is Yours：The Rise of Collaborative Consumption［J］. Publishers Weekly，2010，257（32）：21-23.
② 齐永智，张梦霞.共享经济与零售企业：演进、影响与启示［J］.中国流通经济，2016（7）：66-72.

是更加注重消费中的体验，消费者为了获得良好的消费体验愿意付出比市场价更高的价格。

协同消费支撑下，需求池与供给池匹配的交易成本逐渐降低。一方面，共享经济的本质特点是使交易成本实现最小化，技术优势、流程、机制的创新使共享经济的交易成本逐渐降低，并使交易成本低于再生产成本，使边际成本接近于零。所以，低成本的交易是共享经济下创造收益的主要途径。另一方面，共享经济下服务的信息成本大大降低，信息支撑下的服务供给效率更高、成本更低，更加细化、更加专业化，从而可以充分发挥专业化服务的优势。

3. 去中介、再中介与连接机制构建

互联网时代，解决了以前的信息不对称问题，通过专业化聚集平台的信息交互、信息分类共享、多人同时参与、自动匹配等实现重复交易，进而实现闲置资源的有效转化，转化为可以有效利用的、具有一定公共性的社会资源。共享经济的核心支撑是具有集聚功能的网络平台，目的是通过平台实现闲置资源的供需匹配，达到"物尽其用"和"按需分配"。平台的主要功能是把分散的需求和分散的供给分别集中起来，形成需求池和供给池，平台则主要是建立供需双方的联通机制及供需双方不以所有权转移为特征的共享机制，体现了一个去中介的过程，直接通过平台实现交易。平台是连接供需双方的核心节点，改变了传统中介机构点对点的链条模式，给予供需双方更多的选择机会，平台的正向外部性使平台具有规模效应的正反馈机制，这种正反馈机制同时与平台上供需双方的数量有关，当供需双方达到一定数量后，供需双方匹配将更顺畅、更有效，同时，在技术、反馈机制与匹配机制的支撑下，平台又发挥了一个新的中介机制功能，实现了再中介化的过程。

共享平台本质上是一种去中介化和再中介化的第三方实体组织或虚拟组织，削弱了传统服务中介机构的职能，是通过再中介实现共享服务供给和需求的新平台。共享平台的构建需要的构件包括：强大的技术基础、大

规模的消费者群体和相关需求、模式的成本收益持续性、信息的有效披露和信用征集机制。

共享平台从去中介到再中介的过程是一个双边平台到多边平台的演进过程。平台发挥闲置资源利用和提升资源配置效率的前提是供需双方可低成本接入平台体系，即平台接入的可得性要便利且低廉。共享经济的中介是多对多且可能多维的立体连接机制，更像是中心—外围的价值创造体系。共享平台要实现供需双边市场的匹配还需要其他第三方机构的开放性参与，如第三方支付机构、银行、广告机构等，通过多对多最终形成一个多方市场、多边平台，形成一个通过新的连接机制连接产品和服务供需双方的新中介。除了供需匹配外，共享平台还具有信息聚集、交易结算等其他服务功能，实现要素集聚和资源整合功能，形成一个能够自我强化、自我优化的供需服务价值链。

4. 信息脱域技术与信用约束机制

共享经济基于多边平台的集聚和连接机制，形成了供需匹配互动机制。各种机制的实现需要具备一个前提条件，即共享经济是基于技术、信任或信用机制而发展起来的商业模式，新兴技术的使用特别是信息脱域使新的信任机制建立，从而大大缓解共享经济发展中的信任与信用问题。信任与信用机制是共享经济顺利运行及可持续发展的关键，包括共享平台的信息收集及信息审核的有效公开、共享标的使用者的评价体系、共享标的供给者的信用水平、用户评价机制、失信遴选机制及惩罚机制，以充分发挥平台的征信功能和外部征信导入功能。

在解决信任机制问题上，可学习美国在这方面的经验。美国为了解决共享平台的信任机制问题，设置了四个重要的信任功能模块，包括：①基础层，对用户基础信息的认证。②账户资料，基于开放式问题的账户调查机制。③拓展层，鼓励用户完善信息。④担保，引入第三方担保机制，以实现最高等级的信任机制。在基于互联网技术的共享经济业务模式中，由于解决了信息不对称问题，使信任约束机制得以充分发挥功能。比如，滴滴快车的发展实现了个人身份信息和汽车身份信息的登记注册，因为司机信息在服务过程中对用户公开，所以大大减少了司机违法事件，解决了传统的"黑车"问题，尤其是信息时代基于大数据支撑的信息披露制度使共享经济的市场参与主体的信用更加公开化、透明化。

在技术上，共享经济的信息透明过程是一种"脱域"技术。在共享经济平台的信息整合和脱域技术支撑下，个人之间的信任问题将转变为个人对抽象体系的信任或信用问题，个人或个性特征或组织的特征将转变为标准化的、可以复制的模块，实现了把随机的面对面机制转变为标准的自动匹配机制。共享经济中产品和服务的提供者非常注重这种大数据支撑的"脱域"信息透明过程，这个过程也体现一种自我强化的信用征集机制。产品和服务的提供者需要与具有不确定性的需求者进行重复博弈，博弈的结果往往表现为对提供者的信用评价和甄别的结果。所以，产品和服务的提供者需要不断提升服务水平，防止被消费者差评，努力提高自身信用水平。另外，在共享经济的多边平台体系中，信用机制还与其他需求服务供给有关。例如，电商平台供应商还需要向平台或合作的金融机构申请产业链金融服务，这时候信用评价结果不仅可作为供应商定价的基础，还用来作为服务商甄别客户的标准。服务商会选择风险小、信用度高的客户，或采取其他方式来降低潜在的风险。同时，共享经济的服务差别定价需要基于大数据的互联网信用征集机制，既体现信用机制的硬约束作用，也构成共享经济得以顺畅运行的"软件"条件，体现了新兴技术支持下的共享经济的显著特点。

5. 成本优势及规模效应

共享经济分为非盈利性共享经济和盈利性共享经济。非盈利性共享经济的特点是闲置资源的个性化使用或再分配，除了价格因素，更强调的是供需匹配过程中需求者的体验，对规模经济及平台连接机制的效率要求不高；盈利性共享经济虽然也强调服务的个性化和多样化，但在实际运作过程中更强调实现规模经济，通过标准化的服务实现供需的快速匹配，达到规模效应。

共享经济具有成本优势。共享经济在技术应用、流程再造、组织形态、连接机制等方面的创新，使交易成本大大降低，且低于共享产品和服务的再生产成本，从而通过降低成本创造更大的收益。在交易完成过程中，所有权的交易成本将变为沉淀成本。信息征集、交易谈判、合约监督、违约处理等都是交易成本，交易成本不能过高，否则将影响交易进行。交易成本的增加往往是信息不对称造成的，从而引发交易双方利益失衡，进而带来交易成本过高、资源配置低效及不公平交易。在共享经济下，信息技术支撑的网络平台能够降低资源使用及配置成本、管理成本及交易成本。

基于互联网技术搭建的共享产品及服务聚集的网络平台，能够实现服务的边际成本降低，达到规模效应。共享经济由于市场组织模式的特殊性，在信息成本、执行成本等构成的交易成本上具有很大优势。在信息成本方面，由于信息的开放性和透明性使信息的管理、资源的配置和各种报告制度实现了集约化，提升了管理效率；在执行成本方面，共享经济降低执行成本可通过非正式的社会关系、平等互惠机制的完善等范式来实现。整体上看，因为新兴互联网技术的应用，共享经济的服务平台实现了"超级效率市场"。

6. 利基市场与长尾效应实现

利基市场，也称为高度专门化的需求市场。企业通过具备在技术、产品质量、服务、流程、成本领先及定价等方面的优势进入利基市场，在特定细分市场上形成产品及服务优势，满足特定的市场需求，形成在利基市场中的相对优势。随着市场规模的扩大和深入发展，企业可以将业务和市场从细分市场拓展至更大的市场，进入全国市场或国际市场。

在共享经济中，利基市场表现为传统产品和服务机构容易忽略的部分市场。比如，传统金融机构往往不重视数量众多的中小微企业和个人客户，但是，在共享经济下通过互联网金融解决了金融服务发展的瓶颈问题，使金融服务成本降低、金融服务更便利，既促进了利率市场化发展，也改变了传统银行结构的经营模式，所以，企业完全可以利用存在的细分利基市场获得更多的利润。再比如，传统交通服务机构往往不重视解决交通服务的"最后一公里"问题，共享单车的出现正是抓住了这一利基市场，解决"最后一公里"及"打车难"的交通服务问题，并在发展过程中逐渐突破了"最后一公里"的地域约束，使共享单车的应用范围更加广泛，另外，滴滴快车也解决了传统出租车服务"打车难"的问题。

利基市场能够成为利润更高、可持续发展的商业市场，关键在于存在一个技术支撑下的"长尾效应"。长尾市场是正态分布中两侧平滑的部分，不是最重要的主流需求部分，而是个性化、分散化、数量巨大的尾部市场部分。这些分散、小额的市场经过长时间的需求累积，很可能会成为需求量巨大、成本收益较好的新市场，甚至比头部主流需求的需求量更大，从而形成一种长尾效应，而且这种长尾效应多集中在个人零售业务范围内。

信息技术的应用重构了产品和服务的成本收益结构，使长尾效应的发挥更加明显，并且长尾效应使传统业务模式中的"二八定律"受到了影响。比如在互联网金融领域，传统金融机构忽略的、数量巨大的小客户通过互联网平台的整合，其业务规模可以做到比受重视的大客户业务规模还要大，甚至在某些特殊情况下，能够使原来亏损或无利可图的业务在长尾效应影响下获得正收益。互联网金融的业务模式在共享经济下同样适用，在技术层面，长尾效应的产生既改变了服务的供给曲线和需求曲线均衡的位置，也改变了资源配置的要素领域，更改变了传统的供需匹配模式和成本收益结构。更重要的是，长尾效应的发挥与共享经济带来的利基市场相互作用，使长尾市场的范围不断扩大，甚至抢占主流市场的客户，从而改变了传统业务模式的"二八定律"。[①]

（二）共享经济的运行机制

共享经济的运行机制离不开所依托的各种要素，共享经济的起点是技

---

① 郑联盛.共享经济：本质、体制、模式与风险［J］.国际经济评论，2017（6）：50-58.

术应用支撑下由多样化需求形成的需求池和利基市场，供给端是新兴技术支撑下由相关产品和服务而形成的具有规模效应的供给池，供给端产品和服务的所有权和使用权分离。共享经济的核心环节是信息脱域支撑下供给池和需求池通过共享经济多边平台构建的新连接机制。在新的连接机制下，供给池和需求池有效克服了信息不对称及信用机制约束，更好地实现供需高效匹配，实现了边际成本递减和规模经济，最终形成可持续发展的成本收益模式，提高了资源利用和配置的效率。

共享经济的业务模式能够实现可持续发展，前提是产品和服务的使用权和所有权分离，核心在于信息脱域的影响。信息脱域是新兴的共享经济与传统经济的本质区别。一是信息脱域使产品和服务的所有权和使用权能够在一定程度上实现分离，跨域时间和空间的维度为共享经济提供基础条件；二是信息脱域使产品和服务的需求能够分类，形成不同的需求池，并对需求使用者形成一定的信用约束机制；三是信息脱域使共享经济的运行机制一定程度上实现了信息透明，尤其是对于共享多边平台的连接机制中，克服了传统的资源利用中的信息不对称问题及逆向选择问题，通过信息透明实现了与传统生产服务的本质区别。

共享经济基本的运行机制框架如图 1-2 所示。

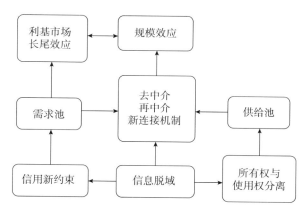

图 1-2　共享经济的运行机制示意图

资料来源：郑联盛．共享经济：本质、机制、模式与风险［J］．国际经济评论，2017（6）：59.

第三节 共享经济的发展与挑战

一、"共享性"目标推动经济学发展

从理论上来说，经济的增长可以产生"波及效应"来解决弱势群体和贫困问题。但是，大量的实践证明，"发展"的辐射效应并不是"自动"完成的。总的 GDP 增长和人均 GDP 增长，并不意味着增长的分配随着总量的提升和人均水平的改变而"平均"提升，并不必然带来收入水平的普遍提升和生活水平的全面提升。

自由职业者平台（AAwork）CEO 高鸿鹏认为：共享经济的定义是闲置资源的使用权交易。共享经济的五个要素分别是：闲置资源、使用权、连接、信息、流动性。共享经济关键在于如何实现最优匹配，要解决技术和制度问题。

20 世纪中期，曾有为数不少的发展中国家达到了联合国所规定的发展目标，但是这些国家大多数人民的生活水平并没有改变。经济学家发现，过去经济增长的发展战略通常是以牺牲农业和农业发展为代价来强调迅速工业化。由此带来的高收入阶层产生在城市，贫困人口大多数在农村。工业财富积累和生活水平的提高，对落后农村的波及效应、辐射效应不明显。在这些发展中国家的内部结构二元性成为一种普遍现象，财富逐渐增加的富裕阶层和贫困阶层共存；现代大工业，资本密集的工业，与劳动密集小规模的市场活动及个体劳动共存。还有研究表明，二元社会中较强的或"优越"的组成部分的增长，有压制较弱或者较"低劣"的部分的现象，不排除甚至前者的优越是以牺牲后者的利益为代价的，进一步拉开收入的差距和生活水平的差距。

经济学家于是开始反思"发展"的定义。"发展"不等同于"经济增长"，应该在经济不断增长的背景下，把对削减普遍的绝对贫困、缩小

收入差距以及降低失业率考虑进去。于是，著名的发展经济学教授达德利·希尔斯先生，提出了发展意义的基本问题："一国的发展方面的问题是：贫困情况怎样？失业的情况怎样？不平等的情况怎样？如果这三方面都显著地减少了，那么毫无疑问，该国处于发展阶段。如果这些中心问题中某一个或两个问题变得更糟了，尤其是三个问题都变得更糟了，那么称这种情况为发展是会令人困惑的，哪怕是人均收入翻了一番。"

"共享成长"的发展观，应该是对发展经济学的一种贡献。较高的人均收入水平不能保证较低的绝对贫困程度。仅仅侧重提高国民生产总值的增长速度，以预期和期望逐渐增加国民收入来改善弱势人群生活水平是远远不够的。真正有效的经济和社会发展是在保持经济增长的同时，增长的利益和好处要全面惠及整个社会和各层次的人群。

二、"共享性"发展将带来革命性变革

共享经济在过去几年间蓬勃发展起来，成为国内经济重要的组成部分，为居民消费生活提供了便利性，为资源配置有效性提供了推动力。共享经济是基于所有权和使用权分离，依靠信息技术、移动互联、大数据、云计算、区块链等新兴技术实现信息脱域，依托多方市场平台作为新的连接机制和再中介化的力量，为多样化需求的供给提供新的匹配机制，提升闲置资源利用效率。

共享经济是一个复杂体系，主要需要闲置资源、真实需求、连接机制、信息流与正收益等核心要素，实现共享产品和服务所有权与使用权分离、需求池与供给池匹配、去中介、再中介以及连接机制的贯通、信息脱域与信用约束缓释、规模经济与边际成本递减以及利基市场与长尾效应实现等核心环节，是一个开放式、多主体、技术型的资源配置体系。共享经济基于所有权和使用权相分离，利用新兴技术实现了信息脱域功能，依托平台建设实现需求集聚、供给集聚和连接机制建设，有效降低交易成本甚

至实现边际成本递减，实现利基市场发展，实现长尾效应和规模效应，从而实现共享经济内生自我强化的可持续运行机制。国内共享经济相对于国外而言，更加注重第三方支付体系的基础设施功能，更加注重金融服务的共享机制，更加注重线上与线下的融合，同时亦存在较为显著的监管规避。共享经济跨越了技术、金融与消费等多个领域的边界，使相关主体的法律关系更加复杂，要求更高的制度适宜水平，并衍生出了新的委托代理问题、新的垄断方式以及信息安全等问题。

"共享性"的发展应该不仅是城乡共享，也不仅是这一代人"共享"，还应该是代代"共享"。这要求发展必须是可持续的，要求经济的增长是稳定长期的。"共享性"的发展观念上的革命性的转变，要求进行制度性的变革以进一步解放生产力，推动经济的持续发展。

第一，持续的"共享性"要求针对过度投资的资源配置非市场化的制度性原因进行改革。政府职能的转移是市场化配置资源的重要体制因素。支持经济增长的主要资源是资金、土地和劳动力。由于政府职能和财政预算体制的原因，地方政府只能利用权力配置资源，使资源的收益无法最大化，市场各参与主体之间的关系被扭曲，导致过度投资、产能过剩、低水平重复建设、不公平的招商引资政策等一系列问题。所以政府职能的转移应该以大大促进市场化配置资源机制的完善，提升投资的有效性，实现"降低投入、保持增长"的制度性贡献为目标。

第二，对导致高贸易顺差的国内高"储蓄—投资"差异的经济结构进行调整。从理论上来说，如果政府、企业和居民行为都能按照经济规律正常循环，调整"储蓄—投资"的结构，缩小"储蓄—投资"差异，最后会达到外贸平衡，进而达到国内储蓄＝投资的经济"充分就业"理想的整体平衡。一般来说，在"储蓄—投资"的差异和贸易顺差降低的同时，消费会相应增长，促进更多依靠内需而不是外需推动经济增长，推动投资增长和依赖外需增长的模式向消费增长模式的转移。国际收支不平衡和国内外经济失衡带来的国际国内的矛盾，在经济结构的不断调整过程中会得到部分缓解，经济会更稳定发展。

第三，"共享性"要求对消费增长平缓的收入分配方式和社会保障体制作出相应的完善。消费是经济增长的三大引擎之一。消费增长是与收入增长密切相关的。收入分配有两个层次：一是收入分配是工资；二是收入分配是转移支付。我们的收入分配制度改进有很大的空间。根据边际收入倾向理论，低收入群体的工资收入改善对消费增长的作用比较明显。减少支出也是增加收入。所以针对低收入群体的收入分配制度，包括低收入群体在内的社会保障体制的完善，应该对促进消费增长有非常实质性的作用。

第四，"共享性"发展要求保护环境使经济增长更具可持续性。我们的自然生态环境已经为"不顾一切"的高增长付出了代价。如果我们能够逐渐恢复自然生态，或者减少进一步的污染和破坏，保证经济的持续增长，人和自然的和谐将会带来经济的和谐。

第五，科技创新、技术进步，包括技术效率的提升是保持经济持续增长的最主要的因素。技术进步提高生产率推动经济增长是被理论和实践都证明了的。现阶段，如果我们能在能源使用的效率上有较大的技术突破，同时大力开发可再生能源，短期内可以缓解能源短缺的"瓶颈"，长期可以解决能源限制这一经济增长的最大约束条件。

我们坚信，"共享性"发展带来的制度性改革，一定能够像改革初期那样靠制度进步的"红利"，实现新的层次上的"低投入持续增长"的经济增长。我们期待"共享性"的发展观念带来又好又快的经济增长，带来可持续的长期的"共享性"经济成长。

三、共享经济发展存在的问题和挑战

（一）共享经济未来发展趋势

共享经济发展时间不长，但是作为一种以技术为支撑的资源配置新范式，已经在国内成为重要的经济要素并深刻地改变了生活与消费行为，国内大中型城市逐步进入一个"无现金"的消费时代。

一是服务科技化。在移动互联、大数据、云计算、人工智能、区块链等技术的支撑下，共享经济未来的发展将更加深入，与普通大众的生活消费连接将更加紧密，未来服务供给和需求匹配将更加科技化。目前，我们正处在信息技术革命的深入应用阶段，革命式的技术创新暂时尚未出现，综观国内外信息技术发展及应用的趋势，特别是源代码开放成为一个趋势之后，信息技术及相关的技术创新仍然非常重要，但是其重要性体现在信息技术已经成为一种基础设施，技术自身成为一种共享的元素，市场参与主体很难通过技术形成绝对的壁垒，技术成为服务体系的核心支撑并引领服务科技化趋势。

二是服务场景化。在技术成为基础设施之后，在每个细分市场没有形成"赢者通吃"之前，市场参与者将会面临较为激烈甚至是恶性的竞争，竞争的优势在于模式创新，特别是对于供需匹配的场景模式提出了非常高的要求。即使在"赢者通吃"形成新的垄断格局之后，如果"赢者"不注重维护场景和拓展场景服务，那么可能会被新的利基市场领先者侵蚀市场份额。

三是社区虚拟化。过去基于同事、朋友、邻居等传统社交模式的重要性将会下降，信息技术支撑下的虚拟社区在经济发展、消费体验和共享经济中的作用将日益显著，虚拟社区将会形成细分式虚拟社区，且虚拟社区动态变化。对于共享经济场景化服务体系的构建而言，社区化是其需要考虑的战略核心，需要根据虚拟社会的动态变化及时调整场景服务体系，并提高科技与服务智能化水平。

（二）存在的问题和挑战

虽然共享经济将会成为未来经济重要的有机组成部分，并产生日益深远的影响，但是共享经济要构建一个自我完善的发展体系，仍面临诸多的问题和挑战。

一是所有权和使用权的真正分离。随着共享经济的发展，目前有些业务模式实际上正在偏离共享经济的内在本质，即闲置资源使用权和所有权相分离下的资源配置效率提升。比如，共享单车的租赁成为一种主流模式，但是过多的竞争者使共享单车的使用率大大降低，同时使其变成一种重资本、重资产的业务模式，从整个社会衡量，是不是一种有效的资源配置方式还有待观察。

二是连接机制的稳定性。共享经济供需的匹配及其效率最为核心的决定因素是共享平台或其他形式的连接机制。从本质上说，共享平台是一个以信息中介为基础的多方市场平台，但是当业务规模增大或业务范围拓展之后，很多共享平台就成为信用中介，这种情况在互联网金融的共享范式中尤为普遍。从信息中介到信用中介的转换中，共享平台的法律地位发生重大的变化，与其直接相关的共享连接机制的稳定性就会面临重大的挑战。

三是业务模式的可持续性。共享经济盈利性模式需要考虑商业模式的长期可持续问题，即成本收益的可持续。在国内共享经济蓬勃发展中，长尾效应、规模经济、先发优势、"赢者通吃""站在风口、猪都能飞"等理念深入人心；在不同的业务模式中都存在不同程度的成本收益问题，甚至长期亏损。如果一种业务模式不能解决长期的成本收益问题，那么造成的资源浪费可能比其创造的价值更多。共享经济参与主体特别是多方参与平台需要充分利用技术优势，重点把握服务科技化、服务场景化的内在要求，提供与需求匹配的共享服务体系。

四是监管规避的短视化。在共享经济的发展中，技术为市场参与者提供了跨越监管边界的有效支撑。比如，互联网金融使金融监管中的行业、区域以及机构等监管效率被明显弱化，但是部分市场参与者基于技术或其他的优势刻意规避监管，与监管当局进行"猫和老鼠"的游戏，这对于共享经济参与主体而言并不是长久之计。

第四节 共享经济的业务模式与应用场景

虽然共享经济的发展时间较短，但是共享经济的应用基本覆盖了主要的生活场景。共享经济的发展包括去中介化和再中介化的过程。去中介化：共享经济的出现，打破了劳动者对商业组织的依附，他们可以直接向最终用户提供服务或产品。再中介化：个体服务者虽然脱离商业组织，但为了更广泛地接触需求方，他们接入互联网的共享经济平台。

目前国外主要存在商品再流通、耐用资产利用率提升、服务交换、生产性资产四类业务模式，国内则存在商品再分配、有形产品服务共享模式、非有形资源的协作式分享以及开放协作共享等业务模式，与国外并无实质性差异。在应用场景上，交通出行、互联网金融、生活服务、知识技能、医疗分享、房屋住宿、生产服务等是主流。

一、共享经济的业务模式

共享经济运作的模式与信息技术、大众消费以及其他领域紧密结合，其业务模式多种多样，学界也没有形成统一的模式界定。在相对较早的研究中，共享经济主要包括租赁、借贷、交换、赠送和协同合作等形式，主流模式主要有三种：一是产品服务体系（Product Service Systems）；二是再分配市场（Redistribution Markets）；三是协同生活范式（Collaborative Lifestyles）。[①] 还有研究认为，共享经济的模式可以被分为代码共享、内容

---

① 雷切尔·博茨曼，路·罗杰斯.共享经济时代：互联网思维下的协同消费商业模式［M］.唐朝文译.上海：上海交通大学出版社，2015.

共享、生活共享以及资产共享等方式。①

共享经济模式根据目标导向来划分，可以分为市场导向和市场结构两个维度，还可以将共享经济的商业网模式基本纳入其中，并将共享经济的模式分为商品再流通、耐用资产（Durable Assets）利用率提升、服务交换、生产性资产（Productive Assets）共享四类。②商品再流通的进行主要得益于现代信息技术使交易成本极高的二手市场的流通约束被缓解了。耐用资产利用率提升主要是提高其利用的集约水平，在很多耐用品的利用中，实际利用水平和设计利用能力存在长期的低效，比如汽车、自行车等都是一个低效利用的耐用品。服务交换起源于银行特别是美国的社区银行，其基本的原则是社区成员将被平等对待，这是共享经济标准化的基础。生产性资产共享主要是提升相关标的的生产服务能力，降低对此类资产的消耗水平，如共享办公室实际上对于空间的集约运用极为有利。

共享经济下成功的商业运作模式具有以下几个方面的范式特征：

（一）挖掘充裕而稀缺的资源

共享经济使用的是闲置或盈余的资源。因此共享经济企业要实现成功运作，首先第一步要找到绝对充裕、相对稀缺的资源作为切入点。这其中包含资源三个重要的特点：一是充裕性，只有总体充裕的资源，其被闲置或能盈余的概率才会高，才能够进行分享；二是稀缺性，资源绝对充裕，但相对稀缺，即存在流动性稀缺与信息不对称稀缺的情况；三是标准化，需要考虑资源是否容易实现标准化，标准化的资源更有利于快速实现供需匹配。

---

① Botsman Rachel.What's Mine Is Yours：The Rise of Collaborative Consumption［J］. Publishers Weekly，2010，257（32）：42.

② Schor Juliet.Debating the Sharing Economy［J］.Great Transition Initiation Essay，2014（10）.

（二）激发网络效应的平台

到了共享经济时代，平台模式更是迎来了前所未有的契机，将连接供应与需求的商机无穷放大，一边是海量闲置或盈余的资源，另一边是海量需要使用这些资源的人们，供和需在平台上无尽循环，释放出惊人的能量。首先，成功的共享经济平台，应该能激发正向的同边网络效应，就像在 Facebook 上，当人们看到越来越多朋友在上面分享人生的日常百态与快乐点滴，自己也会被吸引加入；同时也能激发正向的异边网络效应，就像在 Facebook 上加入的个人用户越多，也就吸引越多的第三方应用程序入驻。其次，在构建平台模式时，还有一个非常重要的问题需要思考，那就是先吸引供应边的用户群体，还是先吸引需求边的用户群体，或是同时吸引两边用户一起入驻，这也就是"先有鸡还是先有蛋"的问题。在平台模式的历史上，尤其在共享经济平台的发展过程中，一般有多种策略可以采用，如补贴策略、用户顺序策略、双边同步与转换策略等。

（三）突破引爆点的用户

当平台建立之后，便需要持续地吸引用户，促进用户规模的增长。只有当用户达到一定的规模时，才能达到引爆点。这时平台自身发展的不确定性大大降低，用户从其他地方转移过来的成本也大大降低，而且，参与用户开始超越新用户想加入的最低意愿阈值。

（四）建设共情的社群

用户归属感的建立，最有效的方式便是围绕平台建立社群，在用户间产生互相依存的力量，并让用户感到自己能在这个群体中发挥影响力。建设社群，首先就要基于共同的志趣和价值观，构成核心用户群体，这些人具有极强的归属感，是社群的中坚力量。他们构建了一种亚文化，价值观非常明确，态度非常一致，社群规则能被友好地贯彻，他们不容易流失，还能帮助企业去获取更多的新用户。

（五）维护基于信任的秩序

如何构建共享经济世界中的信任感，是其成功商业化需要解决的可行性基础问题。在国外，成熟的个人信用体系是确保安全的基础，比如美国的 FICO。除此之外，个人在社交平台的信息和数据，也是一个很好的参考依据。另外，共享经济企业通过在运营流程上的环节来把控，包括事前进行把关，事中引入处理问题与争议的机制，及全程全范围的监控与分析，事后需要双方进行评价并有处理机制等。此外，还要在支付、保险等关键环节建立配套措施。

（六）满足供需高效的匹配

共享经济的资源所有权在底层，资源使用权在表层，在商品上私有，但在服务上变为公有。这样的话，就造成了供应和需求的信息不对称。共享经济可以在很大程度上扩展供应的网络，理论上可以盘活几乎所有闲置的资源，给需求者选择，这就是经济学上所谓的"稠密市场"。但同时，稠密市场也带了一个很大的问题，即市场拥塞。此外，在交通出行、物流递送等领域，供应者和／或需求者还都处于一个移动的状态，甚至在某些小范围内需严重大于供。如何去定位需求，如何确保能最快地提供供应，这也给供需关系的配对造成了很大的挑战。

二、共享经济的应用场景

场景是共享经济的现实依托，共享经济的场景是指共享产品和服务的生活化，目的是将共享业务融入供需双方特别是需求方的生活场景之中，从扩大目标客户群和增加客户时间占用两个维度的方式，来实现共享经济业务版图的扩张。场景化思维主要基于客户的立场和需求，注重客户在产品使用和消费过程中的环境、目的、习惯、行为以及心理等变化，致力于以客户为中心设置具有互动性、高黏性的体验，注重用户感知、跨界融合以及社区网络的功能，建立以产品和服务应用场景为基础的生态体系。

在移动互联时代，场景的功能被不断强化，已经成为移动传播、业务挖掘、模式拓展以及客户管理等基础要件，移动互联创造了场景服务的新时代，需要对场景进行有效的感知与反馈，并对其相关信息进行有效匹配。在内容、形式、社交之后，场景成为传播的第四大核心要素。在特定场景之中，客户的行为会发生重大的改变，从而会影响供给与需求的匹配及相关的定价机制。场景争夺战的关键是找准客户生活的主场景，以此作为核心应用的切入点。基于互联网的衍生服务体系，共享经济同样是以场景作为发展的根基。

移动互联的兴起、互联网金融的发展以及网络消费的繁荣使共享经济成为一个场景不断深化的服务体系。一是场景细化。共享经济"人人参与"的开放思维使海量客户容易形成集聚效应并内部自我分化，场景的设施类似于市场的细分，可以不断地细化，大部分人可以找到熟悉和适合自身的场景。同时，这些细分市场可以形成利基市场并发挥长尾效应与规模效应，甚至实现边际成本递减。二是场景线上化。消费行为的改变特别是网络消费的兴起，使消费场景与移动互联、第三方支付等紧密关联在一起，场景设置更多以客户线上消费体验为突破。场景线上化使供给与需求可以在第三方平台比如共享平台形成集聚并利用信息技术实现快速匹配与连接。三是场景仍依托线下基础设施构建自我完善的循环体系。线上化的场景运用和实现很多依赖于线下的资源，比如仓储、物流、配送、实体化数据中心、实体化办公场地、培训基地等。

虽然国内共享经济发展时间不长，但是场景化的发展趋势极其显著。共享经济基本覆盖了主要生活场景，以商品再分配、有形产品服务、非有形资源协作式分享以及开放协作共享等为主要业务模式。在国内，最早突破的是金融领域，主要是第三方支付，现在迅速地往空间共享、衣食住行、医疗、公共服务、知识共享等领域拓展，基本实现了生活场景的全覆盖。在 2016 年国内共享经济场景应用中，交通出行、互联网金融、生活服务、知识技能、医疗分享、房屋住宿、生产服务分列场景应用的前七位。共享经济中的知识技能、房屋住宿、医疗分享、金融、交通出行和生活服务等场景应用交易额增长都超过了 100%，其中知识技能分享项目交易额同比增长 205%，达 610 亿元；金融类场景应用的市场规模增长 109%，交易规模高达 2.08 万亿元。[①]2018 年，生活服务、生产能力和交通出行三个领域共享经济市场交易规模位居前三（见图 1-3），分别为 15894 亿元、8263 亿元和 2478 亿元。值得注意的是，生产能力、共享办公和知识技能 3 个领域的市场交易额较 2017 年增长率分别高达 97.5%、87.3% 和 70.3%，显著高于共享住宿、交通出行和生活服务领域的增长率。

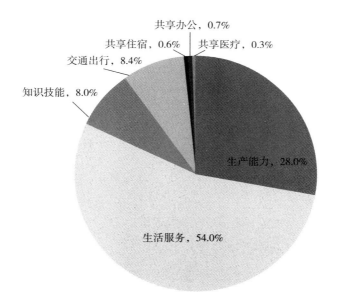

图 1-3   2018 年我国共享经济市场结构情况

2000 年之后，随着互联网 Web2.0 时代的到来，各种网络虚拟社区、

① 国家信息中心．中国分享经济发展报告 2017［EB/OL］.2017-03-02［2017-07-23］，http：//www.sic.gov.cn/News/250/7737.htm.

BBS、论坛开始出现，用户在网络空间上开始向陌生人表达观点、分享信息。但网络社区以匿名为主，社区上的分享形式主要局限在信息分享或者用户提供内容（UGC），而并不涉及任何实物的交割，大多数时候也并不带来任何金钱的报酬。2010 年前后，随着优步、爱彼迎（Airbnb）等一系列实物共享平台的出现，共享开始从纯粹的无偿分享、信息分享，走向以获得一定报酬为主要目的，基于陌生人且存在物品使用权暂时转移的"共享经济"。

2013 年 3 月 9 日，《经济学人》杂志在其封面文章第一次详细描述了"共享经济"的场景后，共享经济的模式已在深深影响着人们的观念和生活，并将覆盖更多社会服务领域。共享经济将成为社会服务行业内最重要的一股力量。在住宿、交通、教育服务以及生活服务及旅游领域，优秀的共享经济公司不断涌现：从宠物寄养共享、车位共享到专家共享、社区服务共享及导游共享，甚至移动互联强需求的 Wi-Fi 共享。新模式层出不穷，在供给端整合线下资源，在需求端不断为用户提供更优质体验。共享Wi-Fi 的代表必虎 Wi-Fi，共享出行的代表优步、滴滴打车，共享空间代表爱彼迎，面向全球的在线工作平台 AAwork，共享资金价值代表 Prosper，共享饮食的 Eatwith 等。从共享汽车、房屋这些大件，到共享雨伞、篮球、玩具、服装这些小件，乃至共享健身、厨房、洗衣、K 歌……共享经济正不断推陈出新，以百变之姿渗透我们的日常生活。2017 年 8 月，"共享马扎"现身北京街头引发热议，其实，在滴滴、摩拜如火如荼逐鹿天下的当今社会，共享经济早已润物无声地飞入寻常百姓家。2017 年 11 月 7 日，苏宁推出"共享快递盒"。开箱验视后，用户即可取走商品，快递盒则继续循环使用。2017 年，深圳珠宝企业推出了所谓的"共享实验"，把自家的珠宝业加入到"共享"的行列里称"共享珠宝"。此外，近几年又出现了共享物流、共享知识、共享技能、共享停车位、共享经验等。

CHAPTER
02

第二章
共享经济与组织形态的演变

　　随着时代的发展，企业的成长环境也在不断发生变化，尤其是互联网的诞生，改变了企业成长和发展的环境。生产过程的智能化促进了企业员工认知与技能的变化，也带来了组织架构彻底改变。自18世纪60年代第一次技术革命以来，人类社会经历了四次技术革命，即生产过程的机械化、电气化、自动化和智能化。前三次是对机械技术的改变，是对人类体力的解放，对体能的延伸。机械技术具有分工明确、操作程序化与功能单一的特点，因此出现了与此相适应的标准化的层级结构，对员工的要求强调工作积极性和提高劳动效率。第四次技术革命是对机械技术的彻底革命，并正在形成人工智能，其是对人类大脑的解放，提高智力活动效率。然而智能技术具有分工不明确、操作非程序化、互动的性质，对规范的科层组织架构是一种严峻的挑战。组织内部成员的构成发生了变化：脑力劳动者比例上升并占据主体地位，组织使用信息技术和专业知识技术的能力在增强，范围在扩大，应付多变环境的能力也大大提高。

因此，为促进共享经济带来的新兴产业发展，不能仅仅注重发展科学技术及促进其向生产力的转化，而忽视了对构成新兴产业的微观主体——新兴业态、企业及团体的组织形态制度的改革，从而影响了新兴产业的形成和发展。我国现在也正处于经济转型的关键时期，在共享经济发展的大背景下，应积极研究组织形态的变革，并通过制度创新从组织制度的层面支持我国共享经济的发展和升级。

　　传统经济发展所基于的理念是：财富是通过一点一滴地囤积资产再将其售卖累积起来的。这就是我们发明专利、版权、商业机密、证书和保密条例等的原因。我们都会存储东西，将它们放在身边保存好，相信这就是我们（包括个人、企业、机构和政府在内）获取价值的方式。这样做的结果就是造成了巨大的损失——本可以被充分利用的产能严重过剩。在仔细研究那些人人共享组织成功的原因时，我们一次又一次地看到了开放、关联资产和理念所能带来的巨大价值。

　　在这个变化无常的世界，人人共享带来的合作能使我们以前所未有的速度、规模和品质发生着改变。创造力、创新、复原力和信息冗余是每一个人人共享组织的本质特征。这是现在这个时代所需要的结构：我们可以在这样的平台上快速地试验、重复、适应和发展。我们能以更节省成本、更快速的方式来解决问题，能将全球化的问题通过本地化来解决。老旧的工业化经济模型无法解决气候变化带来的问题，因为发展得太慢、太没有效率、太过孤立。人人共享正在使我们的经济发生翻天覆地的变化，为不断消失的工作岗位、不断加大的贫富差距以及日益严重的资源稀缺问题给出了自己的答案。[①]

一、共享经济的芸芸形态

　　从知识技能分享的整体发展来看，共享经济对于个体而言创造了大量的就业机会，改变了传统的雇佣模式和就业模式。人们依靠自己的资产、

---

① 湛庐文化.共享经济：重构未来商业新模式［M］.杭州：浙江人民出版社，2015.

自身的知识技能，通过知识技能分享平台就能很容易获取更加多元化的就业机会及多途径的营收，使个人的价值充分得到市场化变现，实现所谓的人尽其才、物尽其用。这种自由灵活的就业理念和工作方式已经成为潮流，国家在一些行业已经开始有所动作，如在医疗、科研等领域，允许多点执业和兼职兼薪。在民生领域，通过共享经济，能够破解传统行业的服务痛点。例如，医疗分享，通过促进医生和医院的闲置资源充分利用和流动，缓解看病难的问题。在共享经济下，人人都是产消者。这种模式将催生一种新的社会分工方式。人们可以依照自己的兴趣和技能灵活选择工作机会，无须把自己限定在雇佣协议中，可以兼职或者以自由职业者的方式增加收入，实现自身价值。

（一）共享经济的业务形态

1. 出行分享：共享单车与网租车异军突起

2016 年，共享单车崛起。共享单车以移动化、线上化的特点，连接出行"最后一公里"，意外地成为产业和资本的热点。不到两年时间，几十家创业团队崛起，资本助推优秀企业快速发展。从统计的企业数量看，自 2015 年开始，共享单车得到快速发展，接近 70% 的企业是在近两年内新成立的。共享单车在资本上的表现更加引人注目。共享单车在 2016 年，尤其是 2016 年下半年密集获得投资。统计的 12 家共享单车企业中有 11 家在 2016 年获得了融资，也就是说，90% 的共享单车企业在 2016 年获得了融资。与此同时，网租车市场升温，融资规模增加。其中，汽车分时租赁业务尤为亮眼，政策扶持、市场升温，主打新能源的汽车分时租赁有望快速起步。

2. 住宿分享：B2C 模式领军

住宿分享是一个新兴的业态，住宿分享的领军平台中，既有综合性平台主打 B2C 的途家和 C2C 的小猪，也有包括已挂牌新三板的海外短租平台住百家等垂直平台。住宿分享行业一个明显的趋势出现：生态布局。例如，主打 B2C 的途家已经开始从供应链、服务链、经营链到产业的生态布局。

3. 二手交易：循环消费升级

随着个体闲置物品存量的激增，买卖双方交易意愿的提升，网络二手交易以异乎寻常的速度发展起来。通过闭环交易体系、多元化经营模式和个体社交关系的构建，平台在向二手交易的优质流通渠道升级，市场潜力有望得到释放。

4. 众包物流：行业升温

众包物流把原由企业员工承担的配送工作转交给企业外的大众群体来完成，体现了人人协作的"正能量"。众包物流行业从 2014 年开始起步，2015 年在资本井喷助力下快速增长，2016 年入局者更加多元化，竞争升级。投资力度空前加大释放了信号：行业升温明显。

5. 直播密码：唯有"独角兽"才能存活

2016 年是移动网络直播商业化应用起步之年。艾媒咨询公布的数据则显示，中国网络直播平台用户数量为 2 亿人，大型直播平台每日高峰时段同时在线人数接近 400 万人。几乎每周都有 1 ~ 2 个企业进入这个行业。直播行业的红海竞争极为激烈，市场碎片化严重。网络直播平台未来趋势可以归纳为几个关键词：明星化、商业化、移动化、短视频。

6. 服务众包：把人的能力包装成商品

服务众包平台的出现，使任何有一技之长的个体都可以依靠自身的知识技能获取更加多元化的就业机会及多途径的营收，使个人的价值得到充分的市场化变现，实现所谓的人尽其才。同时在服务众包模式下，创新力和创造力不再局限于传统的企业，而是向千千万万的个体自由人扩展，真正实现"大众创业、万众创新"。

7. 知识分享：从免费到付费之路

艾媒咨询显示，44.9% 的网民认为付费语音问答能够实现知识价值的变现，39.5% 的网民认为能够激发优质内容。个人所拥有的无形的知识和技能，有条件随时转化成知识商品，进行市场化的直接交易。内容付费，开始出现一个有希望的市场，供需两端明确、交易规则清晰，综合型和垂直型的产品集中涌现。

8. "互联网 + 医院"：一个美好的畅想

在大数据、云计算、人工智能、物联网和网络通信技术的共同作用下，医疗全过程中的资源供应和匹配、所有医疗资源的管理与输出能够实现完全数据化、智慧化，并通过互联网分享给社会公众，最后达到快速、有效、精准的个人化健康管理。未来，国内医生也许会从多点执业过渡到自由执业，将医生资源全部从医院释放，与各类医疗机构进行市场化的合作运作。优质的医疗资源不再集中在三甲医院，而是得到了市场化的充分流动。

9. 工业分享：政策支持助推"工业 4.0"

工业分享也是国家"互联网 +"战略布局的计划之一。国务院在《关于深化制造业与互联网融合发展的指导意见》中指出："制造业是国民经济的主体，是实施'互联网 +'行动的主战场。"特别强调了"支持制造企业与互联网企业跨界融合"，要做的事是"推动中小企业制造资源与互联网平台全面对接，实现制造能力的在线发布、协同和交易，积极发展面向制造环节的共享经济，打破企业界限，共享技术、设备和服务，提升中小企业快速响应和柔性高效的供给能力"，旨在充分推动工业领域的共享经济发展。

可以预见，共享经济将按照个人、企业、政府、城市、全社会五大路径进行演进。目前已经从个人闲置资源分享阶段，向企业分享和政府公共服务分享阶段演变。这个演变为传统经济带来了新的机遇。企业运营共享经济为传统产业带来了新空间，如共享单车，数百万辆计的共享单车作为公共交通的补充，有效解决了用户的出行问题，并在一定程度上达到了减排和鼓励市民绿色出行的效果。同时，也为传统自行车产业带来了新的发展空间。

制造业企业参与共享经济实现产业转型。例如，三一重工通过智能物联的设备共享平台,把全球超过 30 万台重型机械设备通过互联网连接起来,实时采集超过 1 万个参数。设备主可以在自己的账号里出租设备,同时也可以寻求各种售后市场的服务,如维修、配件等。大大提高了工程设备运转效率,降低了运营成本。

城市公共资源参与社会分享带来新生产业机遇。例如,互联网城际定制巴士离不开政府客运部门的支持。随着大量社会闲置资源的加入,"互联网 + 公路客运"的创新点也会不断问世,一旦网络售票渗透率超过 50%,那么近百亿人次的在线汽车票出票量将催生全新的商业模式。

除了出行创新,还有公共服务的分享创新。其中一个例子是乌镇互联网医院,病人从挂号、看病、取药、付款到回诊,完全可以在手机上一站式搞定,可以帮助病人节省超过 40% 的时间。13 亿人的看病问题是个世界性难题。中国人多,医疗资源少且分布不均匀,医院、医生、患者、政府、药企、保险这六大主体之间关系错综复杂,资源供需匹配难度极大。正是在政府支持下,互联网医院得以解除陈旧规则的束缚,将"医 + 药 + 险"三个关键产业的资源进行分享重组,为解决我国医疗资源分配的难题提供了新思路。

(二)共享经济下个人分享的新形态

综观全球,目前分享经济在 10 大主流行业,超过 30 个子领域,创新了原有的商业形态,形成分享经济的新形态。包括空间分享、美食分享、金融分享、二手交易、物流众包、专业 / 个人分享、医疗分享、教育分享、自媒体 10 大主流行业。短短三五年间,个人分享的新形态也层出不穷,共享经济强调去中心化,人人都是产销者,个人的服务是最小的载体,但整合起来,却能够发挥出最大的效能。这是一种新型的社会生产关系,正在诸多新兴领域里出现新的服务分享,如下面几种分享形态:

1. 高科技设备租赁

一家名为 KitSplit 的初创公司试图在科技设备的租赁服务市场寻找机

会。个人在平台网站上向别人租赁高端的设备，以摄影类设备为主，包括其他高端设备如无人机、谷歌智能眼镜、3D 打印机等，平台主打社交模式，用户个人可以用相对较便宜较合理的价格租赁高科技设备产品，代替高昂的购买价格，如 150 美元可租赁一个幻影无人机 24 小时，一副谷歌眼镜只需 30 美元，能够保证低成本地满足使用者的临时需求。

2. 出租图书

学生以低于 50% 的价格租赁他们所需的教科书，然后在学期结束的时候将书邮寄回。一方面使书的沉没成本得到了收益，可以实现旧书的循环使用；另一方面也降低了大学生的购买成本。进一步可以以教科书业务为入口，打造"一站式"服务于学生群体的图书循环利用服务平台。

3. 你的东西存我家

通过 C2C 的模式，用户可以将家里的闲置物品以一种更好的、更轻松的方式寄存，可以放入邻居家的空闲空间内，包括地下室、车库、阁楼或其他空间。国外 Roost 网站提供按照地区、按照空间大小搜索合适的储物空间服务，网站上会发布出租者的部分信息，同时为了防止发生损坏、丢失等情况，双方会签署保险协议。

4. 个体手工艺者的新出路

打造手工艺者电商平台，美国手工艺品电商 Etsy 成立于 2005 年，10 年间就拥有了 140 万卖家和 1980 万买家，Etsy 自称"我们不仅是一个集市，更是一个艺术家、收藏家、创造者、思想者和实干者交流的大社区"，核心在于面向个体手工艺人，进行限量手工制作的要求，对分享售卖的手工艺品有着严格的要求，每件商品是设计者亲自设计、亲手制作并签署姓名的，成批量生产制作的产品是不允许出现在共享平台上的。

5. 闲置农业设备的分享

农业生产具有季节性，设备经常在一年的其他时间闲置，直到下一个农作物季节，如农药喷雾器一年的平均操作时间不到 60 天。针对农业领域的 C2C，农民渴望能够更高效和经济地利用农业设备。分享经济模式将为设备带来更丰厚的利润，来提高农业行业的现金流和投资机会，平台致力于帮助农民利用收获季节峰值的差异性在淡季向其他种类的种植用户出租闲置农用设备，平台还提供重型设备的运输服务，消除了设备共享的障碍。

（三）共享经济下企业分享的新形态

分享经济新的商机出现，除了 C2C 的如火如荼，B2B 也开始跨越多个领域呈现新的共享形态。企业闲置资源分享，主要指企业分享其闲置资产包括其空间或流水线上的设备，或者分享产能、营销等资源，实现生产共享和协作共赢。企业端分享的新形态，一方面可以帮助企业在资产闲置期间提高收入，另一方面可以帮助有需求的企业"以租代买"降低生产运营成本，更加促进了企业虚拟化运作。

供方企业可以利用自己的闲置设备或产能开展租赁业务，目的是提高利用率；供方企业也可以本身不拥有资产，通过协调海量的社会闲置资源作为供方来满足需方。对于需求方而言，如果某一家企业一个季度不盈利，他们可以轻易地减少其临时性劳动力的规模，或者减少购买一些设备的新合同。对于企业而言，分享经济能够按需为企业提供服务与资源，防止不必要的资源花费，有利于企业提高效率，专注于自身的优势，把其他弱项外包出去，有利于培养快速领跑市场的潜力。

相对于 C2C 分享而言，个体之间的信任非常重要；而对于 B2B 分享而言，分享设施或产能，则更加关注分享质量及所带来的最终用户体验。目前，企业级分享已经深入企业价值链的多个环节，包括采购环节的以租代买如生产设备共享、医疗设备共享、建筑设备共享，生产环节传统的代工厂线上化，发货环节的运力和仓储共享如物流业共享平台化、仓储空间共享，以及营销环节活动共享，办公空间共享、专利共享，以及商旅市场的B2B 共享等多个领域。

共享经济的快速发展也孕育了一批"独角兽"企业，根据 CB Insights

公布的数据，截至 2018 年底，全球"独角兽"企业共有 305 家，其中我国企业为 85 家，占全球"独角兽"企业总数的 27.2%；具有典型共享经济属性的我国企业为 34 家，占我国"独角兽"企业总数的 41%。2018 年，我国又有 11 家具有典型共享经济属性的企业首次进入该榜单，分别是新氧科技、艾佳生活、闪送、医联、爱回收、哈啰出行、满帮集团、曹操专车、美菜、丁香园和一起作业。从行业发展来看，"独角兽"企业可能会重塑或新建一个行业。

表 2-1 2015~2018 年全球和我国"独角兽"企业情况　　　　　单位：家

年份	全球"独角兽"企业数量	我国"独角兽"企业数量	我国共享经济"独角兽"企业数量
2018	305	83	34
2017	224	60	31
2016	186	42	15
2015	151	24	18

资料来源：于凤霞等.共享经济：迈向理性和规范［M］.北京：中国中信出版集团，2019.

（四）公共分享萌芽

如上海研发公共服务平台，汇集全市 400 多家高校、企业、科研院所 7000 余台大型科学仪器设施，向社会开放共享使用，提供仪器信息展示、检测测试服务等服务。在上海注册的中小企业，如果使用加盟研发平台的大型仪器设施，进行科技创新活动，产生具体费用，可享受市财政给予的资金补贴，并可共享公共服务平台上的资源系统。

从城市建设角度看，公共分享有利于大大提升城市的国际竞争力。分享经济能够渗透到政府和城市公共服务领域，虽然进展比较缓慢，但是政府已经开始拥抱分享经济。不管是政府革新采购框架，还是积极推动政府机构闲置资源的分享，或者是城市公共服务资源、公共设施的共享，都意味着分享经济已经从个人到企业，再到整个城市的公共分享前进了一大步。

二、驱动组织形态变化的动因

随着时间的推移和时代的发展，企业的组织形态也在不断地发生着变迁，企业中不断涌现出一些新型的组织形态，对这些新型组织形态成因和运行机制进行分析以及新型组织形态特征进行归纳总结，将对未来企业组织的设计具有很好的启示意义。

（一）企业组织所处环境的变化及要求

概要性地说，从竞争维度和需求维度，有以下四点：

第一，竞争强度提高。主要包括：①竞争主体变化。很多产业竞争已至中盘，到了剩者为王的阶段。一些新兴产业已然是巨人的游戏。就连一些传统的、看上去没有多大前途的行业，也有实力强劲的"野蛮人"进入，进行降维竞争。②竞争资源增加。在一些产业中，所有竞争主体在竞争中投入资源的体量、规模、结构、属性都跟以前不一样了。ofo、摩拜在共享单车领域要想获胜，投入的资源都在几十亿元以上。又如，二手车广告无处不在，投资巨大。③竞争手段丰富。过去只有线下，现在增加了线上。过去线上终端是固定的，现在是移动的，全场景、全通路、立体竞争。④价值"边际"产生的难度越来越大。所谓价值"边际"就是价值增量，竞争难度加大了。

第二，竞争速度加快。主要包括：①所有的企业和品牌领先时间都缩短。过去能领先十年八年，现在能领先一两年就不错了，变化非常快。②成长过程浓缩。以前成为一个著名品牌可能要十年八年，现在两三年就爆发出来了，这与竞争强度的增加有关。③全产业要素流动、信息流动、价值流动节奏变快。所有企业价值链及价值流运行的平均速度加快。④产业整合和结构调整加剧。很多产业集中度的提升有加速迹象。

第三，不确定性增加。几乎所有事物和系统的确定性概率都在下降。系统中局部的细小变化引发全局变化。这也是自组织的特点，一个边缘的变化通过自发、自为的机制和过程，使整个组织发生了变化。与跨界竞争者 / 替代者 / 新（黑）科技三者不期而遇。竞争规则 / 商业模式创新层出不穷。竞争的焦点往往不在局部要素和环节上，而是全要素、全环节的新的组合结构。

第四，需求侧地位提升。主要包括：①魔方式的顾客结构。魔方有三维：一维是收入维，收入维度在拉长；二维是生活方式维，生活方式的差异在扩大；三维是场景维（生活情境维），这一维度也在不断丰富。三个维度都变长了，魔方的方块就会增加，这是一个市场细分的驱动力。还有一个驱动力就是内卷化，原来一个小方块分成两个小方块。比如，原来ThinkPad 电脑不区分男女消费者，后来中国台湾的华硕等品牌进来后，把电脑分成男用和女用的了。魔方结构，说明细分时代到来。②供需之间信息及知识不对称减少和消除。③个体顾客的组织化。这个组织化不是指消费者协会把顾客组织起来，而是因为互联网，人们形成社区和社群。比如一些年轻人，在买东西之前会上美团网和大众点评，参与团购、发表言论，这就是组织化的一种形式。④连接不上顾客。从心理连接来说，以前只要有资源，通过广告的轰炸总是能够让顾客认知和了解，现在互联网时代，媒体碎片化，和顾客的交互效率很低。从交易连接来说，线上和线下立体渠道，布局和管理都非常困难。①

以上变化决定了环境对企业组织的要求日益提高。当下及未来的环境变化对组织进化有了新的要求。不同的环境要求企业组织朝什么方向进化呢？第一，独特专长比平均能力更重要。第二，发展能力和抗击能力的两极对称。组织既要能发展，还要能抵御各种风险。"两极"意味着，这两种能力都要发育和动态增强。第三，既适应高强度竞争，又适应高机动 / 灵活

---

① 施炜. 从科层式到分布式，一文讲透组织的进化［EB/OL］.［2018-02-15］.https：//www.sohu.com/a/222817734_343325.

竞争。高强度就要大规模、大协同，当然也意味着资源聚集和压强，而高机动又要分散化、多中心以及弹性化，这两种要求是相互矛盾的。第四，形成洞察未来、整合战略、引领实践的认知方式。从过去的机械论到现在的概率论、系统论、量子论，企业认知方式一直在变化。第五，深层价值理念保持正确的方向。从组织伦理来看，价值理念也在发生变化，如从过去的竞争导向到现在的客户中心、无边界合作等，而检验企业价值理念是否正确的标准是绩效和人性。

（二）驱动组织形态变化的根本因素

为了适应环境的变化，企业的组织形态也在不断地发生着变迁，出现了一些适应互联网环境的新型组织形态以适应技术革命和外部环境的变化。阿里巴巴的合伙人组织形态、小米科技的直销组织形态、Arduino 的开源组织形态和领英（LinkedIn）员工的联盟任期制等均是互联网背景下的创新型组织形态。

究其产生的背景，可以归结为以下几方面原因：第一，随着知识经济时代的到来和社会储蓄的增加，企业经营者所掌握的知识资本逐渐成为企业发展需要的稀缺要素，进而成为企业核心竞争能力建立的基础，知识资本在企业成长和发展过程中的作用逐渐高于物质资本，从而实现了企业经营决策的合伙化。第二，基于互联网而产生的社交软件、社区平台以及交易平台，实现了人与人之间"一对多、多对多"的连接方式，为大家不受时空阻隔，能够随时随地取得联系提供了便利，从而实现了产品销售的互联网直接化。第三，"创客"的兴起，打破了精英垄断创新的局面，群体智慧在企业中的作用逐渐大于精英力量，促使了企业产品设计的互联网虚拟平台化。第四，随着共享经济的兴起和共享时代的到来，一切都变得开放和共享，即使以人为主要传播载体的知识（隐性知识）也变得开放和共享，在这样的背景下而产生的员工管理问题：员工与公司信任和忠诚关系的建立，促成了员工管理形态的任期制联盟化。

共享经济的实质是社会资源组织化。互联网彻底打破了传统的组织边界，使企业资源社会化和社会资源组织化。苏宁的物流、仓储，包括其他的资源，原来可能是自己建设自己用，但现在没必要这样了，自己用成本太高，可以开放给别人，这叫企业资源社会化。那原来不是我的、我没有的，现在我也没有必要买，而是通过互联网的方式把这些组织起来，不求为我所有，但求为我所用，这是社会资源组织化。互联网技术为资源的这种流动和组织提供基础条件，而传统组织的边界在这种思维下就面临着被打破的问题。企业不但可以运营、经营自有的资源，包括人力资源和物质资源，非企业所有的人和物也可以运营，只要有思路，就可以突破现在的企业围墙，可以运营更多的边界。共享经济在社会资源的组织化方面是运用最为显著的。无论是车辆，还是酒店，利用互联网的技术能够把这些外部的资源都组织起来。滴滴出行、Airbnb，这些共享经济组织，它管理的边界已经不再是员工。组织不再只是组织员工，还要组织客户，组织合作伙伴，实际上它的管理边界已经推到很远很宽，管理的"触角"可以伸得很长。在以前的商业环境里，企业最多管到经销商、供应商，管到这里已经很有挑战性了，因为本身它的产权不属于你，距离也很远。但现在因为有了互联网，组织的"触角"不仅可以伸到经销商、供应商那里，而且可以直接伸到客户那里去。互联网极大扩展了组织的边界，组织静态的边界和组织中动态的内容，实际上都已经与原来完全不一样了。所以滴滴出行困惑，因为它根本不是原来的组织概念，它是在组织社会资源，它的管理重心在外部而不是在内部。

（三）科技革命助推企业组织形态的变化

从西方企业发展史可以看出，那些基业长青的企业与成立之初相比，早已"面目全非"，其组织形态特征发生了巨大改变，这就是"进化"。掌握企业进化规律有助于企业总结过去的成败经验，诊断当前的健康状态，明确未来的发展方向，便于掌握变革节奏，既防止"瞻前顾后、畏缩不前"，又避免"大跃进"出现，促使企业采取有针对性的措施，顺利实现企业形态的演变。杨少杰（2014）在《进化：组织形态管理》一书中提到企业将以四种典型的组织形态：股东价值形态、精英价值形态、客户价值形态、利益相关者价值形态演绎企业进化的轨迹。①

从整体来看，企业形态的进化规律是市场生态、组织形态、人性特征三者相互影响的结果，具有生物特征的智能活动将成为组织功能发展和自愈的主体机能。

在漫长的五千多年农业文明时代中，社会生产基本单元从家庭演化至手工坊，在18世纪中叶以改良蒸汽机的出现为标志，人类进入了工业文明时代，机械力取代了人力、畜力、风力、水力等自然力，其后又发生了以电力技术和原子能、电子计算机、空间技术和生物工程的发明和应用为标志的两次工业革命，三次工业革命中先是工厂取代了手工坊，然后现代化公司又取代了工厂成为当今社会生产基本单元组织形态。纵观人类社会发展历史可以清楚地看到科技是推动人类文明进步的根本动力，科技的发展标志性体现在生产工具的变化，科技的发展还会引起其他劳动资料、劳动对象和劳动者素质的变革和进步，同样也将深刻地促进社会生产基本单元组织形态的进化。

在人智文明时代，机械力是一种社会的底层隐性能源，计算力作为高级别的互动界面能源在人类社会中占据越来越重要的地位，计算力将会解放人类的记忆和逻辑思维等脑力活动。世界不是单维度的，生产力水平和人类社会模式体系两者之间，及人类社会不同形态社会模式之间都是彼此影响互动的，科技在推动生产力前进的过程中会影响促进社会模式的演化，进行社会生产的基本单元组织形态也会随之进行进化重构，这是因为生产力的进步性客观上需要打破原有组织形态的框架进行效能释放。

当今全球的贫富差距进一步加剧、社会的公平性逐渐恶化，根本性原

---

① 杨少杰.进化：组织形态管理［M］.北京：中国发展出版社，2014.

因在于，现有的人类社会模式体系阻碍了生产力的释放和进步，及人类社会内部的不同形态社会模式差异过大，生产力和社会模式的影响互动、异态社会模式之间的彼此影响都进入了恶性循环状态。无论是进一步释放生产力效能和促进科技进一步发展，还是融合人类社会模式体系内的异态差距，都需要人类社会模式探索出一个更高级的模式形态。人类社会当前正处于工业文明时代的最后一段急行军的途中（第四次工业革命——数字革命），也正处于人智文明的早期萌芽阶段，我们需要数字革命这样一个衔接两个文明时代的过渡期。

在这个过渡阶段之前，人类已经通过跨国公司所推动的全球社会化大分工和全球贸易进行了人类初步融合及大合作，及通过互联网在全世界范围内进行了信息的初级连接，但这还远远不够。进入过渡期，科技会以更快的速度推进生产力发展，加剧生产力和人类社会模式体系之间的冲突碰撞等，从而通过内外部双重之力去冲击原有的人类社会模式体系结构，通过破旧立新，进一步对人类、信息和物进行全世界范围内的融合。

◉ 第二节　组织形态的演变

组织形态是指由组织中纵向的等级关系及其沟通关系，横向的分工协作关系及其沟通关系而形成的一种无形的、相对稳定的企业构架。它反映组织成员之间分工协作关系，体现了一种分工和协作框架。随着新经济时代的到来，企业的生存基础、企业的组成要素及企业的管理方式等都从根本上发生了变化。企业的生存基础由以物资设备为基础转变为以信息网络为基础；企业的组成要素由以有形自然资源为主转变为以知识财富为主；企业的管理方式由以实物管理为核心的生产管理转变为以知识管理为核心的人本管理。这些变化使企业与外部的联系以及企业内部的资源配置和权力分配发生了改变，进而使现有权力集中的、多层次的组织结构弊端日益显现，现有的企业层级制组织形态受到了挑战。因此，研究现代企业组织形态的演变及其发展趋势，对企业组织如何在新经济环境下变革企业组织结构、创新企业组织形态有着重要的现实意义。

一、互联网和人工智能改变了社会基本关联结构

当前经济社会中，互联网和人工智能无疑是对产业发展产生深刻影响的关键技术，在两者的交互作用下，产业创新与升级正越来越遵循涌现路径，呈现巨大的不确定性和偶发性，企业需要不断调整自身的组织形态，才能在瞬息万变的产业环境中获得持续发展。

在工业化时代，企业的主要职能是解决成本最小化问题。一方面，由于信息不对称等原因，人们在买卖行为发生之前会产生一系列搜寻、监督成本，个体分散化经营会令这些成本增加，而企业将个体经营进行整合，并通过制度、信誉等降低这些成本；另一方面，人们追求购买成本最小化，而个体生产的制造成本高，无法实现规模经济，企业通过专业化、规模化生产有效降低制造成本。

在互联网和人工智能引领的新时代，企业面临着四个主要变化：一是互联网、大数据技术将建立起广泛的信用体系，而智能算法的应用将大大缩短供需距离，消费者很容易就能找到自己满意的商品；二是智能工厂和工业机器人能够显著提高生产效率，制造成本将降低到前所未有的水平；三是消费者的需求层次提高，关注点从价格转变为产品品质，同时个性化需求逐渐增多，标准化产品越来越无法满足需求；四是员工个性化程度提高，严苛的制度规则成为束缚。在这样的变化中，成本最小化问题将被新兴技术有效解决，而企业原有的组织结构也将难以适应人的需求，因此企业的主要职能将转变为解决人的价值最大化的问题。

人类社会即将开始第四次工业革命——数字革命，人类文明进入了人

智文明的萌芽阶段，区块链将会成为互联网系统新一代基础协议，计算力将逐渐代替人类自身的记忆和逻辑思维等脑力活动，个体的价值正逐渐呈现越来越清晰的分层，或许未来工作将会是某些有智慧人群的特权。

换言之，企业的核心关注点从资本转变为人。随着主要职能的转变，新时代企业在顶层设计上也将显著区别于传统企业：一是核心理念上，新时代企业的生产过程从降低成本转变为发现并实现客户价值，同时组织成员自我成长、自我实现的过程。二是竞争力培育上，新时代企业之间由成本的竞争转变为客户的竞争。传统企业通过技术迭代、渠道升级等降低产品成本，提升企业竞争力。新时代的企业则需不断提升学习与适应能力，构建开放、包容的企业文化，以此为基础养成对客户需求的灵敏嗅觉并作出迅速反应，从而在竞争中取胜。三是管理流程上，传统企业以 ERP 作为主要管理平台，通过对人、财、物、供、产、销形成闭环管理，达到资源效益最大化。新时代企业中 ERP 仅仅是基础，核心是知识和信息平台，成员通过这一平台进行信息和经验的交流，最大化个人的知识效率。面对这样的变化，企业需要从以下三方面着手调整自身的组织形态：

一是社群化发展。为了更加贴近客户，企业的组织形态应当更像一个社群而非机构。组织要吸纳更多具有相同需求和爱好的成员，成员本身既是消费者也是生产者。相较于严格的科层制度，企业更加需要提供成员一致认可的行为规范，避免严苛的制度对个人的限制。

二是打破边界。为了使组织更具备适应性并实现组织成员价值最大化，企业需要打破组织与组织之间、部门与部门之间的边界，相较于传统的公司制和定岗定编制，合伙人制和项目制可能更加利于提高组织柔性和成员协作水平。同时企业更需要制定自由灵活的进退机制，保障组织成员在恰当的场景中发挥恰当的作用。

三是与产业融为一体。为了应对产业发展过程中的不确定性，企业需要积极融入整个产业生态中，通过平台化、泛契约化等多种手段，主动承担产业生态建设者的责任。利用微信等公共平台，共享企业成员的知识和经验，实现企业内部资源外部化。

当前，互联网技术的发展已然引发了诸如淘宝、支付宝、芝麻信用等一系列新产业的涌现，未来人工智能技术必然引发新一轮的产业涌现，面对互联网和人工智能带来的社会基本关联结构的变化，企业需要主动调整自身的组织形态，才能在产业的迅速变革中勇立潮头。

二、社会生产基本单元的进化

（一）组织的进化

组织是由人组成的生命体，因此用进化理论描绘、分析组织演变和发展是适合的。基于自然选择理论，我们可以得出组织进化的内涵和特征：

第一，进化是组织对环境的适应。企业进化是为了什么？是为了可持续发展。

第二，企业进化从表征上看，是组织形态、结构的变化；从内容看，是功能、价值的变化以及价值创造所依赖机能的变化；从内核角度看，是文化模式的变化。一个种群生存方式的变化隐含文化模式的变化，这是人类文化学所研究的内容。为什么会形成制度、习俗？本质上都是为了适应环境。

第三，组织进化是长期的，不是一蹴而就的。就好像人类直立行走不是某一天突然练成的，而是经过了几十代甚至上百代人的漫长努力：一开始可能脚能够跷起来，然后撑着能够走，慢慢地……终于有一只古猿能走了。但是，长期的、动态的进化并不意味着它是匀速的：有一段时间进化会快一些，有一段时间进化可能慢一些。环境相对稳定的时候，进化得慢一些；温水煮青蛙，水一直温着，青蛙不会有什么变化；加热的时候，可能进化得快一些。即便如此，也不排除自然界有突变的现象，在一个瞬间或者在一个浓缩的时间内事物突然发生了本质变化。这对于我们理解组织和管理是非常重要的。

（二）社会生产基本单元的进化

自工业革命以来，现代化公司是以盈利为目的，按照一定的组织规律，有机构成的经济实体，其以实现投资人、客户、员工、社会大众的利益最大化为使命，通过提供产品或服务换取收入，作为社会生产的基础单元参与市场经济活动。20 世纪初，美国著名经济学家、哥伦比亚大学校长巴特勒（Nicholas Murray Butler）曾经对现代化公司做出这样的评价："公司是近代人类历史中一项最重要的发明，如果没有它，连蒸汽机、电力技术发明的重要性也要大打折扣。"

正如工业革命促进了现代化公司组织形态的形成一样，信息技术的革命也带来了当今社会生产基本单元组织形态的革命。进化社会生产基本单元组织形态对生产力、生产效能的释放有着非常重要的影响，促进了生产力大力发展，为人类世界创造了大量推动社会进步的领先科技。

虽然"公司"出现在工业革命之前，但只有到工业革命前后才真正全面发展，并加速了工业革命的进程。两者之间是相互影响、相互依存的关系。大家今天熟悉的"公司"是工业革命的产物，也就是说，如果没有工业革命带来的规模化生产、规模化商业，以股本金承担有限责任及岗位专业化分工为核心的公司，就得不到社会化发展的必要，而如果没有现代化公司的社会化大发展，工业革命的进程又会大打折扣，或许到现在还没有出现。

三、新型价值体系的构建

以 Uber 为例，之所以说 Uber 是新组织形态的雏形，是因为它跟我们所熟悉的所有公司都不一样，而且是发生了质变，它绝不仅仅是交通服务商业模式颠覆式创新的简单逻辑，它引发了对所有商业领域和公司组织形态变革的想象空间。从业务形态上，它将出租车公司运营出租车服务这种线性的价值链上各个因素结构进行了打碎，再把传统的出租车服务及司机、可载客的私家车服务及司机、有交通服务需求的乘客及关联交通信息等价值因素进行了重构形成一张价值网：价值网上的所有价值因素均不归属于 Uber；价值网上的各价值因素通过智能算法进行融合而创造价值；在价值创造层面击碎了公司制下劳动雇佣的概念；价值因素进行了市场外延，打破了公司和市场的边界；每一次业务的产生和结束都是价值因素进行生物逻辑自组织形成和解散的过程，具有即时性和动态更新性。

在组织架构上，Uber 采用了"平台 + 前端"辐射型组织形态，Uber 总部通过信息技术构建的数据系统、资金资本及专业资源对各个业务前端进行赋能，每个前端团队相当于一个近似自由组合的创业团队进行自组织化运营，Uber 总部扮演类同风险投资机构角色对前端业务团队进行投资和孵化支持。

无论是市场业务运营还是内部组织结构，Uber 都打散了公司制度下的线性价值因素连接，初步构建了一个有枢纽中心的、模糊了内外部边界的、分布式价值因素连接的价值创造、传播和消化的闭环体系。尽管 Uber 体系没有解决信任和公平机制，信任机制缺失体现在所有价值因素通过 Uber 设立的中心枢纽进行交互、所有数据存在被中心篡改及外部攻击的可能性，公平机制缺失表现在中心枢纽订立的规则是由 Uber 掌握、整个闭环体系存在有失公平性的天然缺陷。但 Uber 所呈现的"平台 + 自组织化前端"是一种低维文明向高维文明进化过程中的过渡性组织形态，存在向"去中心化"进一步进化的客观需求。

四、自组织形态的涌现

（一）结构角度组织进化的起点：科层制

过去的组织结构是科层式，科层制是组织结构演变的起点。科层式组织主要有以下五个特点：第一，从上到下目标统一，层层分解责任和权力；第二，驱动和连接组织的基本方式是权力，权力中心在组织的最上端。在运行方式上，纵向层层发布命令和指挥；第三，纵向结构的最大优势在于可以构建大规模的组织，具有广泛的动员能力，我国古代秦朝的郡县制就是一个例证；第四，组织的动力和活力来自不对称竞争和不对称激励；第五，通过权力、规则对组织的"硬控制"。这里的规则包括与正向激励和负向激励有关制定的规则，而控制在很多情形下是有效的，但要避免僵硬和缺乏弹性，需要具有一定的适应性。

目前，科层制依然是组织结构的基本形式，企业科层式组织的典型代表是直线职能制，在事业部组织结构和矩阵式组织结构中也有体现。事业部制适用于企业集团，事业部组织结构内部往往包含科层制。比较集权的事业部偏向于科层式组织结构，如总部控制事业部组织结构；比较放权的事业部制偏向于分布式组织结构。矩阵式组织结构是多维权力结构，与一般的科层式组织结构有区别。科层式组织权力是在一个方向的，标准科层式的权力是一个中心，非常集中，而矩阵式组织结构则存在纵向和横向的多头领导，实际上是多个科层式结构的组合。另外，矩阵式组织结构在权力上是分散的，但在分散程度上还没有达到分布式组织结构，可以看作是对科层式的改进。

（二）合弄制的出现

2007 年，美国宾夕法尼亚州一家叫 Ternary 的软件公司，创始人布赖恩·罗伯逊（Brian Robertson）将公司在自组织体系方面的最佳实践进行了萃取，正式提出了合弄制（又名合乐制，Holacracy）。这家软件公司在如何让人与人一起更好地工作、如何用更民主的组织模式管治公司方面，引起了世人广泛的关注。后来，布赖恩撰写了合弄制章程（Constitution），提出其核心原则和相关实践，成为该领域的先驱领袖。2015 年 6 月，他的著作《重新定义管理：合弄制改变世界》（*Holacracy：The New Management System for a Rapidly Changing World*）出版，引起强烈反响。之后，布赖恩又创立了一家名叫 Holacracy One 的公司，专门致力于合弄制组织模式的推广。传统的科层制组织结构（Hierarchy）已经达到了极限，但完全扁平化（Flat）的组织又缺乏高效运行业务的执行力，合弄制是一种可以进行自我调节的组织结构，作为一个独立的整体能够协调它的各个部分，作为其中的一部分又能够对上级进行控制，还能够结合当地的环境进行自我进化。科层制与合弄制组织结构比较如图 2-1 所示。

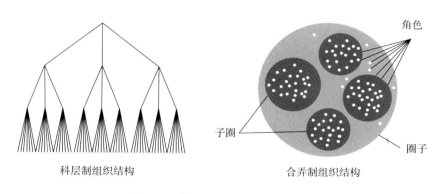

图 2-1　科层制与合弄制组织结构比较

一个公司或组织，其存在的目的（Purpose）究竟是什么？是企业家个人的抱负？是保证股东权益？是满足客户需求？是要解决人类的某个问题？实际上，确定企业目的是一个探索的过程。不是去决定目的，而是去发现目的。当我们不再希望公司应该做什么的时候，我们反而能够更好地发现企业本身的创造力和潜力，这才是企业存在的真正理由。自组织合弄制正是为了让企业更好地发现和实现其目的，迈向新权力结构的系统性变化，是更换组织底层的操作系统跨越式飞跃。科层制公司与合弄制公司特征对比如图 2-2 所示。

当前，区块链从科技层面实现了数据去中心化、点对点（并且是一个点对所有点）的传播，试想在第四次工业革命——数字革命完成后，当未来世界全部平移至一个以 TCP/IP 协议为底层及区块链为架构的网络体系中、每个个体都是这个网络体系中的一个节点的时候，社会生产基本单元将会呈现怎样的组织形态？相信在那个时候，个体的价值将会是最重要的，因为组织形态将会是一种完全的动态——自组织，实现了"你即组织、我们即组织"的状态。

传统的科层制公司	新兴的合弄制公司
静态岗位 按照岗位设置每个人的工作，岗位描述不确切且很少更新，相关度也不高	**动态角色** 根据工作定义角色，角色需要定期更新，一个人可以同时担当多个角色
授予权力 经理人很难放下权力，最终决策也是由他们说了算	**分散权力** 权力真正分配给了团队和角色，一线人员可作决策
缓慢调整 组织结构更新缓慢，通常是自上而下强制式的	**敏捷迭代** 组织结构敏捷迭代，定期更新，每个团队都是自组织
办公室政治 隐形的潜规则很难打破，人治大于法治	**透明规则** 每个人遵循相同的规则，规则对所有人都透明

图 2-2　科层制公司与合弄制公司特征对比

五、新组织形态的生物属性——自组织化

1954 年前后的半个世纪里，由于缺乏实时且充足的社会数据和信号，钱学森教授发出了"面向社会管理的控制论恐怕永远也不会有结果"的感叹，但随着互联网的出现及各种新型计算机技术的发展，人类正从工业时代向知业时代及智业时代迈进。社会中的许多组织过程在网络环境中的动态变化加剧，催生出新型社会管理产业。知识自动化将变革知识的获取方式、知识的分析方式、知识的影响方式、知识的产生方式，以及决策制定、评估和实施的方式，实现从数据到信息到知识再到智慧的集成及转化，从而主导未来工作性质的改变、组织结构的改变、驱动经济增长与提高生产力，推动信息社会向智慧社会的转变。与智慧城市及智慧社区相比，智慧社会更是对于人们的生活方式、价值理念和服务感受的重塑，通过综合协调人、地、事、物和组织等各种要素，实现精细化管理、人性化服务、多元化参与、信息化支撑的集约型、智能化、全响应的社会管理

形态。

生物学家冯·贝塔朗菲（V. Bertalanffy）以在生物学领域的研究为基础，创立了"一般系统论"。约维茨和凯莫伦（Yovits and Cameron，1959）在《自组织系统》（*Self-Organizing Systems*）一书中对自组织系统作了详细的论述，1969 年普利高津提出的耗散结构理论标志着自组织理论的创立。主要研究的对象是复杂自组织系统（生命系统、社会系统）的形成与机制问题，即在一定条件下，系统是如何自动地由无序走向有序、由低级有序走向高级有序的。哈肯（1979）对自组织现象作了描述："所有子系统之间的相互作用对整个系统的贡献好像是有调节地、有目的地自组织起来的。"

目前区块链技术的应用，可以预见到未来的组织形态将会是完全的动态型自组织，这是一种高度生物逻辑的组织形态。例如，Uber 打破了传统公司制的静态层级结构和线性逻辑，采用"平台 + 前端"的组织构成，将其在交通服务领域中进行应用，组织形态在人类社会历史上展示了生物属性特征，前端业务已经不再是由内部资源进行价值创造，而是由打破公司和市场界限后对分散的价值因素重新网状编织后进行价值生产，这些局部价值因素的组织形态已经开始自组织化。自发、自主、快速聚散的组织共同体的大量出现，即《未来是湿的》一书所称的"无组织的组织力量"。Linux、维基百科、快速聚散的闪客、围绕国外电视剧形成的字幕组等都是如此。我国的"大众创业、万众创新"实际上是为大、中、小企业、科研机构等提供一个平台，使众创、众包、众扶、众筹等有活跃的空间。

六、分布式中心群的新形态——协作机体

协同论认为系统各要素之间的协同是自组织过程的基础，系统内序参量（Order Parameter）之间的竞争和协同作用是系统产生新结构的直接根源。公司制将会进化为完全动态化自组织形态，当前阶段公司制进化过程

中第一步将业务层面进行了剥离演化为前端自组织，萌发出第一个生物特征。如果"平台＋自组织化前端"是公司制向完全的动态化自组织进化过程中的过渡组织形态，那么组织形态进一步进化必然要求对"平台"进行手术、"平台"将会消失演变为另外一种具备生物属性特征的形态。

或许我们可以对"平台"进行结构化分离、功能性分解和时空性分散，这样我们就能将平台消失后零落的价值因素通过形态、资源和时间、空间进行不同维度的分析，就零散的价值因素重新聚集进行价值生产研究：结构化分离是将平台分解为多个中心，通过开放式系统架构的方式进行互联，提供类似于大平台的能力，这是大平台被击碎后所体现出来的形态特征——平台演变为分布式中心群。功能性分解是将原有平台上的资源在打破平台和市场的界限后，通过模块核心从市场进行动态化的资源聚散，形成一个可以完整或不完整的赋能中心——中心未必是一个可以完整赋能体，但互联至一起的分布式中心群必能完整对外赋能。时空性分散就是指通常理解的时间和空间上的分散，分布式中心群通过系统的协作机制从不同的空间甚至不同的时间对外进行整合赋能——实现最具弹性的价值生产方式。

这种平台化组织再次进化所至的分布式中心群将降低一个大平台的复杂性，实现价值需求和价值创造之间的快速匹配，缩短时间降低成本，提高整体系统的可恢复性、经济性、安全性与生存能力。基于分布式中心群，这种信息协调的有机化共同作业机能，我们把这种假想的下一个过渡期组织形态命名为"协作机体"。

人类社会进行生产的基本单元组织形态已经萌发出了生物属性的嫩芽，现代化公司伴随生产力的进步和社会模式的升级，将会逐渐进化为完全动态的自组织形态，进化演变过程中将会有两个甚至更多的过渡期组织形态表现：比如"平台＋前端"的平台化组织、"分布式中心群＋前端"的协作机体等。

七、文化结构的演变

企业文化是组织文化的一种，不同形式的组织、不同形态的组织有不同文化特征。任何一个组织文化都不能脱离生态、组织、人三者之间的价值关系，共享经济的价值体系重新构建，必然促进文化结构的演变即人性特征的变化。文化结构是构成企业形态的必要组成部分，因此当企业形态演变时，人才结构必然发生演变。在市场生态中，企业形态沿着产业价值链不断演变，经历了股东价值形态、精英价值形态、客户价值形态、利益相关者价值形态四种典型组织形态，实现了从低级组织形态向高级组织形态进化。在市场生态中，我们可以归纳为四种典型的文化结构，即以收益为核心的资本文化、以业绩为核心的精英文化、以创新为核心的客户文化、以人格为核心的价值文化。文化结构是企业形态重要组成部分，而且是最活跃的组成结构。

（一）以收益为核心的资本文化

股东价值形态下的企业文化特征是以收益为核心的资本文化，资本的价值创造能力让资本价值充分体现，资本文化的价值理念主要体现在服从指令、提高收益、高效运行，降低成本、减少风险等方面，企业倾向于在现有资源的基础上进行简单化、规模化的价值创造，因此一般缺少创新文化元素，过于强调资本价值时也容易缺乏社会责任感，股东人格对企业文化的塑造影响较大。资本文化也可以成为资源文化，在中国依然有相当一部分传统企业中体现得非常明显，老板文化就是资本文化的一种形式。

（二）以业绩为核心的精英文化

精英价值形态下的企业文化特征是以业绩为核心的精英文化，通过精英团队领导力完成股东的委托责任，精英文化主要体现在较强的责任感、高效的执行力、标准化的行为，这些文化元素都有利于业绩目标的实现，文化理念中强调分工与协作、等级与秩序等。为了有效地完成业绩目标，精英团队开始重视创新，关注社会责任，这时期股东与精英人格对企业文化的塑造影响都比较大。在中国，很多传统企业具有明显的精英文化特征，曾经对企业发展起到巨大的推动作用，然而在互联网时代开始受到冲击，精英文化与市场发展特征逐渐脱节，使企业运行系统变得越来越僵化。

（三）以创新为核心的客户文化

客户价值形态下的企业文化特征是以创新为核心的客户文化，客户价值决定企业生存与发展，只有员工的集体创造力才能满足价值需求的变化。客户文化主要体现在客户导向、团队精神，平等与尊重、创新与挑战、激励与成就、工作与生活等方面，以团队为基础的价值创造强调个人能力的发挥，需要不断地激发团队成员的主观能动性，当文化元素体现多数价值创造者的人性特征时，企业人格逐渐独立，企业文化真正成为一种组织文化。创新文化将是互联网时代的主流文化，传统企业转型需要塑造这种文化体系，中国的一些优秀企业已经意识到了这一点，但是与管理制度融合还有一段距离，需要一定的时间与关键事件积累。

（四）以人格为核心的价值文化

利益相关者价值形态下的企业文化特征是以人格为核心的价值文化，人格特征使企业的价值性得到充分体现。价值文化主要体现为独特价值、求同存异、契约精神、社会责任等，价值观趋同的人格成为价值创造与价值交换的基础，文化管理成为企业的主要管理方式，这时企业内外部文化开始融合，维系企业组织存在的就是独特人格。

从企业形态进化过程来看，文化结构从资本文化向价值文化转变、从"内部"文化向"外部"文化转变、从"利己"文化向"利他"文化转变，从"同一"文化向"统一"文化转变，这也是企业的独特人格的逐渐体现。

◉ 第三节 互联网企业组织形态的一般特征

通过对阿里巴巴、小米、Arduino 和领英的组织形态、组织形态成因进行分析，对它们组织形态的一般特征进行归纳总结。总结梳理出当下新型组织形态的特征主要包括：企业治理结构的合伙化、产品设计的开源化、组织结构的虚拟化和员工管理的任期制联盟化。在共享经济下，影响组织形态特征变化的基本因素可以归纳为：企业经营决策权和控制权的合伙化是由于知识资本在企业中的作用逐渐大于物质资本；产品设计的互联网虚拟平台化是由于群体智慧的力量逐渐大于精英的力量；产品销售的互联网直接化是由于"你、我、他"可以随时随地互联；员工管理的任期制联盟化是由于知识逐渐变得更加开放和容易共享。

一、当知识资本大于物质资本时公司治理方式的合伙制普遍化

通常的合伙人是指通过投资组成合伙企业，并参与合伙企业的经营和管理的组织和个人，他是合伙企业的主体。在法学中，合伙人有一个比较普通的概念，是指以其资产进行合伙投资，参与合伙经营，依协议享受权利、承担义务，并对企业承担无限或有限责任的自然人或法人。也就是说，合伙人既是企业的所有者，又是企业的经营管理者，而且还是企业债务和责任不可推卸的责任人。然而，阿里巴巴合伙人虽然在文字和内涵上借鉴了普通合伙人的概念，但是在本质上两者有着根本的区别。

首先，阿里巴巴的合伙人身份不等同于股东。普通合伙企业的合伙人享有公司的主要股份，经过合伙人协商，合伙人的股份可以自由出让。

虽然阿里巴巴的合伙制规定，在成为合伙人后，每个合伙人都必须持有一定比例的公司股份，但是这只是在担任合伙人期间享有的权利，一旦退出合伙人，就不再拥有公司的股份，这只是阿里巴巴为了保持合伙人目标利益与公司目标利益一致性的激励方式，与只要持有公司股份就能保持股东身份不同。其次，阿里巴巴的合伙人身份不等同于公司董事。在普通合伙人企业中，合伙人享有对公司经营决策的管理权，并以此来获得利润的分配。但是阿里巴巴的合伙人会议并没有取代董事会来管理公司，其主要权力是对公司董事会成员的提名权，只是拥有对董事会人事的控制权，而并没有获得对公司的直接运营和管理权。阿里巴巴招股说明书显示，在阿里巴巴集团内部，董事会仍然拥有公司重大经营决策的决定权，享有极高的权力。最后，阿里巴巴的合伙人不需要承担无限连带责任，对于普通的合伙企业来说，合伙人需要对企业的债务和责任承担无限连带责任，而阿里巴巴的合伙人对公司不承担财产经济责任，他们的主要职责是精神和身份层面上，就是为阿里巴巴集团的使命、愿景和价值观做出努力。

当知识资本在企业中的作用大于物质资本，并逐渐成为企业经营成功的关键要素时，企业的治理结构往往会形成合伙制。而且随着后工业时代（知识经济时代）的进一步深化，公司治理结构的合伙人制将呈现普遍化现象，如房地产行业中合伙人制开始出现普遍化，万科、碧桂园以及龙湖等都出台了自己的合伙人制，而且合伙人制开始由民企向国企扩散，如越秀地产、绿地集团和首创置业等都开始实行自己的合伙人制。除了地产行业，如百度、Facebook以及京东都采用双重股权制，它属于泛合伙人制的一种表现，同时也是知识资本重于物质资本的表现。

二、知识共享条件下员工管理方式的联盟制形成

很多学者探讨了适合于知识共享的组织结构，如赫德伦德（Hedlund,

1994）的"N型企业"、野中郁次郎（Nonaka）和竹内广孝（Takech，1995）的"Y型企业"以及罗姆（Romme，1996）的"循环结构型"企业。此外，还有适于知识共享的矩阵式结构多维管理结构和学习型组织结构等。无论是何种结构类型，他们都试图找到一种能弥补层级结构缺陷的、便于知识畅通互动的柔性组织结构。只有弱化等级结构，才能建立开放的学习型成长知识共享机制。

硅谷的联盟制是一种柔性的协作关系，它的诞生改变了传统上雇主与雇员之间雇佣与被雇佣的关系。在联盟制下企业与雇员之间是一种相互投资、共同受益的平等关系。与传统的终身雇佣制不同，联盟制不再追求在企业与员工之间建立一种长久稳定的雇佣关系，而是旨在通过诚实的对话在企业与员工之间建立一种相互信任、相互投资的合作伙伴关系。

尤其是在硅谷共享文化的环境下，知识更加变得具有共享性和开放性，这也是领英与员工形成联盟关系的主要原因。其实我们还可以进一步分析，知识分为显性知识和隐性知识，显性知识可以依靠书本和网络进行传播进而实现共享，而隐性知识主要以人为传播载体，普通的书本和网络无法实现隐性知识的有效传播，它具有知识和传播载体——人不可分离的特性。包括领英在内的大部分硅谷企业的员工掌握的是隐性知识，因此在硅谷，知识的共享往往伴随着员工的移动或是离职。既然在知识共享的背景下，员工移动或是离职成为常态，因此硅谷的企业也就不再追求自身与员工的长期雇佣关系，而且知识的共享也确实促进了硅谷企业的成长发展和繁荣。

在硅谷共享文化的环境下，硅谷中企业之间的关系往往呈现一种"竞合关系"——既竞争又合作。竞争对手允许他们的工程师之间进行相互交流，他们在"头脑风暴"中往往能够迸发出智慧的火花，甚至可以了解到双方之间的竞争战略，这也是知识共享的一个表现。随着杰里·米里夫金所说的共享时代的进一步深入发展，知识会变得进一步开放和共享，像领英这样与员工形成一种联盟化协作关系或是员工管理形态将会成为各大企业效仿的一种员工管理形态，并且成为普遍现象。例如，在硅谷的企业中，Twitter、Faceboook、PayPal 以及 SixApart 都在实行这样一种员工的管理形态。

在联盟制下，企业与员工双方达成了具有明确条款的互惠协议，他们双方追求的是能够为对方增加价值能力的一种关系。在联盟的关系下，企业承认以及勇敢面对员工可能离开的这样一个事实。里德·霍夫曼将这种企业与员工协作关系下的组织称为一支具有明确目标的球队，队员为了目标聚在一起，但球队的成员也可能发生变化，因为队员可能会选择去其他的球队，当然也可能是球队管理员裁剪和交易球队队员。虽然球队不是终身雇佣制，但是队员必须相互信任和合作才能取得团队的胜利，而团队的胜利恰好也是队员实现个人成就的最佳方式，因为胜利的队员会被其他球队争相抢购。因此，在联盟制下，企业与员工是一种团队合作的关系。

三、互联网下群体智慧大于精英力量时形成微笑曲线虚拟组织

雷军的成功之处在于将苹果公司的组织模式也复制了过来，即公司只专注于产品的设计研发和市场营销，而设计中的软件操作系统 MIUI 利用开源社区平台进行群体开发设计，而销售则是互联网直销，这两端都可以称为虚拟化组织。以这样的组织模式，雷军带领小米在竞争激烈的中国手机市场取得了成功。雷军也非常清楚在激烈竞争的市场情况下，产品制造的中间环节利润只会越来越低，甚至可能会成为公司发展的阻碍，所以雷军团队从创业一开始就只保留了产品附加值较高的环节：设计研发和市场营销。这样不仅能够降低雷军团队一开始的创业成本，还能够在公司创立后集中更多的精力和金钱在其核心竞争力上。小米两端虚拟化的组织模式可以用微笑曲线来表示（见图 2-3）。

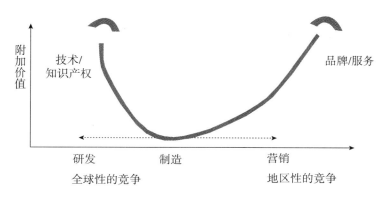

图 2-3　微笑曲线

微笑曲线是由宏碁集团创始人施振荣在 1992 年为了再造宏碁提出的。在微笑曲线左边是设计研发，右边是销售，中间是组装、加工。在产业链中，附加值较多集中在微笑曲线的两端，也就是设计研发和市场销售。附加值代表一个企业获利的潜力，所以附加值高的企业获利能力就越高，而处于产业链中游的组装加工附加值低，其获利能力就低，而且随着市场竞争力的增加，其利润空间会越来越小。因为附加值低的企业进入门槛低，市场容易达到饱和，为了维持生存，只能扩充产能，实现规模效应，维持获利。

例如，代工企业富士康的利润率已经从 6% 降到了 2%，因此小米想要获得可观的利润空间和获得持续的市场竞争力就必须将产业链向微笑曲线的两端推移。事实也是这样的，小米只保持了产业链中附加值较高的上游——设计研发和下游——市场销售，这也是小米能够采取"低价格 + 高配置"的销售模式，并将国内智能手机的价格压在了两千元以内。综上所述，在互联网的背景下以及群体智慧的作用下，小米在产品的上游也就是产品的设计研发端进行了虚拟平台化的设计，在产品的下游采取了互联网的直销方式，而且在日益竞争激烈的市场下，企业要想获得足够的利润，小米这种的产品研发和直销的组织形态将会是企业最好的选择。

四、互联网社区平台群体智慧下产品设计的开源组织形态

基于互联网技术的普及，因为个体之间能够实现频繁的交互和信息共享。尤其是 Web2.0 的产生和应用，更是促使群体智慧获得了新的生命力，简单可行的网上操作技术可以使用户之间利用互联网进行瞬时交互，编程环节的跳过也使用户得以直接参与到内容的共享和创建之中。正如 John Smith 所说的："网络和通信技术在人类生产和生活中的广泛应用，再一次激发了人们对群体智慧的认识。" Pierre Levy 也强调："网络技术不是创造一个机械统治人类的新世界，而是给我们带来一种人性化的影响。这种影响将是通过各种思维在互联网上的碰撞，从而迸发出群体智慧实现的，这将是对每一个个体所做贡献的验证。"群体智慧和互联网结合而形成的巨大优势决定了其适用于很多领域，并且得到了越来越多的企业家和研究学者的关注，在未来因为群体智慧和互联网技术而形成的开源组织形态将会成为企业产品设计阶段普遍选择的组织形式。当下对群体智慧成功应用的成功典范就有很多，如 Linux 操作系统、Google、My Space、Wikipedia、Threadless 和 Youtube 等。

开源组织是一种高效、节约、促进生产力发展的组织形式，它最大的特点在于能够吸引松散个人进行协同合作和共享开发。开源的组织结构一般呈现为洋葱式结构形式。采用开源组织形式的公司规模一般较小，趋于虚拟、非正式。开源组织也是虚拟组织的一种形式，组织中大部分的参与者并非公司的员工，受到组织中项目和个人自身能力的驱动，他们在运行中组队和重组，而且他们与公司的关系也不是附属关系，而是协同合作关系。因此，开源组织的生产形式相对传统的组织形式具有更大的优势。例如，一个公司即使雇用了最好的工程师，享有了最先进的技术，但是在公司的外部还是会有更多合适的人选没有服务于公司内部，而且无论这个公司如何成功，它的外部竞争潜力总是会越来越大。但是开源的公司组织结

构就不用担心这样的问题。

通过开源组织进行的项目协同开发，不仅能够增加项目的透明度，进而降低项目开发风险，而且还能实现资源的优化配置。除此之外，开源的组织方式，还可以招来义务的开发和测试工作人员，这在很大程度上降低了项目开发的人力成本和设备成本，而参与者也可以通过参与项目的开发获得相应的成就感和经验。产品设计的开源组织形态的出现主要是由于群体智慧和互联网技术的推动。

◉ 第四节　共享经济下的组织形态变化趋势

近几年，新的管理模式不断出现。传统企业以前为之自豪的职能化组织结构、标准化管理、工作分工等理念似乎都成为企业发展的掣肘。长期以来传统的静态垂直设计的组织，已经跟不上瞬息万变的市场节奏，唯有"灵动轻盈"的组织才能引领和适应未来，组织发展将会变得更加多学科化和依赖于各种各样不同的途径和视角去发展和变革组织。以动态多维的视角让组织中不同要素（人、信息、资源）"低损耗，无摩擦"碰撞整合，为组织内各环节和组织外利益相关方产生商业价值。

一、产品生产模式转向流程化和自动化

当用户能够使用互联网对产品进行评价的时候，企业的所有部门都必须直接对接市场、对接用户。对产品进行改进的决策不应该由企业的金字塔顶端做出，而是由最靠近用户的部门做出，这就是华为总裁任正非提出的"让听得见炮声的人来呼唤炮火"。企业组织形态涉及企业内部的高层治理形态、员工的管理形态、产品的设计研发形态以及产品的销售形态的

创新与变革。

当前，世界正处于新一轮技术创新浪潮引发新一轮工业革命的开端。新一轮产业变革的核心正是信息网络技术的应用，它以前所未有的广度和深度，加快推进工业生产方式、经济发展模式的深刻变革。随着信息技术广泛应用，生产型企业与服务型企业、互联网企业与制造业企业之间的边界日益模糊，产业跨界融合日益凸显。企业生产从传统产品制造为核心转向提供丰富内涵的产品和服务，企业价值创造从产品为中心的制造向服务增值延伸。企业不仅是产品和服务的提供者，还是提供产品、服务、自我服务和知识的"集合体"。信息化与工业化融合发展带来的一个重要变革就是智能制造时代的到来。工业化与信息化的深度融合，催生了智能电网、新能源、高端装备制造等新兴产业发展，专业性服务和中介服务逐步成为工业制造的重要部分，工业互联网、工业云等新理念不断涌现。随着智能制造的进一步深化和发展，必然促使传统的产品生产模式向流程化和自动化转变。企业组织形态分析体系逐渐表现为企业产品设计的互联网虚拟平台化、产品生产模式的流程化和自动化、产品销售的互联网直接化。

二、组织发展的适应性和有效性逐步提高

组织必须适应日益复杂和不确定性的技术变革、经济变革、政治变革和文化变革。组织的发展可以帮助组织对这些变革进行有效的响应，并且在很多情况下有助于事先影响公司战略方向的实现。过去几年快速变化的环境证实了我们的观点，并强调了他们的相关性。据一些观察家所言，组织具有空前的不确定性和无序性，没有一种管理变革能够改变这种状况。目前主流趋势正对组织变革产生影响，即全球化、信息技术和管理创新。

社会经济转型期关于组织中人员心理行为的研究，包括组织变革及适应、变革领导者的胜任特征、员工再就业心理适应、激励机制问题、科技创新中的行为评价以及证券市场的个体投资者心理行为等问题及管理

对策。在《组织发展与变革》中托马斯·卡明斯和克里斯托弗·沃里认为，组织发展（Organization Development，OD）及其有效性相关内容如下：①企业渴望适应变化、高效运行、不断追求完美，组织研究领域追寻变革性的突破，比如学习型组织、虚拟组织、组织职能外包。组织通过战略实现目标，战略的执行与落地依赖组织能力。②OD 是一门对行为科学知识进行应用以提高组织绩效和组织能力的学科，同时关注使组织变得更加人性化。③OD 是指利用行为科学知识和实践，帮助组织获得更广泛的有效性的过程，包含提高经济效益和改善工作生活质量。④OD 是指组织为适应内外环境的变化，通过有计划地改造组织流程，改善和调整组织结构和人员状况，从而增强组织的有效性以及成员工作满意度的过程。⑤组织发展得到快速发展，表现为人们与组织中其他人进行合作和通过他人进行工作的需求，组织适应复杂且变化着的世界的需求。⑥组织发展面向的是改善整个组织，视组织为完整的系统，以及受更大环境范围影响的组织各组成部分。组织发展应用在一个完整系统的战略、结构和过程中。组织发展的关键在于组织评估其当前组织能力并实现目标的能力。⑦组织发展需要了解组织、经济、行为科学，需要涉及较广的主题，包含变革的作用、组织变革的方法、成功实施组织发展有影响的各种因素。组织发展建立在行为科学知识和实践的基础之上。组织发展的实践覆盖了广阔的、变化多端的活动领域和高层管理者的团队建设、市场当局的结构变革、职务的丰富化。⑧组织发展的实践涉及对计划变革进行管理，是一个比规定如何去做的宏伟蓝图更适用的计划和实施变革的过程，包含诊断和解决组织问题的计划，这些计划富有弹性，会随着变革进展的状况而改变。组织发展包含对变革的创新和随后的巩固，比如在实施变革初期努力的基础上，将注意力集中在组织中巩固新行动和使其制度化的工作上。⑨组织发展致力于提高组织的有效性：组织能够解决自己的问题并将注意力和资源放在实现主要的目标上，组织发展借助行为科学帮助组织成员获得全力投入工作所必需的技能和知识（支持员工的潜力、参与和发展的价值）；组织要有较高的绩效包含财政利润、优质产品服务、高生产效率、持续提升和发展的机会，还有高质量的工作生活，满足外部群体的需求（股东、顾客、供应商、政府、中介等），外部群体给组织提供资源并使组织合法化，吸引和激励公司雇员让员工在更高的水平上发挥潜能。在共享经济下企业由传统职能化组织模式向组织形态平台化模式演变是大势所趋，其目的只有一个：释放组织最小经营单元的最大潜力，使员工人人都是小老板，个个都是决策者。

三、"小前台、大后台"组织结构提供资源整合与配置

以小米为例，小米在全球手机生产商中产量排在第三名。在短短的几年之内小米能够进入前三名，说明在管理方面雷军和他的团队也有很多创新的理念和做法。他们认为，互联网时代要贴近客户、要走进客户的心里，企业就必须缩短与消费者之间的距离，跟消费者融合到一起。只有与消费者融合到一起才能跟消费者互动，才能把消费者变为小米产品的推动者，变成小米的产品设计研发人才。要实现这些就要使组织扁平化，组织要尽量简化。这就是互联网时代很重要的一个理念，即简约、速度、极致。

再如海尔，海尔商业模式变革的目标是什么？就是"三化"：企业平台化、员工创客化、用户个性化。张瑞敏说："我们的目标就是变成一个平台化的海尔，所有人都变成创客。"就像《易经》里所说的最高境界："乾元用九，天下治也。"通俗地说，就是"群龙无首"。在这里"群龙无首"是个褒义词，每个人都非常有才华，没有人领导，但是各自都能把自己的事业做好。海尔希望做到这个程度，每个人都是一个创业公司，每个人都是一个创客，但是每个人都有自己的目标，不会互相打乱仗，因为每个人都会创造市场价值。这也像老子在《道德经》中所说的，最高的领导境界就是"太上，不知有之"。为什么？因为创造了一个非常好的平台，

非常好的氛围。

现在采用"小前台、大后台"的组织模式是很多企业组织变革的"原型"结构。他们代表着，以内部多个价值创造单元作为网络状的小前端与外部多种个性化需求有效对接，企业为小前端搭建起后端管理服务平台提供资源整合与配置。企业组织将成为资源和用户之间的双向交互平台。现阶段已成功实施的企业如表 2-2 所示，目前尚在变革中的还有美的、苏宁等知名企业。

表 2-2　现阶段已成功实施组织变革的企业

企业名称	组织形式	特点
小米	项目制	核心创始人—部门领导—员工，团队到一定规模就要拆分，变成项目制。除了 7 个创始人有职位，其他人都是工程师
海尔	人单合一	每个人都是自己的 CEO，我的用户我创造，我的增值我分享
华为	项目化管理、"铁三角"	从中央集权式转向，让"听得见炮声的人来呼唤炮火""少将下沉当连长"
阿里巴巴	生态型	资源聚合（不搞人员调配，说服别人愿意跟你干）
乐视	织物化、网格化	全球合伙人制及全员激励计划，让每一位正式员工有机会能拥有乐视生态股份
韩都衣舍	小组制	划小核算单元，责权利统一，小组成员之间可以自由组合
阿米巴	小集体	独立核算、划小经营单元，让每一位员工成为主角，"全员参与经营"

企业要塑造良好生态，提供适宜环境，而生物不断的优化又促进生态的健康循环。平台化企业与员工的关系正如生态与物种之间的关系，既有依存与促进，也有淘汰与死亡，但正是这样的机制确保系统良性的发展，有能力的员工施展个人才华，得到认可，系统不断优胜劣汰，去芜存菁，保证系统的良性，最终将平台进行立体的延展，形成一个覆盖所有机制的生态型企业，真正符合自然规律的发展。我们已经进入互联网时代，互联

网企业具有更加适合平台化、开放性、人人交互的特点，这些特点能够更快渗入"以人为本"的理念中，相信正是外部这样的环境，给平台化企业的发展带来发展的空间，但是无论互联网企业还是传统企业，要想组织形态平台化转型成功，还需要注意以下三个关键要素：

（一）企业家思想观念要跟得上时代

企业老板有没有组织变革的思想，有没有与时俱进的境界，如果按照传统管理思维，或者说旧时代的方法和思维没有延续到新时代，在思想上、观念上、关注度上没有进入互联网时代，缺乏互联网思维和创新能力，以及企业决策团队的支持和高管团队足够的危机意识，组织变革就难以开启。组织变革需要的是：老板要从思想上、意识上、行动上保持一致，下决心、立恒心去变革，去打破平衡，统一组织变革的思想。

（二）组织文化氛围打造

要向员工不断去弘扬与宣传的组织变革，营造一个想干、敢干、要干的内部创业及变革氛围，尤其是"70后""80后""00后"员工，他们正处在一个伟大的互联网时代，具有年轻人干事业的机遇和优势。要倡导人人都能创造价值，人人都能自主决策，人人都能决定自己收入。打破管理层级、一切围绕市场、围绕客户，团队成员自由组合经营及项目团队，成员之间相互协同，承担各自的任务和责任。领导以身作则带头进团队干，以激发员工积极、主动参与到组织变革和价值创造中去。

（三）利益共享机制

企业在合适的范围内给予团队及员工足够的权利和责任，小团队队长对单元的全部经营负责，企业合理地划分经营边界，制定科学的结算方式，完整快捷的结算步骤，做好后台保障机制，切实保证方案的操作与实施。团队及成员相互之间严格遵守各项规章，在授权体系内，用好个人的权利，施展个人能力。实现"责、权、利"的相对统一。承诺及利益及时兑现，把企业与员工的对立转变为合作，形成良性循环，实现共赢的结局。

CHAPTER
03

第三章
共享经济下的个体与组织

　　共享经济模式的出现是时代发展的结果，技术发展带来的创新，包括平台技术、移动定位技术、支付技术、大数据算法、人工智能等，让过去复杂的交易变得更便捷和体验更好；人的价值观和工作生活方式有了很大不同，即追求自我价值，追求更自由的工作时间和状态；当社会物质文明在过去几十年发展到一定程度，即社会物质丰富，开始产生过剩。这些在底层涌动的因素推动着社会和商业的变革，从一个个细小的维度出发，向几十年来工业时代演进的最佳商业和企业管理运行法则提出挑战。

第一节 共享经济带来人企关系新范式

共享经济引发了企业内部一场巨大变革，无论是产业结构还是组织架构，在共享经济背景下均发生着剧烈的改变。理解组织管理四大核心命题：组织存在的关键是个人对组织的服务，即对组织目标有所贡献的行为；我们常常集中精力考虑组织的问题，而忽略了组织中的个体；必须正视组织生存的关键影响因素；组织需要具有弹性能力。四大核心命题如今又有了新的内涵：个体与组织是共生关系；组织必须外部导向；组织需要打开内外边界。

一、劳动关系松散化

在传统经济模式下，企业人力资源是指与企业建立正式劳动雇佣关系，通过付出劳动，获得一定的经济或非经济报酬的企业员工。但是，在共享经济下，企业的人力资源不单单包括组织内部的个体，不局限于正式劳动雇佣关系下的员工，也包括那些并没有与企业签订任何正式的劳务合同，但是为企业的发展贡献自己的时间、经历和资源，并获得一系列经济或非经济报酬的利益相关人员。比如，滴滴打车和Uber专车的司机，他们并没有与企业签订明确的用工合同，与企业之间并不是正式的雇佣和被雇佣的关系，甚至不知道企业的管理者是谁。他们中部分人是其他组织的正式员工，只有在闲暇时间才会通过第三方平台（比如滴滴打车软件、Uber专车软件）进行接单，采用兼职的方式挣取额外的报酬。他们与公司之间更多的是一种合作关系。在这个关系之中，司机获得报酬，乘客享受接送服务，滴滴和Uber公司赚取服务抽成，实现三方共赢。因此，共享经济下企业的人力资源既包括与企业签订正式的用工合同或雇佣合同的内部员工，也应包括那些公司人力资源体系以外的利益相关人员。每一个人都是一个独立的经济体，既可以独立完成某项任务，也可以依靠协作和组织去执行系统性工程，所以共享社会既不缺乏细枝末节的耕耘者，也不缺少具备执行浩大工程的组织和团队。

二、个人价值与组织目标的同步

在过去，个人加入一个组织以后，成为组织的一·颗螺丝钉，发挥着自己的价值，同时把更大的价值让渡给企业的股东，为着企业的目标而奋斗，个人在时间轴上是沿袭着职业链条在线性上升，而在共享模式下，组织与个人有着各自的目标。对于一个个体来说，有着自己的"自组织"目标，在"人人即组织"的概念下，每一个个体不只是为了一个 JD（工作说明书）要求而重复着工作。每一个个体也有着自己的"组织"远景和目标，每个人只是借助这个平台去实现个体组织的价值。比如，Uber 的司机，不是为 Uber 打工，是为自己在工作。又比如淘宝店家，不是为了淘宝而打工，是为自己在做生意。比如在行上的行家，不是为在行工作，而是在建立个人的品牌以及价值，为自己打工。共享经济不仅仅可以实现车辆、房屋这类有形资源的共享，更重要的在于人力资源的共享。这种共享的背后，组织与个人的关系也开始有了新变化。

三、打破"雇佣—管理"模式

传统企业与个人的雇佣关系，即企业与劳动者个体要签订劳动合同，劳动者个人通过劳动从事生产创造的工作，为企业创造价值，企业以工资的形式给予劳动者本人一定回报。在这种关系中，企业是一个强有力的组织，将众多零散的个体有机组合起来，去完成一件件综合性比较高的工作。企业占据主导位置，拥有员工的"定价权"，规定员工的工作时间、工作内容和工作强度。在雇佣关系基础之上建立的是企业与员工的管理关系。过去的管理，大都是基于雇佣关系的发展，员工面对相对固定的上下级关系，从上级那里领取任务，对上级汇报工作，同时也接受来自上级的考评和奖惩。久而久之，我们发现，越是大型企业，员工越过多地关注上级领导和同事对自己的评价，而不再重点关注外部市场和客户的反应。同时，"雇佣—管理"模式的不断强化，也让员工在大型企业中逐渐习惯于一个个局部的"零件化"角色，专注于细小的工作，逐渐被机械化思维所禁锢。雇佣制下的员工，受制于企业固有的管理机制，虽然减少了不可控风险的出现，确保企业整体的平稳，但实际上在控制风险的同时，也阻碍了个体积极性和创造性的更大发挥。走进企业看一看，就会发现，越是管理制度完备的企业，员工的自由发挥空间越小，规范化的动作越多，员工越倾向于安于现状、不愿创新、不思进取。工龄越长，收入越高，人很自然就容易"当一天和尚撞一天钟"，也不利于有想法的年轻人去自由冒险，更充分地施展自己的才华。

在共享经济迅猛发展的今天，传统企业的"雇佣—管理"关系被撕裂，以价值分配为关系、新的链接正在形成，每个人都是一个节点，进行价值传输。新的社会架构讲究的是"规则"而不是"关系"。人所处的地位和层级，是由人所带来的价值决定的。

四、个体"去雇佣化"

共享经济脱胎于互联网带来的新商业模式，像滴滴的车辆共享、Airbnb（空中食宿）的房屋共享，知乎、在行的知识能力共享。可共享的资源类型越来越广泛，负责整合分散的盈余资源并做好供需双方交易服务的企业平台也越来越多。共享经济本质上还是一种平台经济，无论是基于信息服务的互联网企业，还是从事生产制造的传统企业，都在慢慢地向平台化方向演变，具体表现为从资源上的封闭独占走向开放共享，业务上由自产自销到产销外包，组织上由层级制走向扁平化。目前，这种平台化的转型已经在越来越多的企业身上体现出来。

随着互联网的发展，企业的边界定义越来越模糊，企业与外部资源渐渐融合，难分彼此。互联网消除了信息的不对称，不仅大大弱化了企业的组织结构，而且建立了广泛的连接，任意一个人都可以通过互联网连接到它所需要的资源，中间环节并不复杂。这样的连接，带给企业内外的众多个体更自由的选择权，让他们可以利用互联网获取更多将自身能力变现的渠道。与此同时，共享经济本身又是一种大规模定制化经济模式，由众多消费者和服务商自行在平台上完成交易，企业不可能事无巨细地控制每一个订单的产出样式。越是个性化和具有创意的产品服务，越不可能由企业内部自行完成，越不可能由既有的规范化和标准化工作流程实现，只能依靠不由企业控制的、更具独立性和创造力的外部资源来协助产生，这就催生了更细化、更复杂的全社会分工体系。企业完全可以通过"众包"的方式来完成一件事情，没必要再雇用大批人力从头至尾生产。利用外部零散的个体，"众包"完成一项本该由企业内部自己完成的工作，实际上意味着一种不同于以往"雇佣—管理"模式的新人企关系的出现。当企业逐渐走向开放并依靠更多外部力量的时候，原有的员工与企业之间的关系也会越发变得不牢固。合同制不再能够束缚员工的自由选择，未来也许会出现员工的"去雇佣化"，这意味着任何有专业技能的人才，不再需要找一个单位并签署具有排他性质的劳务合同，而是可以"就事论事"，完全围绕需要解决的专业问题，与有需求的各类企业谈合作。

五、人企合作联盟时代

共享经济更广泛地深化到越来越多的传统行业，可以预见，未来企业与员工之间的关系可能只有一种——合作关系。个体的身份，将从隶属于某一个组织的员工，转化为在共享平台上与各家企业进行业务往来的合作者。传统的企业运营管理，要求员工为企业创造价值。未来的合作关系，则要求企业和员工在平等的基础上创造新的价值。更具自由度的人企合作关系，会让企业内部的组织关系发生深刻的变化。过去的企业内部，上下级之间是领导与被领导的关系，平级之间是同事关系。而在共享经济模式下，企业开始向平台化方向转变，封闭的内部逐渐走向开放，围绕平台的是供给方和需求方两大外部群体。平台化企业要求内部所有的人员必须为满足双边群体需求提供服务，淡化了领导、管理色彩，更多的是强调合作。员工从过去在金字塔型组织里面，一举一动都看领导的脸色，转而开始直接面对客户，了解需求，制作方案，解决问题，升级体验。未来的人企关系，应该具备以下三大特点：

首先，个体将成为自由独立的经济体。每个人都可以独立地参与到全球分工经济体系中，这种参与不依托于某一个企业，而是独立自主地完成某个分包的任务，或者自己组织团队，依靠网络化协作完成具体工作并获取报酬。在此期间，个体不会受制于任何企业组织的常规化控制，个体的议价权和自由创造力将大大增强。

其次，外部的个体将与企业成为合作伙伴，相互独立又彼此支持。在共享经济之下，企业为众多专业化个体提供平台服务，提供业务机会，个体则在平台上释放个人能力，创造新的价值。双方实际上将走向平衡互惠的关系形态，企业越来越依赖于这些独立的个人经济体创造更优质的产品和服务，形成网络聚集效应，进而吸引更多用户，提升企业竞争力。同时，企业也不需要承担以往的员工管理成本，转而成为轻资产模式的平台企业，企业的竞争力不在于储备了多少人才，而在于能否在需要的时候最快找到可以合作的人才。

最后，企业的员工也将会获得更多自主权。共享经济带动企业平台化和开放化的趋势，这种趋势不仅仅针对外部个体，对于仍旧选择留在企业内部的员工，也是一次身份和角色的转变。海尔几年前提出"企业平台化、员工创客化"，如今阿里巴巴也在推广"平台—个人"新模式，实质上都是企业从过去的"强管理"模式向"强赋能"模式转变，从"管控型"模式向"助推型"模式转变。"赋能"强调的不再是物质激励，而是从内心深处激发员工创造新事物的兴趣和积极性，并给予他们充分的权利。"助推"不再强调控制、规划、标准等传统管理理念，而是让企业成为"大后方"，为员工提供开展工作所需要的各类资源和帮助，为员工在企业平台上的"创业"活动保驾护航。企业为员工的创新提供基础设施服务，同时赋予其对等的责权利，目的就是更充分地释放个体的能量，更准确地衡量个体的价值。

未来，资源共享会成为广泛共识，网络的连接也会替代身份的隶属，企业与员工的合作关系将取代传统的雇佣关系。在同一个平台上，个人与企业可以更平等、自由地合作，企业不必再把员工纳入管理体系内，个体也不再认为自己是某一企业的员工。网络的连接改变了以往的关系范式，个人与企业的平等合作，甚至于业务联盟，将成为一种新的趋势。人人共享整合了个人和企业的最佳能力，其实质就是高效利用每种资源和每个利益相关者。"组织"能带来行业的优势（需要较大的规模和大量资源），"个人"能带来个体的优势（本地化、专业化和定制化）。当组织和个人都在努力做到最好，为对方解决困难、扰人或是难以攻克的难题时，最终双方的合作就会产生出人意料的结果，甚至是奇迹。在当今这个资源稀缺的世界里，人人共享组织可以创造出富足。通过利用已有的资源，如有形资产、技术、网络、设备、数据、经验和流程等，这些组织可以以指数级成长。

◉ 第二节 共享模式下组织与个人的价值共享机制

一、价值链

价值链是哈佛大学商学院教授迈克尔·波特于 1985 年提出的概念，

波特认为："每一个企业都是在设计、生产、销售、发送和辅助其产品的过程中进行种种活动的集合体。所有这些活动可以用一个价值链来表明。"企业要生存和发展，必须为企业的股东和其他利益集团包括员工、顾客、供货商以及所在地区和相关行业等创造价值。如果把"企业"这个"黑匣子"打开，我们可以把企业创造价值的过程分解为一系列互不相同但又相互关联的经济活动，或者称为"增值活动"，其总和即构成企业的"价值链"。

任何一个企业都是其产品在设计、生产、销售、交货和售后服务方面所进行的各项活动的聚合体，在共享经济下价值链条上的每个环节更为庞杂，只有更加关注核心价值的创造者提高组织的效率和收益率。承认个体贡献，在企业制度方面就是要重塑各个利益攸关者的关系，从原来制造产品的加速器变成孵化创客的加速器。

大约40年前出现的管理外包，就是一种打破雇佣关系的方式，外包环节的成员与发包组织之间的关系不能用员工对组织的"忠诚度"去界定，更多的视角是合作及契约精神，管理外包事实上已经是企业价值链的价值重组。今天互联环境下企业的边界无限扩大，协同、外包、供应链将更容易获得效率优势和成本优势，越来越多的企业外部协同业务甚至成为企业业务的基本构成。今天互联网时代的从业人员，当个体对于知识和能力有足够把握，个体将不再依赖于组织，而是依赖于自己的知识与能力成为企业业务的协同者，个体与组织之间的关系不再是层级关系，而是合作关系。

二、团队构成

在传统经济模式下，员工"部门归属"的界限比较清晰，为了保证统一领导原则，员工所属团队的领导负责团队内部资源分配和任务布置，员工在固定框架内贡献知识、资源，付出努力，完成任务。即使部分企业为了完成某项特定的任务，从不同部门抽调专业化人才，组建临时团队，但是团队成员的人事关系仍然归属于某个部门。待到临时任务结束后，员工便再次回到原部门之中。这样的人员管理模式，虽然满足了统一领导原则，但是由于部门归属的限制，在临时团队中开展业务时，无法与其他部门（尤其是存在竞争的部门）之间的员工进行真诚合作，资源共享，这样大大降低了工作效率。在共享经济模式下，员工并没有明确的人事关系归属，只是根据员工差异性胜任力划分到不同的模块之中，这种模块划分仅是为了方便员工能力的识别，而并非行政的管辖。企业根据不同的任务需求，选择胜任力与其匹配的员工，组成新型临时团队，团队成员之间不存在不同部门竞争的限制，可以充分共享资源，通力合作，完成既定任务，提高工作效率和工作质量。

三、绩效评价体系

改革开放以来，市场经济在资源配置之中起到决定性作用，那么如何遵循市场规律发展企业，管理企业成为众多企业领导者需要解决的问题。在传统经济模式下，企业员工的薪酬发放是以绩效考核结果为标准的。但是，产品或服务的使用者是用户，绩效考核者是企业相关负责人。在共享经济模式下，将员工绩效评价交给市场，共享经济平台的主要职能是建立一套科学的评价体系，而并不再发挥传统的考核与结算职能。考核和结算职能交由市场，消费者根据真实的体验对服务做出评价，并支付酬劳，平台运用大数据处理技术，汇总众多消费者对员工服务的评价。价值贡献以市场为检验依据，综观如今的新兴产业，其成长的路径必有市场的价值检验和市场化的价值分配格局。无论是技术上的创意，商业模式上的创意，抑或是引领消费需求的创意，其价值的实现都要靠市场去衡量。2011 年中国移动互联网产业中智能终端迅速普及，移动 APP 应用领域极其广泛，无论是美团之类电商模式还是游戏、通信和社交、交通、音视频多媒体、资讯和阅读、金融理财、学习和教育、运动和保健、生活助理等，都是通过社区化和自身时间流的优势，交互粘住用户，同时与具有时间属性的商户进行合作，实现了市场价值。考虑到组织的长远发展，应建立非财务目标与财务目标并举的组织价值观，企业价值的判断不能再完全依赖于过去一直使用的指标体系，用来展示公司价值的指标体系将越来越多元化，比如员工的自豪感与尊严，与客户和供应商之间建立一种朋友关系并分享共同的理想，与社区建立和谐的关系等。传统时代的信息传播方式造就特权，拥有信息和特权的人在组织中总是会利用手中的信息和特权影响企业的价值分配，从而使自己在企业的价值分配过程中占据优势。在互联网时代每个人因为拥有充分的信息而变得平等起来，特权以及依附于特权的分配不公都会在光天化日之下难以持续。互联技术使企业与企业、人与人形成一定契约关系和互联链条，信息与物质更快、更低成本地流动，商业新价值因此不断产生和分配……那些具有"平等、参与、分享"价值观念和价值共享机制的企业越发生机勃勃。

四、人力资本

正如阿里巴巴影业集团董事会执行董事、首席运营官邓康明所说："作为一个 HR，就是要打破固有模块，努力在企业内部构建一个生态完整的生态圈。"互联网时代的本性让错配解决、资源流通，资本与人本之间发生了根本的变化，而阿里巴巴的合伙人制度，就是典型的人本与资本的抗衡。在工业化时代，一个组织只要找到 3%~5% 有创业心的打工者，这个组织就是好的。

创新与人力资本已经成为中国经济持续繁荣和企业转型升级的内在驱动力，在人力资本价值管理时代，人力资源管理的核心目标是关注人的价值创造，使每个员工成为价值创造者，使每个员工有价值地工作，实现人力资本价值的增值。从机制体制上讲，要建立共创、共享、共治机制，使人力资本和货币资本共同创造价值、共享剩余价值、共同治理企业，这就需要一套如共同体 GTT 企业云管理平台，不仅提高人力资源效率，提高人均劳动生产率，提高人力资本单位产出，并且能够提升人力资源价值创造能力，提升人力资源价值创造能量与人力资本增加值。随着技术的创新，智能机器人成本越来越低，替代劳动者成为最廉价的劳动力。未来发展趋势是大量的制造企业由智能机器人进行劳动替代，势必带来劳动组织模式的革命，"碎片时间"是互联网时代的一个显著特征与趋势，企业人力资源管理不如转变理念和思路，在适度控制的基础上对员工进行碎片时间管理的方法引导。并且，可以对员工碎片时间进行有效集成和模式创新，挖掘碎片时间的人力资源价值创造能量。

五、价值分享平台

一部 iPhone 手机的诞生引发了一系列的生产活动和价值分配，这正是克鲁格曼（Krugman，1995）提出的"分割价值链"（Slice Up the Value Chain）想法，"人们开始注意到制造业沿着价值链被分割到多个阶段和不同区域，在每个阶段增加一部分价值，这种分割能够极大地提升国际贸易的潜在规模"。这也正是全球价值链所刻画和划分的价值形成过程。第三方共享经济平台是共享经济模式下的一个重要主体，借助互联网平台，采用在线管理模式，即使管理者与被管理者并不互相熟知，但是通过互联网技术，一键调取被管理者资料信息、资源状况、服务水平，并通过大数据技术分析，确定管理策略。另外，绩效考评市场化需要第三方结算平台的助力，即 Paypal、支付宝、微信等结算平台，为市场化的绩效考评体系和薪资结算体系提供了方便，也加强了资金的安全性，解除了供给方、平台和需求方之间的信任问题。

第三节　共享经济下人才管理新模式构建

一、从组织管控到合伙机制

在共享经济模式下，企业人才范畴更加宽泛化，既包括企业内部人才，又包括企业外部利益相关人员，人才构成比较复杂。特别是企业外部利益相关人员，他们与企业管理者之间并不相互熟知，同样也没有同企业构建起一种严格的关系归属，仅仅以松散的合作模式维系彼此关系（比如自由职业者或兼职人群加盟模式），管理者对于外部利益相关人员的信息获取与评价审核往往通过共享平台提供的数据分析进行。在此情况下，实现管控的有效性是极其困难的，因而平台化的运行模式推动了合伙机制的诞生。合伙制不但成为互联网时代企业满足客户的常有生态，而且成为企业内部建立协同的模式。海尔 2007~2009 年邀请了 IBM 帮助打造集团化管控模式，与其他企业一样，整合研发、生产、销售等诸功能，形成集团一体化经营模式。到了 2009 年，张瑞敏认识到这种模式能够让海尔不断提高效率，却不支持甚至扼杀了海尔的创新。因此，他果断中止了该项目。张瑞敏提出自主经营体的概念，像阿米巴一样开始划小组织内核算单元，推行企业内部类市场化运行。2012 年后，为消除传统观念强化平台意识，海尔将所有分子公司、部门称谓去除，统一称为某某平台，主管也不再称总经理、主任等，而统一为某某平台负责人。合伙制几乎已经成为互联网企业组织变革的标志，是诸项要素合作的一种合作机制，一种协同机制，一种评价机制，一种分配机制。在这种机制下，谁来都是一样，反过来，这种机制最大限度地整合了所有资源。所以，在互联网企业中，没有老板，没有员工，没有高管，没有基层。只有共同合伙人，大家各自做出自己的贡献，在创造价值的过程中，通过交易或类交易的形式完成协同。

二、将绩效激励转变为分享机制

在传统企业中，战略—计划—预算—绩效—激励是企业运营的主线，围绕这一主线，如何将战略分解至各组织目标，如何将目标细化为可执行计划，如何配置合理预算资源，如何从实现过程管理到落实计划，如何有效激励，都是企业经营管理的核心问题，也由此产生了一系列工具与方法。在互联网时代，在专业性的基础上实行合伙，在合伙制基础上实行核算，在核算明晰的基础上实行分享，成为最简洁的组织内部运行法则。由此，越来越多的企业放弃了 KPI、平衡计分卡等传统管理工具，开始推行内部类市场式运行模式，并按各自贡献，以约定好的分享方式共同参与价值分享。比如，海尔提出的"人、单、酬一体化"，无论职务高低，无论组织层级，公司上下一律按每个人服务的对象价值、实现的价值获取相应回报。

三、实现企业外部人才优化整合

如果说企业内部人才孵化池实现了"员工供给、孵化池搭建平台、企业自身满足需求"的共享模式，那么做好企业外部利益相关人员的优化整合工作则是实现了"外部利益相关人才供给、企业搭建平台、消费者满足需求"的共享模式。外部利益相关人员服务质量的优劣，直接影响企业的形象与口碑，外部利益相关人员的技能水平直接决定着企业的竞争能力。因此，企业应该首先以合作者的姿态，拿出足够的诚意，在较大的范围内招募合作伙伴，吸引那些能力强、素质高的人才进入外部利益相关人员体系，实现人才规模效应，打造一个"海量"的外部人才库。其次，由于人力和成本的限制，外部利益相关人员的筛选与录用工作不能按照传统人才招募层层选拔模式进行，因此人才招募过程中保证招聘工作的开放性，通过设置统一的招聘标准，构建标准化的人才招募流程，使资源提供者自主入驻企业外部人才库。

四、从人资管理到人才开发

以往人力资源的主要价值重激励轻发展，依然是拿来主义，企业形成真正的有效人才发展体系的不多，反而是如何做好评价，如何做好激励、持续提升每个人的价值贡献度，这些是人力资源工作的重点。在传统企业中，人力资源管理在解决了企业用工合规、内部氛围和谐、人员管理有序的基础上，围绕着价值创造、价值评价和价值分配一条线，以更好地焕发员工激情为目的，进行着一系列的管理活动。20 世纪 90 年代后，在创新成为企业经营的主题背景下，又增加了围绕着人才标准、人才甄选、人才培养和人才使用一条线，以能力持续提升为目的，进行另一系列的管理活动。但在互联网时代，价值评价问题和激励问题已经被类市场化的机制解决：每个人所得多少，取决于自己做出的价值贡献，而不再是人力资源通过岗位评价、能力评价之类的操作来衡量。与此同时，互联网时代创新、平台"赢家通吃"的特点，对人才的需求是前所未有的。因此，在互联网时代，人力资源管理的两条线本质没有变化，但实现的方式方法却发生了巨大变化。前者以合伙机制为基础，以分享机制为落实，将原有的管理行为转化为了市场行为，后者以专业化为基础，以合伙制为保障，将原有的管理行为转化为了协作行为。在合伙机制、分享机制下，自然也就产生了互联网企业人力资源的主要变革方向，就是从以绩效为主线转向以人才发展为主线。

五、构建市场导向的结算体系

绩效评定和薪酬考核市场化是共享经济模式下薪资偿付一种崭新尝

试，绩效优劣与薪资评定完全由市场说话，这里的市场主要是指由需求方构成。一方面，对于企业内部人才绩效评定和薪酬考核而言，需求满足方是企业自身，其绩效考核和薪资评定还是由企业进行。但是，这不同于传统的绩效考核模式，考核过程中不会将资历、工作年限、职位等因素考察在内，而是以团队合作的贡献为考核标准。企业根据临时团队绩效的优劣决定个体薪资的水平，再根据团队中个人的贡献高低决定个体薪资的数目。另一方面，对于企业外部利益相关人员绩效评定和薪酬考核而言，需求满足方是消费者，而并非企业，企业在过程中仅仅扮演着服务支持者的角色，企业按照科学的标准制定一套互评机制，使考核可以随时随地动态进行，在此基础上完成企业平台、消费者和企业外部利益相关人员之间市场化结算，并且实现企业外部利益相关人员和消费者之间的互评，侧面激发了外部利益相关人员服务的动力。

六、注意员工职业的稳定性与组织发展的平衡

共享经济重新赋予人们更多自由的同时，也会带来许多不确定性，这是一个问题的两面。共享经济创造价值的核心在于通过信息技术对现有资源的高效利用，其实质是出售部分闲置的使用权。但这种出售将使用权和支配权切割开来，从而形成了一种双层的结构：财产的所有权即支配权是一个层次，财产的使用权是另一个层次。在这个过程中，对于财产所有者，失去了使用权后，剩下的支配权被抽象成了一个信息和标志，这种模式下主人的财产不能不说是一个隐忧。在共享经济下使用权的重要性开始胜过所有权，竞争变成了合作，生产者之间的关系从交换变成了共享。这都是对传统社会结构的改变，必然涉及既得利益者的利益。很难保证这些既得利益者不会对新事物进行打压。上述分析说明，共享经济发展中存在很大的不确定性，包括自身发展的不确定性以及和传统冲突带来的不确定性。这些不确定性是研究者需要注意的。

共享经济参与者面临更大的工作压力。共享经济模式对企业员工产生一个重大的影响是：员工的岗位和工作内容经常被技术进步和商业模式变化打断，不得不更换岗位。因为在共享平台中，一部分参与价值贡献者的权利并不受保护，尤其是劳务提供者，这不利于企业稳定发展。共享平台这种架构要成功运行还需要政府和社会的协作，个体权利和保障不可或缺。著名的华尔街数据分析师玛丽米克尔在她发布的《2015年互联网趋势报告》中写道："2014年，美国的自由职业者已达5300万，是总劳动力的34%，他们要么无稳定雇主，要么利用业余时间做多份兼职。"共享经济除了充分利用物力，还可以充分利用人力资源。但参与其中的工作者可能同样面临着生活的压力，看似获得了一些自由，不再有老板批评、完不成绩效等传统压力，却带来了工作无保障、收入不稳定的新压力。那些技术含量不高的低门槛工作从业者更是如此。然而在传统企业中，医保、养老保险、全职上班时办公室工作所具有的友情、互助、企业的集体活动等，这些看似不重要的东西事实上都是分担个人经济和精神压力的重要手段。在共享经济模式下，这些可能大多无法提供给参与者。所以，个人虽然少掉了一部分压力，却可能会承担其他的一些压力，甚至可能会比为某一个组织雇用时候更大。

参与者对组织的使命感和责任心易缺失。在一个传统的企业组织中，领导者可以通过制定企业目标，施行各种精神和物质措施来激励员工。由于个人需要对他人和所在的组织负责，需要完成集体的目标，就必须主动承担一些公共的责任，在级别体系约束下，人们反而更容易有责任感和使命感。然而在共享经济下，组织虽然没有消失，只是形式不再稳定，个体和组织之间不再是一种强雇佣关系，组织对个体的影响降到最小。这种临时拼凑起来的团体如何被灌输共同的目标，如何被赋予更多的使命感？当人和组织只剩下利益关系的时候，其责任心也可能严重缺失，此时工作完成的质量和稳定性就很难被保证了。总之，我国社会当下的增长引擎主要是城市化、工业化和消费升级。在已经完成城市化和工业化的地区，进步则主要依靠效率的提高，共享经济的产生就大大提高了社会整个运转的效率。它更像经济发展的润滑剂。但现在这种模式才刚刚起步，距离成熟还有很长一段时间，我们应当冷静审视这种模式可能存在的问题，这些问题处理不好会成为企业发展中的陷阱，要仔细研究避免掉入这些陷阱，才能让企业更快更好地发展，才能让共享经济为社会做出更多的贡献。

七、注重组织文化的引领

虽然在共享经济模式下，我国企业人才管理模式发生了一系列改变，人才范畴更加宽泛，管理实务更加复杂，但如何整合既有资源，保证各方面活动稳步推进，成为共享经济下企业管理者需要考虑的一大问题。因此，不管业务范畴多么庞大，人员构成多么复杂，进行文化塑造，实现用文化引领企业内部人员和外部利益相关人员，提升他们在同一文化语境下的自觉与自愿精神至关重要。一方面，在培训内容中，加入对公司历史、理念、价值观了解的内容，在培训过程中提升员工的组织认同感，培养员工的责任意识，让他们清晰地知晓自己的一言一行关乎企业的形象。另一方面，打造有企业特色的服务，注重工作用语、服装、服务内容的标准化，形成特有的企业文化，提升企业凝聚力和向心力。

◎ 第四节　个体诉求与组织变革的要求

未来将出现伟大的"超级互联网公司"，通过高效协作和行业细分，来优化配置社会的各种资源，包括各种大大小小的、边边角角的零部件，不浪费一颗螺丝钉、不放弃一个灵魂，将整个社会带入价值创造和吸收的大循环。个体与组织"互利共生"，互为生态。

一、关注个体诉求

个体依赖于组织，而组织越来越依赖于个体。个体对组织的诉求，就是机会、能力、效率和信用。不满足这些，个体就不会组织共生。这是人与组织价值重新定位的本质。个体的价值是通过满足客户实现交易来获得，而组织的价值是支撑个体，需要对个体的这四个诉求做出响应。

第一，机会的诉求。个体对交易机会有诉求，这种诉求驱动组织必须打破边界与线性流程，捕捉、增加与外部的交互，使机会更多地出现。由此可以理解海尔的资源开放，平台开放。为什么打开组织边界？为什么有各种各样的这种现象？因为个体要完成与客户的"交易"，对机会是有诉求的，所以组织必须创造机会，必须打开这个边界。

第二，能力的诉求。个体的这一诉求驱动组织必须去考虑组织能力规划与员工的赋能管理问题。企业创业培训、创业黑马、京东创客孵化中心、海尔的创客实验室等，这些组织的目的是赋能。因为个体有这个诉求，组织要满足它，必须要去赋能。华为的后方平台和前方铁三角之间的关系其实是一个赋能平台。因为有这种诉求，个体和组织要共生，就必须满足个体这些诉求。

第三，效率的诉求。这个诉求驱动我们重新去认识效率。管理本身一直在解决效率问题（陈春花，2017）。第一个阶段，科学管理阶段，以泰勒为代表的一批管理学家，解决的是劳动效率最大化的问题。那个年代的效率指的是动作分解，是劳动效率。第二个阶段，行政管理阶段，以法约尔为代表，解决的是管理专业化的问题，是组织效率最大化的问题。第三个阶段，人力资源管理阶段。1954年德鲁克提出人力资源概念，1958年提出人力资源管理，解决的是个人效率最大化的问题。那么，现在个体对效率的诉求该怎么去满足呢？这需要重新认识"效率"，重新去定义效率。效率可能是指与外部实现交互，对外部变化进行响应的一种效率。把视角从内部的劳动效率、组织效率、个人效率转向外部去看，是外部视角的效率。对效率进行重新认识之后，我们就会发现，所谓的大数据，所谓的互联网，所谓的信息化建设、共享服务平台、共享交付中心等，组织做的所有这些工作，就是在解决效率的问题。组织之所以从所谓的串联结构，变成并联结构，变成环形结构，根本都是效率诉求在驱动。

第四，信用的诉求。交易的本源就是信用。在这个基础上去观察热点现象，区块链最大的作用是解决了商业最本源的信用问题。信用关系的解决才能解决互联互通和合作分享。对组织而言，必须要能够对个体的信用做背书，双方的互利共生关系才能更长久。组织还必须考虑如何保证自身的信用，同时给个体信用做保证。否则，如果个人利用组织的信用做了损害组织长远利益的事情，即使个人脱离组织，组织的信用也会受损，因为组织是用自身的信用在做担保。

二、组织变革的价值定位

综上所述，组织如何实现这个价值定位？我们给出的解决方案就是组织变革。什么是组织变革？组织变革是指运用行为科学和相关管理方法，对组织的权利结构、组织规模、沟通渠道、角色设定、组织与其他组织之间的关系，以及对组织成员的观念、态度和行为，成员之间的合作精神等，进行有目的的、系统的调整和革新，以适应组织所处的内外环境、技术特征和组织任务等方面的变化，提高组织效能。

面对多系统的问题，单一的改进往往是事倍功半的，所以组织变革成为首选，而且组织变革必须是系统的，要围绕着组织价值的新定位展开，围绕机会诉求、能力诉求、效率诉求和信用诉求展开。原先我们的模型是从职能角度考虑，有战略、运营、人力资源、企业文化四个角度。现在是四个诉求构成了多系统的问题，面对诸多变量的组织变革，找到核心是难点也是重点。组织变革至少有三个核心：效益提升、管理改进、竞争优势。效能提升：通过组织变革，提升组织的人力资源管理效能，为组织目标的实现打下坚实基础。管理改进：通过渐进式组织变革获得组织管理改进和提升，通过变革实现管理内容和管理方法的同步改进，提升管理水平。竞争优势：通过组织变革，重塑和巩固组织的市场地位，获得竞争优势。变革只是手段，提升组织管理水平、效能和竞争优势才是目的，不能为了变革而变革，否则会影响组织功能的正常发挥。

如何实现这三个目标？在管理变量的整合上，我们抽选出"组织"和"人员"两大变量，成功的组织变革必须从组织结构调整和人员的转变两方面着手，才能保证方案的成功实施。组织和人员两个变量构成一个最基本的组织变革的模型。组织结构层面包含：①远景驱动 / 目标；②新结构 / 新流程；③新管理体系。人员层面包含：①新知识；②新态度；③新行为。

组织变革成功的要点在于必须在这两个层面、六个方面都采取措施。组织改革的措施必须对发展战略目标达成共识，针对不同目标要求调整结构、流程和管理体系；人员管理措施方面，要通过强化培训，改变人员的态度后才能形成新的行为方式；组织变革在关键领域进行突破后，再全面推进。[①]

那么，组织变革的具体路径是什么？我们抽取了影响组织变革进行的另三大变量——行动、流程和文化，形成另一个模型。行动是改变的基础，流程使改变可追溯，文化使改变进一步固化。通过行动、流程、文化的改进，组织变革方能真正落地。然后，我们把所有先进的方法，以及职能体系导入这个模型里，就构成了我们帮助企业完成组织变革的整个过程。

三、组织变革的原则

好的组织原则能够做到吸引最优秀的人，并把他们组织起来。好的组

---

①　吴开展.什么是组织变革［EB/OL］.简书,https：//www.jianshu.com/p/5dcb93fff2c8.2018-12-22.

织原则需要采用分工的原则、原理，发挥组织中每个人的天赋、长处，使每个人能够依靠这个组织，并在这个组织中，获取人生价值最大化。华为之所以能够成功，主要依靠公司《基本法》开篇的三个原则，即第一是顾客原则，第二是员工原则，第三是合作者原则。这些原则既是企业的存在价值和理由，也是管理合法性的基础，还是管理权威的来源。

顾客原则就是公司依靠点点滴滴、锲而不舍的努力帮助顾客实现梦想。以华为公司为例，以客户为中心是华为公司的业务管理纲要，华为的价值主张就是服务客户。通过组织变革构建以客户为中心的流程化体系，通过业务流程的再造，重新建立以客户为中心的流程型组织。华为公司把流程分成两类：第一类是"拉式流程"，强调完全从客户端需求出发，以满足客户需要为导向；第二类是"推式流程"，从公司战略业务分析出发，直到做到客户认可、客户满意。

员工原则是指认真的富有责任心的员工队伍是企业最大的资产，公司管理者一定要善待员工，要为员工提供资源、创造条件，释放每一个为公司实际做贡献的人的主动性和创造性。员工加入公司，他们都希望能够充分发挥自己的长处，在组织中获得个人价值的最大化。所以，在组织变革中要充分考虑员工的意愿，通过好的企业文化使每个员工都真正愿意为组织去做贡献。

合作者原则是指与合作者共享、共创，企业都应该在产业联系中经营好自己的生态链，与合作方和利益相关者共享短期利益和长期利益。企业要与合作者之间结成事业和利益的共同体，通过平等互利的合作原则来共享成果和利润。在管理实践中，往往越是强大的企业，越是懂得经营和合作者的关系来谋求更大发展，形成一种良好的合作生态。如果企业在发展过程中发现自身的业务拓展不需要与外部合作方开展更多的合作，而是已经形成了一个完整的生态闭环，那么企业的活力和创新、创造能力将会被限制。

四、互联网时代组织变革的趋势

（一）互联网时代分工与组织方式的改变

互联网是从虚拟世界转到实体经济来的，因此它的逻辑是从需求链开始的，所以在需求链上已经形成了数字化的互联网平台，这种互联网平台被那些互联网的大 V、大咖称为"数字化星球"。那"数字化星球"今后还会进一步演变，它往哪儿演变呢？一定是从需求链向供应链延伸，这就是所谓工业互联网概念的提出，也就是 B1、B2、B3，一直到 BN，它也会形成一个公网，即互联网平台。这个趋势要求所有传统企业都要向数字化星球移民，所以每一个大家称为传统企业的，必须首先成为一家互联网公司。其次，将从需求端开始进行组织，过去我们是从企业内部劳动分工到劳动组织，然后再上升到企业之间的社会分工到社会组织，那互联网告诉我们这样一个趋势，一定是从需求链开始的。它一定是从社会的组织开始的，然后才是社会分工，所以这个组织方式和分工方式正好倒过来了。今后要向"数字化星球"移民，要做的事情其实就是两件：一是构建供求一体化关系，二是用互联网的手段去构建一体化关系。这就需要首先确立共创、共享是组织原则；其次，发挥每个个体的主动性和创造性，发挥个体的才干，使个体有成就感，并且在组织体系中，也就是一体化的关系当中获取个人价值最大化，这个原则不会改变，而且今后会变得更加充分。

互联网给了我们一个很重要的机会，我们没有必要从劳动分工再到社会分工，而应该倒过来，从社会组织开始，或者说从产业组织开始。互联网的机会是什么呢？就是供应者和需求者可以直接建立联系，构建供求一体化的关系体系。面向未来，互联网时代改变的是什么呢？就是企业将会逐渐平台化，然后那些支持型的业务、服务性的职能就会被企业内部的互联网平台所取代，剩下的就是那些功能性的团队发挥作用。那些功能性的团队将会直接面对顾客，所以华为的《基本法》当中有一条，要让每个员工能够处在无依赖的市场竞争压力之中，这就是华为《基本法》对未来的指导意义。面向未来，华为正在做什么事情呢？尽管它是一个工业化时代的企业，它开始扁平化，正在朝互联网的趋势平台化发展，而且一旦扁平化，他们就开始强调的是功能型的组织，而不是像过去那样的层级式。

互联网时代会改变的一定是分工方式、组织方式，以及社会结构，表达社会结构的形态也会改变。面向互联网，未来的组织形态一定是以社区化的方式出现的。这在德鲁克的书里面是有表述的，这就是"共同体"。也就是说，社会会形成一个一个的"共同体"，其为社区，企业内部的组织结构也会变成一个一个的"共同体"，也叫社区。

小米、韩都衣舍、唯品会的实践表明，直接去触摸消费者以及他们的生活方式，是唯一的不二门法。我们知道小米最初懂得如何去把数字化生存人群找出来，并且找出当中的那些发烧友，然后跟他们交朋友，构建起了一体化的关系体系，很多人把它叫作社群，也叫粉丝经济。其实在理论上来说，它是有一个正确的概念的，这个概念是由费孝通翻译的那本书，滕尼斯所著《共同体与社会》提出的。当他们组织起来以后，通过各种硬的手段连接、活动连接、IT连接，尤其微信平台发展起来以后，这种交流慢慢让他们彼此之间形成有温度的带情感的连接，最后他们有了共识，有了共同的生活方式、生活理念、生活态度、生活追求等，我们把这叫作共同体。在小米的互联网社区当中有多少人呢？据说将近达到一个亿的人口，如果是一个亿的人口，他们能够不断地去沟通、交通，线上出入相友，线下守望相助。这就是它为什么能成功，为什么把产品卖爆。首先寻找数字化生存的人群，这是很重要的，其次跟他们建立起联系，然后去打造社区。今后的组织一定是以产业的方式、社区的方式组织起来，供求一体化，倒过来去整合供应链。为什么倒过来呢？原因是要有一个亿人口的这样庞大的社区，就是一个强大的市场力量，它可以反向地要求供应链当中的合作相关企业，为这群人认定的生活方式做贡献。这就是过去的产业组织和产业分工方式的改变。

（二）互联网时代的组织结构：分布式

未来，互联网时代的组织结构是什么？现在已经比较清楚了，就是分布式组织。没有用平台化组织，是因为平台化组织不如分布式组织更准确。因为平台化组织重点讲的是平台层面，其实我们更多的是要分析平台上面的多个并联组织，那才是直接创造价值的主体。

分布式组织的特点：第一，多中心，分散控制。就像分布式能源，每户农民就是一个太阳能的电站，能够自己使用或者并网发电。多中心是指在一个平台上有多个个体或团队，也可以有多个组织……它们是相对独立的经营单元，之间有一定联系，但彼此并没有垂直的控制关系。多中心，分散控制意味着分权。第二，多触角、多方向。通过分布式组织，可以多触角、多方向地探索、寻找生存空间和生存方式，更有利于发现机会。同时，可以通过局部损失控制、化解全局性风险。第三，灵活机动，能够快速应变。对于突然出现的具体情境，可以快速反应。第四，可能存在自组织、自适应（修复）机制。自组织是自我发育、自我成长，受了伤之后自我修复。自组织和分布式是什么关系呢？自组织一定是分布式，而分布式未必是自组织。因为分布式可以是没有联系的。第五，组织内部无边界。因为是多中心，而且是动态的——没有任何一个中心是固化的，变化之中组织内部边界自然被打破，可以进行自组织连接。第六，组织外部边界消失。因为每个中心或单元都可以自主地与外部合作，组织的外部边界也就消失了。

CHAPTER 04

第四章
共享经济组织的协同管理

中国商业未来十年内的主题都将离不开"跨界互联"，以"互联网+"为基础，不同行业之间互相渗透、兼并、联合，从而构成了商业新的上层建筑。不同业态将互相制衡，最终达到一种平衡的状态，从而形成新的商业生态系统。组织变革的内在逻辑是实现协同，且已经成为组织结构创新的出发点。共享经济（Sharing Economy）也称为"协同消费"，参与者通过网络平台连接起来，供需双方可以快速匹配，一方面无缝地满足需求方，另一方面提高供给方闲置资源的利用率，实现"双赢"。

◉ 第一节 现代企业分工与协作

一、以计划和领导为主的组织协同方式

西蒙认为，"所谓组织就是解决协同的方式方法"。专业化分工必然带来组织协同问题。在波特战略模型下，领导与计划成为解决组织协同问题的主要手段。沿用领导与计划协同方式，集团化企业往往最多采用的是增加集团职能部门、强化集团计划预算的管理办法。随着公司规模不断扩大，创造性活动的协同与辅助性活动的协同越来越下沉到区域公司甚至分子公司自身，集团总部越来越承担单一的战略管理职能，主要负责战略制定、计划制定与落实、资源配置、风险防范等职能。集团化企业的组织协同往往都经历了企业从运营管理到战略管理的过程。

二、信息技术与流程协同使集团化企业组织逆发展

随着信息技术的发展，企业业务及办公流程可以实现协同处理，基于流程协同，集团化企业可以实现从战略管理到运营管理的逆发展。比如青岛啤酒拆分了原有 75 家分公司的职能，只留下生产职能，使之成为 75 个生产基地，组建面向所有市场的销售体系、物流体系、售后服务体系，而创造性活动、辅助性活动和支持性活动的所有协同都由总部来负责。我们可以发现，许多规模越来越大的集团化企业之所以可以实现从战略型管控转向运营型管控，是因为解决协同的方式已经不再只依靠计划与领导，协同问题中有许多是常规性的，在整合信息流之后，只要建立起信息处理规则，就可以形成处理此类协同问题的流程。依靠信息技术与流程协同，无论工作人员身在何处，都完全可以像在一家企业一样开展协同

工作，所以集团化企业可以重新回归到企业价值链模型主导的运营发展模式。

三、企业内部交易模式拓展了协同边界

经济学家科斯指出，企业与市场的边界是交易成本与协同成本的关系，流程、项目式的协同，扩大了企业的边界，但组织的边界也不是没有界限的。我国企业在 2009 年之后开始了企业内部类交易化的组织变革。所谓稻盛和夫的阿米巴经营模式，海尔的"人人都当 CEO"，七匹狼的"人人都当合伙人"，华为的"上将班长"，这些组织模式的说法是类似的。这种组织模式下，面向客户的一线员工成为整合资源的起点。人力资源是最重要的资源，是所有其他资源流转的中心。通过内部交易，完成后台对前台业务的支持。这种协同不是通过计划和流程完成的，而是通过内部交易自行判断价值大小，从而完成协同的。可以看到，这样的组织模式下，各部门充分体现自身的价值贡献，自身价值贡献越大，可以整合内部的资源就越多，对各部门、员工实施"让人人都成为自己的 CEO"的"激励机制"。

四、共享经济组织成为多方平台和机制的贯通

共享经济组织是新兴的特殊平台组织模式，是在网络信息技术背景下形成的具有网络化特征的新组织。在组织特征上，共享经济组织表现为平台性、动态性、多样性、复杂性和自发性五大特征，很多特征是传统组织或其他新组织形式不具备的，呈现一个动态整合资源供应方和消费需求方的网络组织系统。在组织主体上，兼具产品和服务提供者与消费者双重身份的"产消者"是共享经济组织的主体，以 Airbnb 和 Uber 最为典型，平台企业只是通过技术和治理手段维护共享经济组织系统的运行，为

参与者提供经济和社会的多种补偿形式，保障组织的可持续发展。共享经济组织中的平台主要承担资源协调者的角色，通过构建资源组合、绑定资源以增强组织的动态管理能力，并应用这一能力进一步创造价值，与电商平台不同，共享经济组织依托于社会海量的闲置资源，但一般的电商平台并不以闲置资源为主，侧重商品的交易，电商平台进行的则是所有权的交易而非分享；共享经济平台组织通过让渡使用权和分配权的方式，促使闲置资源的供需方快速匹配，进而形成自组织。自组织状态的达成得益于企业运营的数字平台以及系统内基于社群的社交互动。共享经济得以运行的基础是互联网技术和资本市场的支持，核心体现为企业运营的数字平台，这些技术平台提供了系统层面的支持。数字平台是一个资源池，在整个共享经济系统中承担着"大中台"的作用，为每一个参与共享经济的"小前台"个体提供技术、规则和激励等方面的支持，给每一个个体充分赋能。

在组织机制上，共享经济组织在资源配置过程中实现了所有权与使用权的分离，这与传统组织的机制有很大的不同。具体表现为将分配权从资源的所有者让渡给平台企业，将使用权从资源的所有者让渡给资源的使用者。并且，资源提供方和资源需求方自发进行信息发布、搜寻、匹配所形成的自组织机制也是共享经济的重要机制。共享经济组织是区别于传统层级制组织、与其他新组织形式在性质上亦有一定差异的特殊平台组织，能够同时实现交易成本与组织成本的降低。从组织内部来看，"资源编排""自组织性""多元补偿"是共享经济组织快速成长的动因。具体而言，共享经济组织通过编排闲置资源增强了组织的动态管理能力，所拥有的自组织性加强了组织的动态稳定程度，多元补偿性则吸引了更广泛的参与者并进一步激发网络规模效应，从而实现组织的快速成长。

第二节　共享经济突破了工业经济形成的社会官僚制组织

一、共享经济下的商业模式

（一）三大主体构成的商业模式

　　共享经济活动存在供给方、需求方和第三方平台三大主体，并已经得到了众多学者的共识。具体来讲，就供给方而言，我国共享经济模式已经从单一个体供给方发展为个体供给方和企业供给方并存的新商业模式，这里既包括诸如滴滴打车、Uber 专车模式中个体经营者提供闲置资源并暂时让渡产品使用权，也包括摩拜单车、共享充电宝在内的企业作为供给方，以"类租赁"的模式提供闲置资源并让渡产品使用权。无论是个体经营者还是企业，均不是单兵作战，需要具备显著的外延扩张潜力，拥有巨大的市场容量以形成"产能供给池"，实现资源利用率提升和获得收益的目的。就需求方而言，虽然目前大部分共享经济活动需求方以个体用户为主，实际上个体或企业均可以成为产品或服务需求方。作为需求方，个体和企业并不直接掌握资源的所有权，只是通过偿付一定的货币或非货币报酬，以共享的模式暂时获得产品或服务的使用权，实现资源的优化配置，提升社会生产的效率。就共享经济平台而言，共享经济平台在供需双方交易过程中扮演着"理性中介"的角色，即平台通过整合闲置资源，以理性、客观的数据，应用大数据算法实现供需双方的匹配，满足供需双方的利益诉求。它与传统的中介并不相同，平台在运营中不会掺杂个人情感，对供需双方的评价是基于客观的数据和科学的算法。同时，平台采用交易抽成的模式实现盈利，满足日常维护和固定成本的支出，实现供给方、需求方和平台三者共赢（见图 4-1）。

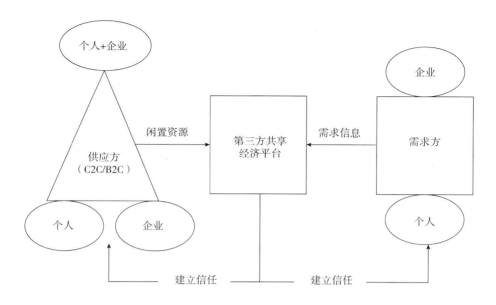

图 4-1　共享经济下的商业模式

资料来源：郑志来.共享经济的成因、内涵与商业模式研究［J］.现代经济探讨，2016（3）：35.

（二）多元化的盈利模式

1.按交易收费模式

共享经济平台是连接供需两方的平台，是提供资源并促成交易匹配的平台。平台会从需求方的资源使用费中抽取一部分作为收入，也有可能选择从供应方获得的收益中抽取一部分作为收入，即共享平台可以选择单边收费也可以选择双边收费。同时，平台可以选择不同的收费模式，可以是按比例抽取的模式或固定收费的模式，也可以是按固定比例抽取的模式或按浮动比例抽取的模式。所以，按交易收费模式可以存在多种不同的场景（见图 4-2）。共享经济模式因去中心化、去中介化可以实现减少中间利润、让利于双边用户的目的，刚刚兴起的共享经济为了吸引数量更多的用户，初期往往采用较低收费的模式。如 Airbnb 采用双边、按比例、按交易数收费的模式。

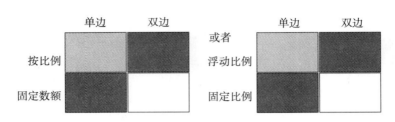

图 4-2　按交易收费模式区分的不同场景

资料来源：张赵晋.共享经济——互联网思维下商业模式的创新性研究［M］.长春：东北师范大学出版社，2017：81.

2. 会员制模式

与普通意义上的会员制模式无太大差别。共享经济盈利模式中的会员制模式也称为一次性付费或订购制，指的是用户一次性支出后，在未来的规定时间内获得约定数量的商品或服务。按照商业形态的不同，可分为普通会员制、会员制＋使用收费模式、层级式会员制模式。其中，会员制＋使用收费模式既可以是指在普通会员制模式基础之上，提供部分普通会员制享受服务范围之外的增值服务，增值服务是要额外收费的，一般按照具体使用情况来收费；也可以是指加入会员后获得了进入某一社群的门槛，但是其中的服务内容都是需要付费的。层级制会员模式是指设计了不同的会员等级。

3. 免费模式

免费模式是指通过免费的方式吸引用户，等积累起一定的壁垒后再开始收费，或者通过提供增值服务、第三方服务、广告等方式收费，目前已成为很多互联网公司的选择。免费模式可分为免费＋升级模式、免费＋衍生品模式、免费＋广告／电子商务模式。其中，免费＋衍生品模式是指不向用户收取来自共享经济平台提供的服务的费用，但是开发出一系列的衍生产品向用户收费，衍生产品的收益，可以向原共享者提供分成，如非营利性的公益组织TED就是最早采用这种模式的共享平台之一[①]。免费+广告模式是指分享的资源虽然本身对用户不收费，但通过引入广告的形式，向广告主进行收费，如跨境购物信息分享社区小红书就是这种模式。

4.其他模式

其他盈利模式包括：转售模式、价差交换模式、分成模式及管理费模式[②]。转售模式与传统的二手商品交易网站有些类似，即用户将闲置资源放到平台上，平台向其支付费用，然后由平台再出售给其他有需求的用户，平台获取的是差价；价差交换模式也与二手商品交易网站类似，但是用户通过平台获得的收益是积分或虚拟货币而非实际货币，用户可以用这些积分或虚拟货币来换取来自他人的闲置物品；分成模式是指共享经济平台将收入与需求方的用户成功与否联系起来，采用事先不收取费用、成功后再收益分成的模式。只有用户实现了价值，平台才会参与分成获取价值，供应方可以参与分成，或从需求方得到回报；管理费模式多出现在共享金融企业，是指供应方提供的有价值的海量资源，只有精心管控才能保住价值，才能传递到用户手中。因为这种模式需要平台投入大量的成本来管理资源，所以会向供应方收取管理费。

二、共享经济的运行模式

目前正在兴起的以互联网信息技术为基础的分享经济，呈现百花齐放、多种模式并存的新格局。

第一种模式：有偿分享模式。有偿分享是目前发展最快也较为普遍的

① 张赵晋.共享经济——互联网思维下商业模式的创新性研究［M］.长春：东北师范大学出版社，2017：88.

② 张赵晋.共享经济——互联网思维下商业模式的创新性研究［M］.长春：东北师范大学出版社，2017：89-92.

一种模式。该模式是将自己剩余或暂时不用的物品，通过收取租金有偿让渡给别人分享。目前发展比较成功的"空中食宿"就属于典型的有偿分享模式。其业务模式十分清晰：有闲置房间的家庭在网站上发布自家的空房信息，不想找酒店入住的租客通过上网查找住宿信息，一旦租赁双方达成一致，租客就可以进行在线付费和实地入住。这种新商业模式所提供的私家闲置房间要比酒店更便宜，更具有生活气息。目前网站上不仅有人发布常住的房间，更有人将别墅、村庄、城、树屋等发布到网站上。

第二种模式：对等分享模式。对等分享模式是双方通过互相交换使用财产，不向对方支付报酬而形成的分享经济。比如，目前国内所推动的城乡儿童手拉手体验成长快乐活动，就是一种典型的对等分享模式。城乡儿童互换生活环境的手拉手活动，在最近几年已经成为许多学校教育的重要内容，也有许多民间公益机构和商业教育机构专门对这种模式进行运转和管理。点对点分享不仅是双方对等交换各自的物品和环境，还有双方情感和文化价值的体验式交互。

第三种模式：劳务分享模式。在现代分享经济中，人们不仅可以出售自己多余的产品，还可以出售自己的时间，比如承接遛狗、取回干洗衣物或组装家具以及养老服务等，这种以出售多余劳务为内容的分享经济被称为劳务分享经济。在美国有一家创业公司，凭借 1 小时送货上门服务的业务，在短短两年半时间内估值一路飙升，在硅谷脱颖而出。该公司就是充分利用自由职业者的时间，通过互联网技术充分利用分散在社区中的自由职业者，实现"一小时送达"的承诺。参与这些配送的自由职业者，既是这种配送服务的对象，也会根据自己的机动时间成为配送服务者。可以说，享受"一小时送达"服务是居住在特定社区内的人对各自剩余的时间和劳务分享的服务。

第四种模式：众筹分享模式。现代众筹是指用互联网平台进行资金筹集。同样，现代众筹筹资目标也包含了分享投资对象，不纯粹是为了筹集资金。目前，众筹分享主要集中在电影视频、音乐和出版、文化创意等项目。

2009 年，Uber 在美国成立，之后滴滴快的等打车软件在中国火热起来，共享经济悄然在中国兴起，时至今日已经蔚为大观，连前些时候的 IT 领袖峰会都以"共享经济"为主题了。从"滴滴"到"在行"，从"途家"到"回家吃饭"，中国确实赶上了移动互联网的风，实现了共享经济的跃进式发展。人手一部手机，就意味着人手一个服务终端，每个人都可以通过移动平台发布需求，也同时提供产品或服务。可以说，共享经济在原有的产业之外，创造出全新的细分市场，也挖掘出大量就业机会。在这样一个经济转型的阵痛期，共享经济成为一个抢尽风头的亮点。现在有种说法：把新经济叫作"从原子到比特"，传统的物质生产已经逐渐让位于信息的生产，产能过剩的"原子"被"比特"带来的共享经济所利用。信息的可复制性和开放性让分享的边界无限开放，共享经济把"原子"的价值通过"比特"放大了，让它被更多人所分享。

正是互联网的飞速发展，极大地提高了信息的流通效率、改变了供给方与需求方之间的信息不对称现象，使个体对个体的资源提供成为可能。试想如果专车司机无法通过手机 APP 实时获知周围的用车需求，他相对于满街转悠的出租车师傅有何优势？如果背包客无法通过网络查看各种食宿提供者的个人信息和房间情况，他势必还是选择更有品质保证的酒店住宿。因此，共享经济既是互联网时代的直接产物，也是互联网所代表的开放、连接、共享精神的完美体现。

第三节　共享经济引发的市场规制分歧

共享经济在过去几年间蓬勃发展起来，成为国内经济重要的组成部分，为居民消费生活提供了便利性，为资源配置有效性提供了推动力。共享经济是基于所有权和使用权分离，依靠信息技术、移动互联、大数据、云计算、区块链等新兴技术实现信息脱域，依托多方市场平台作为新的连接机制和再中介化的力量，为多样化需求的供给提供新的匹配机制，提升闲置资源利用效率。共享经济是一个复杂体系，其主要需要闲置资源、真实需求、连接机制、信息流与正收益等核心要素，实现共享产品和服务所有权与使用权分离、需求池与供给池匹配、去中介、再中介以及连接机制的贯通、信息脱域与信用约束缓释、规模经济与边际成本递减以及利基市场与长尾效应实现等核心环节，是一个开放式、多主体、技术型的资源配置体系。共享经济基于所有权和使用权相分离，利用新兴技术实现了信息脱域功能，依托平台建设实现需求集聚、供给集聚和连接机制建设，有效降低交易成本甚至实现边际成本递减，实现利基市场发展，实现长尾效应和规模效应，从而实现共享经济内生自我强化的可持续运行机制。

共享经济的出现是全球化过程中信息资源与传统经济相结合出现的新现象。共享经济带来的新经济业态既改变了企业资源整合及其配置方式，又改变了企业和员工之间原有的雇佣关系，已形成了新的商业模式：产品的生产、体验、销售、服务和边际成本等都在发生变化。毫无疑问，这些新变化将不断冲击工业社会以来的管理制度并因此形成诸多社会张力，从而引发社会治理过程中的新"痛点"。在所有制层面，共享经济用共享平台聚集产品和服务的社会化提供者，改变了工业社会传统企业在资本和财产所有权方面的单一性，它立足于资源共享的目的刺痛了工业社会经济粗放发展所带来的资源浪费及环境污染，它提醒人们，为了人类更好地生存，应该用共享经济业态来取代单一所有制和股份制的经济方式，从而节约资源，保护环境。由于建立在低技术和劳动密集型传统经济上的新经济业态门槛相对比较低，此外提供资源共享的方式相对灵活，比如"网约车""共享民宿"等给很多固定资产所有者提供了创业机会，从而激发了民众对共享经济的热情，激发了共享经济的活力，但同时也冲击了传统经济。

一、大规模外部协同突破了政府对市场的监控和管理规制体系

在组织层面，共享经济无法掩饰其对工业社会官僚制组织的冲击能力，这种能力源于它以虚拟平台为基础并用平等参与方式直接聚合资源主体，从而形成了扁平的组织结构：平台型组织。这种平台型组织直接冲击的是官僚制组织的"条条块块"和严格的等级制沟通方式。在共享经济所形成的平台型组织中，等级、条块、分割现象日益式微。这些新的变化弥补了官僚组织所带来的与"公众的分裂"，密切了平台型组织中的人和人之间的虚拟关系。当然，不可避免的是平台型组织的控制力在下降。在制度层面，自工业社会以来，政府对市场的监控和管理是通过严密的规制体系来实现的，这个体系是用法律、规章和规则建构起来的，并以此来保护特定行业、产品质量和消费者权益。在管理过程中，通过市场准入、产品检验、服务标准和税收制度等路径，对企业进入门槛加以限制，对产品质量和数量进行监管，其目的在于建构稳定的经济秩序。由于得到了稳定经济秩序的保护，绝大多数企业也随之增加了控制能力和竞争能力。对于新兴的共享经济而言，面对工业社会以来形成的完备监督体系，如何选择发展路径便非常关键，特别是在发展初期，如何在完备的监督体系减少发展障碍、保持成长是一项重要课题。共享经济之所以能够在市场领域得到冲击传统经济的机会，是因为现代市场是相对自由且宽容的场域，具有多元性和容纳性，消费者有自我选择权，这些有利因素是共享经济的依靠力量，这些有利条件为共享经济的发展提供了空间。

共享经济依靠市场的力量和工具来冲击现代企业的"痛点"，价格战成为共享经济攻击传统经济的有力方式。与之相随，共享经济对政府价格规制的冲击也成为政府管理的间接"痛点"。两者加在一起，给现有的经济结构带来了挑战。

这些基于工业社会"痛点"所形成的新变化对工业社会产业制度、市

场结构、市场秩序和市场管理形成的冲击是不可忽视的。为了维护社会经济发展的稳定，政府需要对新出现的共享经济进行管制。目前，政府需要对共享经济进行管制的因素层面包括合法性、共享平台、行业冲击和雇佣关系四个方面，而在认识上，管制分歧也与之共存或者同步。其中，在合法性层面，合法性问题是政府管制共享经济的重点内容，也是管制共享经济的最终目标，即将共享经济置于法治轨道。目前，在世界各国，"网约车"的合法性问题，家庭住宿共享的合法性问题，众筹平台的合法性问题等，都进入了媒体、公众和政府的视野。对于是否应该管制"网约车"之类的共享经济，一些民众依然根据自己的政治倾向作出判断，并形成了不同的政治意见。可以说，他们表达的是政治上的支持与不支持。在美国，政治自由主义者倾向于支持这些新的经济形式，认为这些新的经济形式应该免税，或者应该有保留其在管理体制外运行的权利，而不应该受现有法律约束。在成年人群体中，不同性别的成年人对这些共享经济及其管制方式也有不同的看法。成年女性主要关心共享经济服务的安全，而成年男性对安全问题的关注相对不多。我们也看到，当网约车进入出租车行业并对这一传统行业形成绝对冲击的时候，我国的学者、市场、出租车行业和平台企业对网约车是否应该规制、如何规制等问题也产生了非常大的分歧。尽管在我国"网约车"问题已经得到了有效治理，"网约车"和传统出租车的冲突基本消除，但在其他国家，网约车依然是一个治理难题。

二、共享经济的平台组织与传统经济的实体组织的法律规制

（一）共享经济的平台组织

目前共享经济大多具有使用过剩产能、空闲资源的能力，旧家具、住宿空间、衣服、图书、资金、汽车，还有一些文化产品比如唱片、音像产品等，通过移动网络服务平台，以租赁或以点对点的买卖方式来寻求利益或提供无偿的服务。共享经济的发动者都知道，共享经济的效益取决于平

台的聚合能力、弹性的雇佣制度、平台沟通的顺利性和平台信誉。共享平台降低了共享经济的交易门槛和交易成本，支付方式的便利性也促进了共享平台的有效性。在这个意义上，很多人将共享经济组织视为软件平台而不是实体公司。因此，对于建立在共享平台上的企业，法律是否应该如同实体公司一样进行规制也存在分歧。有些人坚决反对，有些人坚决支持，而有些人则无比漠视。因此，有研究者指出：由于共享经济采用信息平台运行，平台是共享经济区别于传统实体经济的重要特征，因此正确界定平台、分享物品与用户之间的关系，对理解监管分享经济至关重要。根据这一观点，我们需要进一步思考的问题是：平台、分享物品和用户之间是什么关系，是参与关系、竞争关系还是合作关系呢？如果我们确定了他们之间的关系，也许就可以减少对其规制的分歧。

在行业冲击层面，作为一种新经济形式，共享经济由于其发展过快，社会影响过大，对传统行业产生的冲击也同样巨大。我们知道，共享经济的在线"隐身"和虚拟组织特征使其区别于工业社会实体经济，然而恰恰是这些隐性特征所体现的优势使共享经济得到了资本的支持，资本痛下血本，通过价格刺激或开拓夺取市场空间，冲击了政府系统对传统行业的规制政策，即冲击了依赖规制来维护经济秩序和稳定的传统行业。比如Uber、滴滴等网约车对出租车行业形成了巨大冲击；对传统的酒店产业而言，家庭住房出租对其冲击肯定也是不可忽视的。同样，两者最初的快速发展都是建立在逾越政府管制政策的基础上的。在法律意义上，共享经济对传统行业的冲击必然促使政府对其进行合理规制。然而，在实践层面，是应该规制共享经济还是应该支持共享经济的发展，以此来促进传统经济的转型，在政府、民众和行业间都存在分歧。因此，新旧业态的冲突难以合理解决。在美国，有些人感到共享经济不应该也无须遵循与其所冲突的产业所需要的相同规制。

在雇佣关系层面，根据皮尤调查研究中心的统计，在美国，60%的网约车驾驶员有另一份工作。也就是说，网约车所形成的临时雇佣关系与传统企业的旧有雇佣关系相比，差异很大。劳动者利用业余时间和技能在共享经济平台上赚钱，既是共享经济的吸引力之一，也是促进行动者加入共享平台的关键动力。毫无疑问，共享经济在发展过程中极其依赖这种雇佣关系，即由此形成的新雇佣关系是共享经济的社会基础和组织基础。然而，这种新的雇佣关系却对既有的法律关系产生了冲击。在这种张力状态下，政府如果要规制这种新的雇佣关系，就要关注共享经济的相关利益者；此外，还需要考虑新规制与现有法律的融合问题。在网络民主时代，政府对共享经济的规制如果不合法或者没有掌握适当尺度而失败，其后果就会通过网络的聚集效应而快速放大，形成对政府的"反压"。在现实生活中，Uber 出租车和 Airbnb 等共享经济业态，在全世界范围内所形成的巨大影响力，既对全球传统产业形成了冲击又对政府的规制尺度产生了影响。有研究者指出：共享经济只是将商品、劳动力、创造性表达提供到一个共同的平台，而不是共享产品和服务的所有权和使用权，因为共享经济所生产的商品同样将不付费者排除在外。共享经济就是一种竞争经济，即共享经济还是一种私人领域的经济方式。在产品性质上，共享经济所提供的产品和工业社会现代企业所提供的产品具有相同的特性；与后者不同的是，在生产和销售过程中，前者的生产者和消费者是分离的，这种分离是地域的分离或者说是物理隔离，而后者消除了这种现象。此外，现代企业的产权拥有者是相对单一的，企业中有决定权的股东或者资产所有权人是少数，其他股东同样无决定权。因此，在企业管理过程中，企业所有者对企业拥有巨大权力，通过这一权力，管理和支配企业的运行，决定产品的生产和销售，并得到产品的剩余价值。对于这一点，后者与前者有更多共性。因此，在判断哪些经济形式是共享经济的问题上，人们的观点是不统一的，在对共享经济规制的问题上，同样存在巨大的差异性。有研究者提出，社会和个人参与具有聚合特征的共享经济的市场动机是共享经济发展的关键，这也是设计共享经济规制政策的关键；同样"了解参与共享经济的社会动机、经济动机及内涵的行为意蕴，对政府监管共享经济至关重要"。笔者认为，对于动机这样的心理特征而言，既具有多样性也具有不确定性，因此无论是了解共享经济参与者的社会动机、经济动机还是心理动机都十分困难。诚如有些研究者所言：政策制定者定义共享经济的方式将影响其对共享经济规制方式的选择。这也许是解决共享经济规制问题的合理思路，但是要真正地解决合理规制共享经济的问题，政府还是需要从合法性、共享平台界定、行业冲击和雇佣关系四个方面进行思考。

（二）传统经济实体组织的法律规制

共享经济快速发展的过程中，亦存在各种风险问题，会制约共享经济的长期可持续发展。目前，共享经济存在的典型风险问题主要表现为：复杂的法律关系结构对现有制度规范的适宜性提出的挑战，以及在共享经济运行过程中可能会出现的委托代理问题、新的垄断方式以及难以摆脱的信息安全问题。

1. 复杂的法律关系结构与现有制度的适宜性问题

共享经济的发展以互联网作为载体，互联网是各种服务的基础，互联网发展模式在理念、机制、管理和风险上都与传统的业态差异很大，比如共享共建的服务模式。共享经济下产生了一种更为复杂的法律关系结构，共享经济与多个行业连接，外部性问题尤为显著，共享经济使服务形态发生实质性的变化，现有的法律体系和法律结构已经不再适应新的发展需要。共享经济发展最大的挑战是多主体协调和法律关系的界定问题，需要考虑风险责任的有效界定和合理共担问题。共享经济的发展需要一种与共享经济的法律结构相匹配的混合规制模式，通过这种混合规制模式实现平台公司与政府的合作监管及平台公司的自律监管。

共享经济既是时代的产物，又是对时代的挑战。共享经济复杂的法律关系结构对制度的适宜性和适宜水平提出了挑战。从历史发展来看，重大技术创新和商业模式都有与之相适应的制度供给，制度框架有与之相适应的特定的政治、经济、技术等因素。现有的制度框架特别是政府规制体系与目前共享经济的发展存在不适宜性，要解决适宜性问题需要重新审视制度的适宜性、提高现行制度的适宜程度，要警惕利益集团的打压，避免回到传统的刻板的路径，防止制度过度宽松等，应根据共享经济的本质特征、连接机制及风险可能的分布等建立健全管理制度。例如，Uber 和滴滴快车等共享交通的出现彻底改变了传统的市场格局和消费方式，同时也带来新的法律风险问题。如按照现有法律规定私家车从事运输经营活动是违法的，出租车公司也反映与共享交通机构的竞争是不公平竞争。共享经济发展在满足市场需求和消费者现实需要的同时，也带来了与现行法律框架不适宜的问题。

2. 共享经济引发新的委托代理问题

共享经济的服务需求方和供给方是通过与平台建立代理关系进而形成服务关系，这种以平台为中心的委托代理关系与传统的供求双方直接相关联的服务关系存在很大差异，与基于居间合同的委托代理关系也不同。共享经济引发新的委托代理关系会直接导致多方交易主体的责任分担问题，其中，涉及三方主体的法律风险包括相对人之间的违法违约风险、第三方侵权风险、政策风险及不可抗力带来的风险等。同时，多方市场平台对于供给方应负有安全的支付责任，如果平台机构出现问题，供给方的支付请求就无法完成，需求方的资金也存在被侵占的风险，比如国内出现的网络借贷 P2P 卷款逃跑的风险现象。因此，多重代理关系及一对多的委托代理机制往往会导致消费者与投资者的保护问题。

3. 共享经济带来新的垄断现象

互联网时代的技术优势能够带来自我强化的集聚效应，即会产生"赢者通吃"的现象，优胜者占了所有的好处。所以在某个细分市场中可能会出现单一垄断或寡头垄断的情况。基于互联网技术的共享经济发展，技术优势在规模效应的作用下体现得更明显，边际成本递减甚至接近于零。同时，在规模效应形成过程中，共享经济的供需匹配的效率更高，从而产生更有效的供给服务及更友好的消费体验，最终形成一个自我不断强化的良好生态，这种生态的形成既对于市场新进入者形成了一定的壁垒或进入门槛，也造成了一定的垄断性，这种垄断性表现为技术壁垒和市场门槛。这种生态发展中具有垄断性的平台被称为"独角兽"。共享经济的"赢者通吃"现象还表现为共享经济特别强调的优先抓住发展机遇、优先具有规模优势、优先抢占流量优势等方面，而将盈利放在这些的后面，如滴滴打车、快的打车、摩拜单车等，在发展的开始阶段都特别注重用巨大的花费来赢取更多的顾客，抢占市场，以获得比竞争对手更大的客户规模，通过规模效应获得竞争优势。

需要注意的是，如果垄断者成为"独角兽"并占据主导优势时，就很有可能会出现垄断者进行差别定价或随时调整价格的情况，从而使垄断者能够获得超额垄断利润。如果共享经济下的某个平台能够对网约车具有垄断性，就可以根据特殊情况如下雨天、上下班高峰期进行差别化定价，使价格高于其他网约车或一般出租车的价格，这种不公平定价行为会侵害消费者的利益。在共享经济带来的新垄断现象下，共享经济平台决定交易结构和交易关系，比如网约车平台对服务供需双方的支付标准和收费标准是单向的，这样就会造成平台向需求方多收取一份费用来补贴供给方的情况，这也是垄断带来的不合理定价及不公平竞争问题。

4. 共享经济的信息安全问题及道德风险

共享经济的发展带来极大的普惠性，可以大幅度降低合作成本，促进大规模协作的产生，提高共享生产能力及效率，能够实现更节约的时间、更优化的资源配置、更灵活的就业等。在带来普惠性的同时，不能忽略共享经济带来的信息安全问题，共享经济关键在于以信息技术的应用为支撑，信息技术的应用不可避免带来委托代理、虚拟账号、信息造假等信息安全漏洞问题，从而造成一定的道德风险问题。同时，由于共享经济的规模效应，涉及的消费者或投资者数量众多，容易引发群体性危机事件。比如，由于缺乏强制性的信息披露制度，网络贷款中存在非法聚集资金、转贷以及高利贷等问题，网络贷款平台破产、人员逃跑的现象也时有发生，消费者的利益严重受损。另外，共享经济平台发展还涉及重要的个人隐私问题。现在出现的一些共享经济平台作为征信机构来实施对客户的市场化征信行为，其中一部分机构将这些信息作为商业资源来获利，严重侵害了客户的信息隐私权。未来共享经济将呈现服务科技化、科技智能化的重要发展趋势，共享经济的发展需要重点解决监管体系的问题，以有效解决新兴技术应用引发的信息安全问题及道德风险问题，政府积极鼓励共享经济发展的同时应坚持包容性监管原则，构建长效监管机制，保护信息安全，维护好消费者的权益。

◉ 第四节　共享经济的核心问题：信任

从共享经济的运作模式来看，共享经济与传统的经济形式相比，供需方都是陌生的自由个体，借助于共享经济平台进行分享，包括实物资产，如车、房、二手物品、金钱等，及无形资产，如闲置时间、技能、知识等。核心为使用而不占有，是对于闲置资源使用权的交易。陌生的个体之间进行共享，除平台建立信任保障外，无任何供需方所属的企业或交易担保（抵押实物）等背书，共享经济实质上是一种信任经济。信任是陌生个体共享行为产生的前提，信任保障体系决定着信任的程度，进而影响共享的活跃度和平台的发展。共享经济需要依靠全新的信任关系，是基于陌生社群成员之间彼此的信任而发展起来的商业模式，网络平台通过内部监督为参与者搭建了信用评价体系，信誉成为网络平台运作的基础，失信者将被驱逐而丧失参与资格。

在技术的支撑下，共享经济作为资源配置的一种新范式，将有效提高存量资源的配置效率甚至带动增量资源的配置水平，是中国经济体制改革和经济结构转型中的一个重要推动力量，未来其发展将更加深入，对于经济的影响亦将日益深化。未来共享经济将呈现服务科技化、科技智能化以及服务场景化的重要趋势，共享经济自身需要重点解决所有权与使用权分离、连接机制稳定性以及与监管体系关系等问题。共享经济基本覆盖了主要生活场景，以商品再分配、有形产品服务、非有形资源协作式分享以及开放协作共享等为主要业务模式。国内共享经济相对于国外而言，更加注重第三方支付体系的基础设施功能，更加注重金融服务的共享机制，更加注重线上与线下的融合，同时也存在较为显著的监管规避。共享经济跨越了技术、金融与消费等多个领域的边界，使相关主体的法律关系更加复杂，并要求更高的制度适宜水平，衍生出了新的委托代理问题、新的垄断方式以及信息安全等问题。

一、信任保证障碍因素

共享经济在产品和服务的使用权和所有权分离之后，基于多边平台集聚和连接机制，形成了相互匹配的需求和供给互动机制。但是，共享经济是陌生社会成员之间基于技术和信任而发展起来的商业模式，共享经济顺畅运行的一个潜在前提是信任或信用机制的建立。目前，存在一些问题：重发展规模、轻信任体制建设；数据基础薄弱；供方兼职、临时性、不稳定、利益驱动、自我约束力差；平台自身定位为中间商，只负责建立信任保障体系，不承担责任；信息脱域与信用约束缓释。这是基于新兴技术的共享经济与此前共享经济的核心差别，即技术的使用特别是信息脱域使新的信任机制被建立，共享经济中的信任与信用问题被大大缓解。

在共享经济标的特别是非有形资源的供给与服务过程中，信任与信用是供需匹配得以进行的关键，这主要依赖于四个方面：一是共享平台的信息收集、审核及公开的有效性；二是共享标的使用者的评价体系；三是共享标的供给者的自身信用水平；四是有效的失信遴选及惩罚机制。

信任机制的建设和完善是共享经济可持续发展的核心基础设施。用户评价机制、信用信息征集、平台征信功能和外部征信导入等成为共享平台健全信任机制的基本配置。美国有的平台为了解决信任机制问题设置了四个重要的信任功能模块：第一层是基础层，主要是用户姓名及地址的认证；第二层是账户资料，主要基于开放式问题的调查机制；第三层是拓展层，主要鼓励用户完善自身信息；第四层是担保，主要是引入担保人机制，让第三人为用户提供担保，这是最高等级的信任机制。

从美国的经验看，这种信用约束机制仍然没有摆脱传统的信用征集及信用担保的体系。但是，新兴共享经济业务模式基本基于互联网技术发展起来，互联网技术一个核心的优势就是具有解决信息不对称问题的可能性。比如，在没有滴滴快车之前，部分城市"黑车"较多，不少乘客人身财产受到了侵害，但是基于个人身份信息和汽车身份信息的登记注册，滴滴快车使司机相关信息在服务过程中向使用者公开，司机违法事件大大减少。在信息时代，以大数据为支撑的信息披露机制可以强化共享经济参与市场主体信用透明度。

在技术上，共享经济的信息透明过程就是一个"脱域"或"脱嵌"（Disembeding）技术，即将相互陌生人群之间的信任问题转变为个人对抽象体系的信任或信用问题。原本具有非常个性的个人或组织特征，在共享经济平台的信息整合和脱域技术支撑下转变为标准化的模块，并可以迅速复制，即把随机的面对面机制转变为标准的自动撮合机制。

在共享经济中，产品和服务的提供者更加注重这种以大数据为支撑的"脱域"信息透明过程，更重要的是，这是一个具有自我强化的信用征集机制。对于提供者而言，其面对的是与多个不确定性需求者的重复博弈过程，每次不同的博弈结果最后合成对供应者的信用评价和甄别结果。为此，供给者最好的选择就是提升服务的水平，避免出现被需求者重复"差评"，以保证自身信用水平。在一个多边平台体系中，这种信用机制还与供需双方的其他需求服务供给紧密相关。比如，一个电商平台供应商需要向平台或合作金融机构申请产业链金融服务之时，信用评价结果就可以作为供应商信用利差定价的基础，从而可让产业链金融服务商甄别风险较小、信用较高的客户，或者通过提高利率水平来降低潜在的违约损失。基于大数据的互联网信用征集机制可以为共享经济的相关服务设置差别定价。鉴于此，这将形成一个信用的硬约束，既是共享经济之所以能够顺畅运行的"软件"基础，也是新兴技术支撑下的共享经济与过去较长时间的共享生产或消费的重大区别。

二、塑造完整的信任体系

Airbnb 全球运营总裁 Varsha Rao 曾说过："共享经济要依靠社区的力量和信任，打造全新的生活模式，在这个共享平台上，信任非常重要。"回家吃饭总裁兼首席执行官唐万里称："打造一套安全阳光的体系，这是所有共享经济平台下一步最重要的任务，因为只有实质的安全才能带来信任。"

在共享经济中建立尊重和信任，需要政府的支持，需要用户意识的养成，但更重要的是需要平台方树立强大公信力，公正、客观地制定规则并灵活管理。在规则的制定中，需要综合考虑服务供给方和需求方的要求。同时平衡服务供给方和需求方，一方面需要平台方的技术实力和资本实力，另一方面也考验平台方的运营智慧，稍有不慎，都会招致信任度下滑，而任何一端信任度下滑，都会置平台于死地。

政府应积极鼓励共享经济发展，坚持包容性监管原则，构建主动长效监管机制，重在保护信息安全，注重市场公平性建设。共享经济要实现长期可持续发展，政府的作用是非常关键的。中国的共享经济已经处于全球领先的地位，且政府"包容性原则"发挥了极其重要的作用。为了促进共享经济更好的发展，提升存量资源的利用效率，提升资源配置的整体水平，政府需要在以下四个方面进一步完善政策：

一是坚持包容性监管原则。信息技术从信息产业、工业部门到消费部门的广泛运用是历史性趋势，共享经济是基于信息技术运用的创新，是重大的模式创新，是资源配置的重要机制，是值得呵护的重要领域。国内强调多年的普惠金融在互联网金融发展中得到了实质性提升，平等金融参与权和市场化金融收益权得到了较大程度的实现。对于监管当局，应充分认识这一历史趋势，鼓励适当的技术、模式、业务等创新，坚持包容性监管原则，促进共享经济长期稳定发展。

二是实施长效主动监管机制。共享经济发展时间短、速度快、范围广，法律法规和监管机制无法适时匹配是正常的，但是在共享经济部分领域的监管中，比如共享经济中的部分互联网金融业态，一度存在弱监管甚至是无监管的状态，在出现较多监管问题后出台的互联网金融专项整治更多是一个被动式的监管应对。未来需要构建一个长效的主动监管机制，提升制度适宜水平，理顺复杂的法律关系，构建公平市场环境，以有效防控共享经济的内在风险，特别是有效保护数量众多的消费者权益。更重要的是，共享经济发展的基础，即所有权与使用权的分离可能会带来更为复杂的责权结构，使供给主体和需求主体的利益关系变得更加复杂，供给者和需求者的责任边界和权益保障是监管机制建设的核心。

三是强化信息安全与信息保护。国内共享平台及其他机构对于个人信息的征集、分析及使用等存在较大的瑕疵甚至是显著的法律问题，对于消费者信息安全、信息保护特别是隐私权保护存在较显著的法律与技术瑕疵，政府应该强化监管，特别是个人征信需要有完善的法律界定和规范，否则共享经济中的信息脱域环节可能就成为一个消费者信息的"贩卖机制"。信息安全及保护问题需要着重从共享经济的特殊委托代理机制出发，防止出现"霸王条款"损害消费者权益。

四是坚持市场地位的公平性。共享经济顺利运行的核心在于产品和服务的供给成本低于再生产成本，市场参与者都能分得一杯羹，且具有一定的再分配效应。但是，其他市场参与者则可能面临市场地位的不公平性。比如，共享汽车的司机是自我就业，传统出租车司机仍是以单位职员作为就业主流模式，后者需要承担税收、社保以及其他负担，确实存在成本负担的差异性。传统出租车公司还承担提供一定公共服务的职能。在共享经济的金融领域，这种地位不平等性更为显著，很多互联网金融平台本质是信用中介，但是它们以信息中介为定位，从而规避了金融机构的监管要求，比如资本金、风险拨备、消费者保护基金等。更重要的是，共享经济发展到一定程度后可能在特定领域形成新的垄断格局，也对市场公平性提出了新的挑战。共享经济的发展在一定程度上使市场公平性出现了结构性变化，政府应该有所作为，为市场参与者提供公平的市场环境。

第五节 共享经济发展的领导者

自 21 世纪以来，随着 3D 打印、互联网、物联网、大数据、社交媒体等新型技术的蓬勃发展，以 Uber、Airbnb 为代表的共享经济，作为一种全新的经济体系和经济范式，深刻改变着传统的经济发展模式和人类生活方式，引起了世界学界、商界和政界的高度关注。在召开的博鳌亚洲论坛2017 年会上，来自世界各地的创客、企业家、专家学者，聚焦共享经济议题，展开了热烈的讨论。这预示着在第四次工业革命来临之际，建立健全共享经济新体系，将会成为世界各国促进经济增长、推动社会公平包容发展的战略选择。

一、共享经济已成为方兴未艾的全球趋势

共享经济作为一种"颠覆式"的全新经济范式，已经成为方兴未艾的全球趋势。目前，全球最典型的共享经济巨头是 Uber 和 Airbnb，两者没有自己的一辆汽车和一间房屋及服务员，恰恰成为全球最大的汽车租赁和

网络连锁酒店平台型公司，其背后的核心正是整合闲置资源、依靠精准算法工具和强大的大数据信息、连接买方和卖方的共享经济商业模式。实际上，随着互联网、物联网的发展，全球共享经济的类型开始走向多元化，除了共享汽车、共享房屋外，还存在共享电力能源、物流、音乐、视频、新闻、知识、工作创所、医疗、娱乐、家政服务等，如过去十年，有亿万消费者转变为互联网产消者，几乎以免费的方式在网上分享了音乐、视频等，削减了传统音乐产业、报业、杂志和图书出版的收入。近年来，全球共享经济的资本投入和市场交易额均保持了快速增长的态势，如据风险投资与咨询公司 CB Insights 统计，全球共享经济领域的融资从 2010 年的 5700 万美元快速上升到 2014 年的 40 多亿美元；据普华永道公司预计，到 2025 年，全球共享经济的市场规模将达到 3350 亿美元，年均复合增长率达到 36%。可以说，以分散的社会闲置资源为基础，以提升资源利用率为核心的共享经济体系，正在顺应世界科技发展和消费升级的变革趋势，激发了经济活力，增加了就业，促进了社会公平，其必将成为全球范围内争相发展的新型经济，并将获得快速成长。

二、中国开创了共享经济发展的新格局

在互联网经济发展的世界大潮中，中国政府审时度势，相继出台了一系列促进大数据产业和共享经济发展的政策措施，调动了互联网企业发展的积极性和市场活力，开创了共享经济发展的新局面。与发达国家相比，虽然中国的共享经济发展规模相对较小，但在共享经济领域的创新程度，个别领域已经领先于国外，如近期出现的共享单车，完全是国内企业自主创新的成果，如何进一步向海外市场扩展，正成为共享单车企业的未来发展计划，但需要指出的是，中国共享经济的发展也面临一些困境。在共享经济快速成长的过程中，因没有现成的经验可以借鉴，我们开始面临着社会诚信、政府监管等方面的发展困境，如在共享单车使用中出现的乱

停乱放、恶意损坏、城管扣押单车、押金资金池安全等问题，引发了社会热议。这要求我们在共享经济发展中，对政府与企业关系、消费者诚信建设、金融监管以及如何重构政府、市场、社会"三位一体"的共治共享体系，做出新的探索和努力，为更多领域、更加细分的共享经济体系蓬勃发展，创造最佳的营商环境。

我们已经成功打造了许多互联网经济巨头和诸多互联网经济平台，尤其在房屋、出行、家政、物流、专业技能、兴趣爱好、服务等领域，积累了共享经济发展的相关经验，为未来大规模共享经济体系的建构打下了良好的基础。我国作为一个拥有十几亿人口的大国，拥有全球最大的移动互联网用户和消费市场，具备共享经济发展的资源优势和市场优势，尤其是随着我国成功跨入高收入行列国家，消费模式进一步转型升级，必将在能源领域、服务领域、专业技能领域等出现越来越多的共享型平台和企业，经济体量和影响力也会持续放大，最终定会成为世界共享经济发展的领导者。因此，未雨绸缪，积极有为，进一步健全共享经济发展的社会支撑体系，创新监管模式，创造世界一流的共享经济发展新环境，成为当今各级政府必须直面的现实问题。

三、争做全球共享经济发展的领导者

在我国的共享经济发展中，主要的业务模式与国外差异不大。在业务模式的内在逻辑上，主要基于三个原则：一是需求导向，主要服务于多样化的需求，核心的机制是通过建立新连接机制或多边平台来实现需求的集聚；二是成本收益可持续，依托产品和服务的使用权和所有权分离，强化需求与供给的内在匹配机制以及商业可持续性，并致力于实现规模效应；三是市场细分，注重针对多样化需求形成细分市场或利基市场。

在具体的业务模式下，国内与国外的共享经济没有本质性区别，主要具有以下四种业务模式，与各种模式相关的业务场景亦没有实质性差异。

一是基于共享平台的商品再分配，本质是一个租借和二手交易市场。这是共享经济的初期模式，但目前仍然是主流模式之一。国外的共享经济出现部分的暂时租赁模式，如共享汽车和共享单车都是典型的租赁模式。二是较高价值的有形产品服务共享模式。以汽车、公寓、办公场地、奢侈品等暂时转让使用权为支撑的业务模式，这是共享经济最为典型且主流的模式。三是非有形资源的协作式分享。在金融、知识、技术、家政、医疗、园艺、维修等非有形资源上，资源拥有者通过暂时出让这些资源与资源需求者形成共享、协作模式，并发生一定的费用往来，这是共享经济演化后的重要模式，具有共享理念，但运作机制和要素与传统共享经济模式有所差异。四是基于社交网络系统的开放协作共享模式。以网络社区作为基础设施，利用移动互联技术跨越时间和空间限制的特性，实现资源共享的运行机制。

目前共享经济的应用基本覆盖了主要的生活场景，目前国外主要存在商品再流通、耐用资产利用率提升、服务交换、生产性资产四类业务模式，国内则存在商品再分配、有形产品服务共享模式、非有形资源的协作式分享以及开放协作共享等业务模式，与国外并无实质性差异。在应用场景上，交通出行、互联网金融、生活服务、知识技能、医疗分享、房屋住宿、生产服务等是主流。

2016年8月，滴滴出行和Uber中国的合并在中美的商界掀起波澜。滴滴出行宣布收购Uber中国的品牌、业务、数据等全部资产在中国大陆运营。作为全球共享出行的代表企业，从诞生伊始，这两家公司就对全球多个国家城市的出行模式带来了巨大影响。以Uber、Airbnb为代表的共享经济模式在带来巨大经济和社会价值的同时，也对传统行业的运行方式带来极大冲击，如我们所看到的Uber之于出租车行业，Airbnb之于酒店行业。另外，对于企业内部的运作模式、组织的管理模式、人员的工作模式也带来了新的挑战。这些转变，是偶然的个体行为，还是时代发展的趋势，值得我们去深思，也许今天出现的些许变化，就是我们明天要面对的变革因素。

　　未来争做全球共享经济发展的领导者，发展共享经济关键还要做好以下几项工作：第一，进一步完善信息基础设施的普惠化建设供给，尤其是要加大城市免费 Wi-Fi 布局和提速降费的力度，进一步扩大低收入群体免费接入互联网的比例，夯实让所有人分享共享经济成果的物质基础。第二，不断完善网约车、共享单车等领域的法律规范和服务标准建设，明确政府、企业、社会民众之间的权利责任，尤其要明确共享经济平台的社会监管责任，引导共享经济企业有序发展、规范运作，实现共享平台企业、消费者、产消者之间利益的共赢和最大化。第三，积极搭建与平台经济、共享经济等新业态相适应的政府跨部门综合管理新机制，依法依规地实行信息共享、协同行动、共同治理，破解传统的各自为政、相互推诿、信息割据的监管困境。第四，深入探索顺应共享经济要求的社会诚信新体系建设，重点在于实现政府管理部门与平台用户信息的共享、平台用户行为监测信息与个人征信体系之间的无缝对接，让社会诚信系统的联合惩戒力量遏制共享用户的非法、违规行为。第五，继续推动中华优秀传统文化的传承和社会公德教育，提高社会的整体道德水准，让道德自律成为推动人人遵守规则、诚实守信的内在动力。

CHAPTER
05

第五章

共享经济时代的组织文化创新管理

共享环境下新型企业组织类型形成的新型个人与组织的关系变化，常常见诸网络新闻和各种博文，现有研究未能将互联时代价值观与组织特点、商业模式系统规划结合起来，并在此基础上有更深入系统的研究。社会价值观是回顾、观察、预见一个社会发展水平的标尺之一。自改革开放以来，中国社会价值观发生了明显的变化。互联网经济的新型社会财富价值来源，更激起人们对财富的认识和追逐，这些诉求会体现在企业利益分配格局的制度表达之中，影响着企业商业模式价值链的设计。在互联网环境下崛起的以"平等、参与、分享"为核心的价值观，使个人价值追求与企业组织目标的协调成为重大问题。个体价值的崛起，组织的逻辑必须发生变化。因而互联网时代的管理变革在某种程度上也是一场精神、心理上的革命，要求管理者高度崇尚互联网精神、理念，并切实应用到日常经营管理活动各个细微环节的改造中，将新型组织文化的重塑与企业转型同步进行。企业文化是一个信念、价值观、理想、最高目标、行为准则、传统、风气等内容的复合体，是一种精神力量，用于调动、激发目标对象做出贡献。随着信息技术的迅猛发展，全球已经进入互联网时代，经济技术范式的变革，社会生活的秩序和方式都发生巨大变革，市场需求、管理理念的变迁以及虚拟技术（VT）与信息技术（IT）的广泛应用和迅速发展，无不要求企业文化与时俱进，以匹配的文化和思想作为企业持续永久的竞争优势。因此，在互联网背景下重新建构企业文化，是一个关系到企业健康发展的问题，是企业管理者乃至员工都需要考虑的严峻问题。

第一节　工作价值观成为当今组织文化管理面对的重要问题

一、企业价值观重新梳理是管理的时代使命

社会价值观是回顾、观察、预见一个社会发展水平的标尺之一。自改革开放以来，中国社会价值观发生了明显的变化。互联网经济的新型社会财富价值来源，更激起人们对财富的认识和追逐，这些诉求会体现在企业利益分配格局的制度表达，影响着企业商业模式价值链的设计。

互联网时代价值产生的源泉发生了深刻的改变，因而企业经营的关键生产要素也发生着改变，从工商时代的生产线、厂房、土地，到今天企业更注重的社群、链接、信息。李善友《互联网世界观》认为，传统理论（包括管理理论）只适用于工商时代，已经不能适应互联网时代。互联网是人类通过各种技术建立的全球性信息交换系统，它连接了一切可连接的人与物，彻底改变了信息流通与要素组织方式，使经济活动的效率和范围得到迅速提高和扩大。在互联社群里，不需要拥有实体的人物，而只是拥有跟他们的链接。链接都不需要有质量态的存在，能量态或信息态的存在就可以。"互联网＋"的本质是重构供需：供给方充分利用原有的闲散资源，挖掘需求潜力，从而创造出原本不存在的交换场景。互联网通过改变人与人的联系和连接的方式，通过产品、活动、社群目标、共同利益、亚文化、机制、模式等手段，进一步让志同道合的人深度链接。互联网技术对管理的冲击，其基础是由于生活方式的根本改变，这也导致了人们行为和价值判断的改变。互联时代企业的发展仍然需要目标、愿景、价值观的推动。随着业务、产品的更新迭代，价值观也进行重新梳理。

二、互联网时代的组织文化管理创新

自 20 世纪 90 年代以来，以互联网为代表的信息技术快速发展，为企业提供了比以往任何时期都更为丰富的创新途径与创新空间。一大批基于互联网技术的新模式企业应运而生，它们以与传统企业完全不同的方式为顾客创造和提供价值，并获得了传统企业无法比拟的成功。正是在这样的背景下，商业模式——这个始见于计算机专业的词汇，开始引起社会各界的关注，并在很短的时间内成为世界范围内企业界与学术界最为流行的词汇之一。如今，商业模式及与商业模式创新相关的管理创新在全球范围引起前所未有的重视和广泛应用。

管理与创新是企业持续发展的永恒主题。管理是企业持续发展的基础，而创新是企业持续发展的动力。企业的不断成长、规模的不断壮大都要求进行与之相适应的管理文化创新。管理文化创新源于企业内在动因和外在动因的驱使。深入分析当今互联网时代企业商业模式创新中的文化价值观，具体分析管理创新的动因，能够让我们对管理创新产生的原因、规律有一个科学的认识，从而为未来的管理创新活动提供指导。互联网经济的发展，企业的组织结构发生着巨大的变化，我们需要在分析组织结构与管理协调功能之间关系的基础上进行组织的管理创新。组织管理创新机制的基本构成要素包括创新主体（企业家、管理者、知识员工）、创新动力（产权、价值观和竞争）、创新主体的能力（创新能力、转化能力、组织协调能力、学习能力）、创新行为（创新目标、创新文化、创新制度、创新活动）等。这些要素的相互作用、相互关系构成了管理创新机制。

在互联网时代下，网络技术改写了商业关系架构的底层逻辑，在这个时代，传统的价值链中以供给为导向的商业模式正在不断创新为以需求为导向的互联网商业模式，而企业商业模式创新并非仅仅是决策管理层的战略调整，持续创新需要源自企业内生的动力与活力。企业应具有文化自觉的意识、健康的价值观、适宜的平台化结构等，建立起具有自我创新机制、具有内在活力的商业模式。企业商业模式变革、企业的管理创新应从传统组织的执行者，颠覆为自主型的创业者，这就是新商业模式对以人为本所体现出来的内在驱动力量。拉姆·罗兰讲道："推动变革和转型的最终是人。"成功的商业模式、有活力生气勃勃的企业文化才能使公司开发出令人不可思议的产品。中国企业正处在一个巨大变革的时期，建立适应企业自身特点、适应市场经济需要的组织文化管理创新机制，才能与时俱进、与时代相搏。

◉ 第二节　互联网时代价值观的变化

北京大学国家发展研究院 BiMBA 商学院院长陈春花教授预言："未来，价值观的演变速度会更加剧烈。"从社会群体的组织方式、分工方式到沟通方式，再到意识形态和商业逻辑，每一处都将发生深远变革。管理，的确需要为企业界提供一种基于共享价值的新范式。今天的领导者，确实应该以互联网世界观为思考切入点，抛弃原有的组织价值观，激发个体内在价值，以个体价值的创造为核心；设立并创造共享价值的平台，让组织具有开放的属性，以新的模式为客户服务。互联网时代企业业务关联是从垂直的供应链变成了平台化的产业链，这需要从新的维度去思考企业的价值观。这是因为个体价值的崛起，需要平台与导引；创造力的价值实现需要企业平台给予推动；个体价值观演变剧烈更需要企业明确其价值判断，"个体价值"如何成为"整体价值"，是管理新范式必须要解决的命题。

一、价值创造源自创新民主化

（一）全民触网的"创新 2.0"模式到"创新 4.0"时代

中国企业创业 40 年的历程，可以按照时间线分为四个阶段。中国企业的创新模式，也是一部从 1.0 版到 4.0 版的进化史。刚刚过去的 2019 年，正是"创新 4.0"大幕拉开的第二年。

1. "创新 2.0"（1992~2008 年）："面向未来、以人为本"的"创新 2.0"模式

从人类科学技术发展与社会生活方式变革的进程看，Web2.0 促进了"面向未来、以人为本"的创新 2.0 模式的出现。Web2.0 注重用户的交互作用，强调用户分享、信息聚合、以兴趣为聚合点的社群、开放的平台与活跃的用户。创新 2.0 同样强调公众的参与，倡导利用各种技术手段，让知识和创新共享和扩散。不同于创新 1.0 以技术为主，创新 2.0 是以人为本、以服务为导向、以应用和价值实现为核心的创新。创新 2.0 是对 ICT 融合背景下科技创新的重新审视，是一种以用户为中心、以大众创新、共同创新、开放创新为特点的用户参与的创新形态；从更宏观的视角看待，它更是知识社会条件下的创新民主化展现。[①]

2. "创新 3.0"（2008~2018 年）：**转型再造**

从 2008 年到 2018 年，是中国企业创新发展的转折节点。一方面是"互联网 +"遍地开花，以阿里巴巴、腾讯等为代表的企业迅猛生长，给更多的个体创业提供了机会，B2C、C2C 成为普遍应用的电商模式；另一方面市场竞争更加激烈，传统企业靠旧的商业模式取得成功越来越艰难，企业纷纷进行转型，但部分企业因转型困难无法适应新形势而从市场上消失。在这一阶段，企业转型升级再造的一个明显趋势是企业家越来越重视

---

① 宋刚，张楠．创新 2.0：知识社会环境下的创新民主化［J］．中国软科学，2009（10）：61.

核心技术的创新，如以华为为代表的中国企业受益于技术创新专业化，获得了好的业界口碑和收益。

3. "创新 4.0"（2018~2049 年）：技术创新的平等化

2018 年是中国经济发展史上不同寻常的一年。中美贸易摩擦、中兴事件、华为事件等都给中国企业过去的创新模式敲响警钟——低成本模仿不是出路，创业必须谋求核心技术的爆发。中国企业涌现出了大量的技术创新的优秀案例。如万事利现任董事长李建华在全球浙商创新创业论坛上提道："40 年前，我们买机器学技术，帮人家做加工，改革开放 40 年后，我们要卖设备、输出技术、和国际品牌平起平坐。"万事利研究如何用大数据颠覆传统服装印刷技术，并规定所有使用了公司技术的各大品牌产品必须加上"万事利"的标志。再如方太集团将年销售收入的 5% 投入技术研发，在德国、日本等地建立了设计研发体系。

在汹涌而来的创新浪潮中，企业只有以创新和核心技术为基础，才能在激烈的竞争中赢得一席之地。

（二）彰显个体价值的创客精神

《福布斯》中文网 2015 年曾针对"为何大学毕业生成批涌向初创公司"这一现象进行分析。据统计，美国 20 世纪 80 年代至 2000 年初出生的年轻人中，有 47% 在员工人数少于 100 人的公司工作，越来越多的受过高等教育的年轻人选择在初创公司工作。初创公司大多没有等级职位，也不划分层级结构，没有大的组织系统的僵化与内耗，让年轻人对贡献价值可预期。谷歌董事局执行主席 Schmidt 和主管产品的前高级副主席 Rosenberg 认为，未来组织的关键职能，就是让一群代表未来的创客聚在一起，他们能够快速地感知客户需求，愉快地、充满创造力地开发产品、提供服务。他们的激情彼此碰撞、摩擦，会擦出火花，产生创新和创造。他们需要感受变化、提出挑战，他们具有内在的动力和热情，只要事情有意义，他们就乐意奋不顾身，而企业管理者只需要营造氛围。^①谷歌公司正是采用这样一种鼓励创客精神的组织模式，才吸引了大量的优秀人才，也让谷歌保持了非常好的创新能力和领先的行业地位。美国《连线》杂志前主编克里斯·安德森曾说："这不是一个生产的时代，而是一个创意的时代。人人都可以是创客，看看家里的孩子们，他们的创造力是如此惊人。"海尔掌门人张瑞敏认为"零距离""去中心化""分布式"的互联网思维把我们带进一个充满生机与挑战的人人时代——一个人人创客的时代。^②

（三）蕴含在基层的价值力量

传统组织的企业研发负责人往往是技术专家，或是从不同领域掌握管理知识但缺乏技术的管理者，但流程化的管理程序使他们学会了生活在组织的条条框框中，不挑战、不越界。综观三星集团、IBM 近两年下滑的根本原因，并非没有技术研发组织和投入，而是行动变化的速度不够，整个组织太多层级与官僚，太过于依赖组织本身的核心能力和强大的经验技术，忽略了对于个体创造力的激发，以及个体价值的认知。

新价值的创造力蕴含在基层的芸芸众生之中，而不是在科层化的高层战略里。重视源自普通员工的创造力，重视对个体价值的感知和对个体创造力的激发，已被越来越多企业所认识到。在维基百科，自发自愿的、活跃的业余编辑的数量，2011 年初就达到约 9 万名，所有撰写和编辑词条的工作都是义务的。这些编辑以社区的形式自我组织，负责管理和更新数千万词条。所有编辑工作由社区自行发起，质量标准也由社区自行控制。这种集体智慧带来了很高的、可以媲美专业编辑的编辑质量。2015 年百度联盟分成 120 亿元，百度联盟发展部总经理邓明生在 2015 年百度联盟峰

---

① 王若军，刘欣冉. 互联网时代的商业价值观与企业平台化建设 [J]. 北京经济管理职业学院学报，2017，32（1）：29.

② 华仔. 海尔张瑞敏：物联网将颠覆一切 只能适应 [EB/OL]. 华强电子网，2016-08-10，https：//tech.hqew.com/news_1654459.

会上表示，百度联盟希望打造一个移动新生态联盟，帮助联盟伙伴移动化转型，大幅提升移动推广和变现效果，实现让伙伴更强的目标。

（四）创新主体边缘交融化

信息通信技术的融合与发展推动了人们生活方式、工作方式、组织方式与社会形态的深刻变革，同时也推动着知识社会的形成和创新模式的嬗变。知识网络的泛在性日益突出，无处不在的网络推动了知识的传递与共享，成为知识社会形成和发展的重要基础。知识社会的社会形态越来越呈现出复杂多变的流体特性，传统的社会组织及其活动边界正在"融化"。创新也不再是少数被称为科学家的人群独享的专利，每个人都可以是创新的主体，生活、工作在社会中的用户将真正拥有创新的最终发言权和参与权，传统意义实验室的边界以及创新活动的边界也随之"融化"了。以生产者为中心的创新模式正在向以用户为中心的创新模式转变，创新正在经历从生产范式向服务范式转变的过程，正在经历一个民主化的进程。以技术发展为导向、科研人员为主体、实验室为载体的科技创新活动面临着挑战，以用户为中心、社会为舞台的面向知识社会、以人为本的下一代创新模式，"创新4.0"模式充分显现其生命力和潜在价值。

二、价值分配基于平等分享

（一）"平等、参与、分享"为核心的价值观崛起

科技延伸媒介，媒介更新人文，人文重塑商业规则，这是信息时代进化的必然。信息时代的技术颠覆，会带来思维的大变换，更是人的更新换代、价值观的变化，中国传统的集体主义、威权主义价值观就此让位于以"平等、参与、分享"为核心的个体主义、自由主义价值观。更激进、更年轻的一代人甚至进一步要求"自主、掌控、异议"，这些价值观都与建立在等级、命令和控制基础上的传统体系形成鲜明的对比，甚至强烈的对抗。

在互联网时代，互联网已经不再仅仅是一种技术、工具，而成了构建和传播人们价值观的基础设施，而人们对任何事件的反映都会在网上迅速放大，任何权威想凭借传统力量巩固其势力已无可能。"连接"是互联网的起点，人文更新则是它的终点；由于"连接"没有终点，因而人文更新实际上也没有终点。借用 19 世纪英国大作家查尔斯·狄更斯在《双城记》中那句经典："这是一个最好的时代，也是最坏的时代。"说这是一个最好的时代，因为连接、交互、协作、智能会让"只有想不到，没有做不到"变成现实，机会遍地，我们都是别人的机会，而所有人也都是我们的机会；说这是个最坏的时代，是因为如果我们不能成为别人的机会，我们也就没有了机会，所有的机会都基于市场化和民主化。

（二）市场效率导向的价值共享机制获得广泛实践

传统时代的信息传播方式造就特权，拥有信息和特权的人在组织中总是会利用手中的信息和特权影响企业的价值分配，从而使自己在企业的价值分配过程中占据优势。然而移动互联时代消除了特权赖以生存的信息拥有差异化前提，每个人因为拥有等量的信息而变得平等起来。企业所采取的平等分享表现在与客户的平等分享和对资本、管理者与员工的平等分享，表现为以客户为中心的价值导向，强调市场实现能力的价值贡献分享。

在强调市场实现能力、市场效率的目标引导作用下和移动互联环境下的信息交流和沟通协同的空间限制，企业的边界被无限扩大，协同、外包、供应链更容易获得效率优势和成本优势。只要企业与企业、人与人形成一定契约关系和互联链条，移动互联技术能够让信息与物质更快、更低成本地流动，这种环境的巨变必将淘汰那些在价值观念上因循守旧的企业，而能够在巨变中生存下来的企业将是那些能够随着环境的改变而改变自己的价值观念并建立价值共享机制的企业，这些价值观念包括诚信与透明、平等与分享、开放与合作、尊重与包容、契约与自律。

三、价值链以客户需求为导向

SONY 这个在《基业长青》里被列为标杆的企业现在却正式破产了。出井伸之，这位曾经被《财富》杂志评为亚洲最有气势的经营者，2000 年他出任 SONY 董事长后以经典管理理论重构了索尼，治理结构大幅调整，狠抓制度流程，绩效管理，然而结果并未出现正向的效果，而是连续多年亏损，最后到破产边缘，他自己也被迫出局。索尼是典型的工商时代标杆企业，其技术文化情结被互联网时代所淘汰了。因此，建立互联网世界观，很多东西要彻底改变。技术储备—产品研发—市场投入的旧流程要抛弃，运用社群经济、客户链接、MVP（最小化可行产品）、自组织等新方法把合作伙伴（创造者、用户、资源供应者）聚合起来，反馈、碰撞，符合客户需求的议题方向就从这个平台筛选出来了。一方面可以挖掘出意向客户，另一方面向目标对象推介主张，以互联网世界观为思考切入点，以新的模式为客户服务，黏结客户、弹性流程，只有这样，才能在互联网经济的大潮中不被淘汰，从而走出一片新天地。

四、价值贡献以市场为检验

无论是技术上的创意，商业模式上的创意，抑或是引领消费需求的创意，其价值的实现要靠商业化去打磨，价值的大小要靠市场去衡量。简言之，具有商业价值、经得起市场检验的才是真正的"创客"，如今的新兴产业，其成长的路径必有市场的价值检验和市场化的价值分配格局。

中国移动互联网产业在 2011 年全面爆发，智能终端的迅速普及和风投资本的高度关注，使应用数量获得了爆发式增长。基于安卓和 iOS 软件开发的公司如雨后春笋般出现，但手机应用商店里免费、简单易用加免费下载，才能增值赢利。无论是美团之类电商模式还是游戏、通信和社交、交通、音视频多媒体、资讯和阅读、金融理财、学习和教育、运动和保健、生活助理等都是 APP 发展耕耘的方向。APP 软件通过社区化和自身时间流的优势，交互粘住用户的同时，与具有时间属性的商户进行合作，能够实现市场价值。

市场价值不仅仅都是赢利。像 QQ 影音与 QQ 输入法等无广告的产品无法赢利，之所以这样做是为了保留客户群以及获得用户行为资料，可以对用户行为进行分析，获得用户行为的特点，为其他产品赢利找到卖点。这些 APP 可以收集用户习惯，为总公司提供数据，做出分析，以推出更符合消费者行为习惯的 APP。再有就是提供增值服务，当然这个服务是要收费的，比如各种会员服务等。小团体的开发者通过产品证明自己的能力，创立自己的品牌，其收益远远不止利润这一种，获取风投融资，成为规模化的产品供应者也是价值贡献在市场的具体体现。

第三节　互联网价值观对传统组织管理的挑战

传统企业的管理流程设计注重控制，基层产生局部信息，但各单元之间横向信息不透明，决策权集中于高层掌握全部信息的少数人手中。因而，互联网时代的管理变革不单是科层制的变革，更是一场精神、心理上的革命。

一、多元价值观并举对组织科层的冲击

互联网时代由于自媒体具有各自发声的话语权、社会资源具有的多元协同力量，因而社会特征具有"去中心化"的趋势。众多个体之间的价值也相互制约，单独个体所秉持的价值观无一不是各种信息传播和群体规范

的结果。企业必须适应新型价值制约关系，容忍千变万化的工作状态，以适时合理的方式对待员工。既需要尊重个体独立的价值追求，又需要有严峻的淘汰机制，这对管理者提出了更高的要求。

近年来，由于市场的主导权从企业的技术高地转移到消费者的期望所在，企业的成熟业务模式也不断被新型业务形态打破或颠覆。适应这种要求的恰恰是具有高创造力的个人和小团队，他们往往不接受传统组织结构、定义、边界的约束。所以，企业管理应从基于指挥与控制转向基于信息与资源。给予这些创新力以适当的工作关系，不用角色划分与组织架构约束他们，使他们不受限于任务定义，建立综合资源调配机制，并随着他们的创新关注点的变化，职务与身份也随时可变。

二、业务流程的快速复制与企业原有文化的冲突

以信息通信技术（ICT）为标志的高新科技具有强大的复制能力。大规模、标准化开发的各类工作软件、系统平台，在一个又一个企业复制和移植的同时，也全面复制了固化工作方式中包含的矛盾和缺陷，而这些矛盾与缺陷在与原有组织文化的兼容问题、设计者的管理逻辑与现实实践需要的冲突问题等，都会逐渐显现出来。一个企业自身的文化个性体现在既定的业务流程之中，虽然经不住科学性的考量，但存在于代际相传的工作方式和个体价值判断，并非能够随着工作系统程序的安装而马上烟消云散，尤其是当系统所规定的工作程序与多变的客户需求冲突，信息技术形成的各类权限与办公的及时效率之间冲突，员工类型的多样性与系统设置的层级管理冲突等，可能引发更大规模的价值观冲突。

企业文化越强大，就越少需要流程和制度。当企业文化足够强大时，组织管理者可以相信所有的人都在做对的事，员工会更独立自觉。企业文化是共享企业能够持续经营的基石。海尔企业文化体系原创人员孙海蓝指出，共享经济不仅是商业生态，更是企业文化。资本、资源、互联网三者具备

就可以把共享经济构建起来，但是一个没有文化的商业形态势必会显得苍白无力。在业务模式及业务流程快速复制的同时，在共享经济共享便利的同时，不仅共享的是商业生态，还应该共享人的价值观、思想，即共享企业文化。如何建立一个共享经济下的新的企业文化，文化中有几点是共性的，比如尊重、平等、担当、创新。共享经济下企业文化需要在商业生态中不断去磨合，无论如何磨合都会有共同的生态问题需要所有企业去思考：企业能为用户创造什么？能够提供什么样的服务？企业的价值如何去体现？如果每一个商业生态的出发点都是为了用户，那么每一种商业生态都能在利益共同体中找到共同遵循的商业法则，从而在大的生态圈中，企业都能各自寻找自己的平衡点、驱动点、利益点，在优秀的企业文化的引领下能够实现自优化、自创新、自驱动。

三、企业信息共享突破了以物权交换为基础的供应链关系

在网络社会里，一方面由于网络社会的开放性、自由性和共享性，人们可以自由地共享网络资源；另一方面，网络社会也是一个商品化的社会，在共享性的背后是追逐利益最大化的商业资本。网络内容提供商通过开放数据资源以吸引访问量，进而服务于相关服务商，以获取经济利益，各类信息平台更是如此。互联网时代商业价值的产生与实现，并不依赖物质的生产和物权的交换，多元主体共享的平台化信息集合与甄选，相互提供精准生产与有效服务形成新型的企业生态。移动终端的 APP 应用产生的庞大客户信息具有重要的商业价值，APP 开发者也可以因此而获取分成。链家完备的数据信息已经能够为开发商提供优质的数据产品，在开发商拿地决策、产品规划、价格决策中带来巨大价值。

在互联网时代，用户通过互联网结成了用户网络，变得更加主动和强势，以往供给端与需求端的强弱关系逆转，用户需求变得更加碎片化、多元化和多维化。对于企业而言，物联网、大数据、云计算及人工智能成为企业

的"眼睛"和"大脑"，产业互联网成为企业的"神经网络"，区块链成为企业的"循环系统"，企业信息共享越来越普遍，公司的界限趋于模糊，实现网络化分工协同、网络化要素流动和网络化价值创造。这就意味着，工业时代的刚性供应链变成柔性供应网络，整个供应网络将围绕用户的需求进行快速调整和迭代，形成面向用户需求的柔性定制。在工业时代的刚性供应链中，价值创造的主体是公司，每个公司独立安排生产，不同公司之间基于货币交换形成价值链上下游的松散协作关系。在未来的柔性供应网络中，将是以数字智能为驱动，个人、公司及平台在社会化协作中完成价值创造。

四、个人价值追求与企业组织目标的协调成为重大问题

网红、微店、社群此消彼长，互联网世界的个人价值观和道德逻辑被这个时代的成功者定义着，个体价值意识正越来越被新一代年轻者重视。在"知识经济＋互联网"的时代，企业的资产规模和制造能力并不必然构成市场竞争力，产品创新源自人的创造，价值增值更多来自新的服务，组织更依赖个人的创造，而不是个人越来越依赖组织。我们甚至可以说，是员工使用了组织的公共服务，而不是公司雇用了员工。长期以资本力量组织生产的工业文明提倡"忠诚度"文化，思维还是停留在"工作是为别人干、为企业干"的范畴已经不能适应互联网时代的个人与组织关系，这需要作为价值创造的个体与组织结成共生关系，重塑利益分配模式。《2016年德勤千禧一代报告》（*The 2016 Deloitte Millenial Survey*）调查了29个国家的7692名千禧员工（指1982年之后20年间出生的员工）。报告结果显示，1/4的千禧员工计划在2016年离职，44%的人计划在2年内离职。调查发现，这一年龄段员工忠诚度低的原因除了因为觉得缺乏领导力发展机会之外，还因为企业将利润置于价值观、行为准则和企业道德之上的行为令他们不满。我们应该看到，互联网时代的组织最重要的功能就是以尊重

个体价值为前提的"赋能",而不再是管理或激励。

当员工的个人价值观与组织价值观能够良好匹配时,员工会从接受企业的经营理念、价值观念逐渐过渡到认同组织价值观,从而融入组织文化中,表现出企业所期望的工作态度和行为。员工在工作中也会潜移默化地受到企业文化的影响,从而在工作中更易产生创新意向寻求能够提升部门或企业业绩、形象的方法,并将有益的创新实践落到实处,会对生产流程、提供服务等过程中出现的问题提出创造性的解决方案并执行。

◉ 第四节　商业模式创新与创新型文化建设

在互联网经济背景下,"无法识别用户需求"和"无法整合资源"的传统巨头迅速被淘汰,企业需要分解为无数"传感器",快速阅读市场需求,并且根据这些需求来调整自己,以实现"交易变革";企业还需要分解为无数"小模块",以便更加灵活地整合其他合作者的资源,以协同生产的模式匹配需求,以实现"生产变革"。所有行为的基本载体是人,无论技术创新还是管理创新,最根本的是人的力量释放。互联网时代的组织最重要的功能不再是管理或激励,而是"赋能",是让员工的专长、兴趣和客户的问题有更好的匹配。这需要员工的自主性和组织的灵活性。以科层制为特征、以管理为核心职能的公司,将面临前所未有的挑战,并且企业活力的激发,需要全面文化创新。

一、企业持续创新的动力源于创新型文化

企业持续创新能力既源于团体有组织的创造,也源于个人独特的创意,均与企业创新型文化有关。要在激烈的竞争中保持永远的胜利,企业

必须具有持续的变革、创新的能力，而企业持续创新的动力则是源于其创新型企业文化。创新型企业文化可以增强员工工作满足感，提高员工的创造表现行为和工作绩效，促进企业组织创新。也就是说，企业管理人员注重创新、鼓励创新，普通员工积极创新、勇于创新，创新意识、创新思想、创新精神已经渗透到企业的各个角落，自发地开展各种创新活动已成为了企业成员的行为习惯，并表现在企业的各个方面。日本丰田公司的成功正是源于永续的变革和创新，源于其长期以来形成的、蕴含于企业内部、不易察觉的丰田创新型企业文化。柴田昌治先生和金田秀治先生所著的《Toyota 式最强的经营》一书为我们揭示了丰田保持持续创新能力、不断成功的秘密。

二、商业模式创新需要文化自觉才能主动寻求变革

中国著名社会学家费孝通先生 1997 年在北京大学一次题目叫作"开创文化自觉的新风气"的演讲中讲道，"文化在哪里？就在集体生活的人的行为和意识中。"所谓"文化自觉"，它指生活在一定文化历史圈子的人对其文化有自知之明，并对其发展历程和未来有充分的认识。换言之，是文化的自我觉醒，自我反省，自我创建。全球经济发展趋势是数字化将改变全球经济的结构，所有企业的盈利模式都将大幅改变，企业的内部转型需要与外部市场环境变化同步，未来的企业发展之路无法复制、没有范式，而是需转变为具备自组织和自创新能力的网络和平台。因此，互联网时代的企业商业模式创新将不再是一次性的动作，而是持续的行为。持续的变革与发展，需要企业具有自我更新的意识和能力，需要企业的文化自觉。

三、商业模式与企业文化是相互促进、相互依存的关系

它们之间并不是孤立的、相割裂的，两者的变革与创新是交织交融地

发展前进。海尔的张瑞敏讲过，"时代变化太快，商业模式必须随之改变"，海尔商业模式变革的内容是全面深刻的，其"平台化"改革，改掉了科层制，在海尔的平台上创建微小公司（已有2000多个），搞"利共体""自主经营体"。企业搭建平台，给员工以创造机会，让员工在平台上发挥他自己的作用，"将传统的在指令下的创新，颠覆为自创意，自发起，自组织的满足用户体验的企业"。海尔同时又提出"应变的企业文化"，"企业文化要看能不能应变"，商业模式转型与企业文化应变融为一体。也就是说，商业模式变革需要企业文化的应变创新，而企业文化创新不能离开商业模式的变革实践而孤立地进行，它们是交织交融前进的。

四、变革创新的本质问题是全面实现用户导向理念

IBM的理念表现在它的新广告语上："随需应变的电子商务"；惠普提出"适用性商务PC"概念，其"适用性"也是紧扣企业用户的需求、顾客的需求。用户的个性化需求，要求企业必须改变，要从企业为中心变成用户为中心。如何形成一个独特的用户导向商业模式而不是仅仅一厢情愿地卖产品营利呢？实际上，面对"互联网＋时代"的问题和挑战，许多企业并没有做好准备，特别是反映在企业的组织架构和DNA的转变不足方面。企业的组织架构应该如何做出及时的调整和准备，企业需要以用户为导向、以需求为核心进行组织形式和经营策略变革，使每个员工成为市场中心，能够直接面对用户需求，以进一步提升企业的敏捷性，打破传统办公壁垒，实现决策的"去中心化"。

五、持续创新需要用平台化的组织结构去反映市场

商业模式一定要依靠运营模式的支撑，否则就是空中楼阁。互联网时代企业的竞争能力反映在企业对客户的响应速度上，从原来企业大规模制

造变成大规模定制，而传统科层组织的激励机制并不能激发内部的动力，无法真正实现给予创新以相应的回报，所以企业组织结构平台化、员工创客化成为企业组织创新的趋势，而建立公司与员工的合作关系成为企业组织变革的重点。平台化即企业去中心化，员工创客化就是去行政服从。科层制的行政权威单元，让位于业务单元和个人的主观能动性，企业的管理层更多地把自己定位于初始资源的分配者、规则的制定者、秩序的维护者，不再以行政命令的方式来调配资源。在云计算技术和商业设施智能化支持下，社会协同成本的逐步下降，传统公司内部刚性的分工协作相比外部市场的协同效率低下得多。企业的组织形式将走向小微化，大企业最终也将会裂变为很多个小微单元，甚至于一个单独的个体也仍会进一步地碎片化——当每一个人参与到以任务中心、以流程来驱动的各个不同的临时性组织中去时，他们可能会担任不同的角色。企业也会适时促进外部人员进入自己的平台工作，形成"云组织"，没有正式的机构、流程、岗位，一群创客集中在云端（云台），只要市场有任何需求，立即就会有最合适的创客对接。他们会出现在最合适的位置上，以最合适的方式进行协作。在这样的平台上，创客们优胜劣汰，小微单元不断组合与分裂。

六、建立非财务目标与财务目标并举的组织价值观

在网络经济时代，企业价值的判断不能再完全依赖于过去一直使用的指标体系，用来展示公司价值的指标体系将越来越多元化，这是商业模式评估中不可忽视的趋势。美国保·伯林翰（Bo Burlingham）所著的《小巨人》一书所介绍的一些美国企业，它们并不热衷于追逐利润，也不致力于规模扩张，而是追求一些在它们看来更为重要的目标，比如员工的自豪感与尊严，与客户和供应商之间建立一种朋友关系并分享共同的理想，与社区建立和谐的关系等。网络时代许多企业在价值追求上，已开始接受"非财务目标至少与财务目标同样重要"的价值观。

正如索尼前董事长出井伸之所言："新一代基于互联网 DNA 企业的核心能力，在于利用新模式和新技术更加贴近消费者、深刻理解需求、高效分析信息并做出预判，所有传统的产品公司都只能沦为这种新型用户平台级公司的附庸，其衰落不是管理能扭转的。"传统企业细致的分工致使员工难以直接感知到自己的劳动到底为客户创造了什么价值，企业的内部流程成为阻碍跨部门协同的障碍，这些最终将一点点地压垮个体的协作意愿。在网络时代，数据和知识越来越重要，而经验和知识并不均匀地分布在每个人身上，那么只有每个人的经验、知识与数据的结合，才能让数据变得鲜活生动起来，才能释放个人在价值链条上的贡献，这也是企业的资源能力的体现。

七、改变思维和管理模式，构建平台化组织关系

人类正在从 IT 时代走向以数字技术的广泛应用为特征的 DT 时代。与工业时代以"企业"为基本经济主体的时代不同，DT（Data Technology）时代，它是以服务大众、激发生产力为技术贡献的时代，将是一个以"小微企业和个人"为基本主体的经济时代，这将成为新时代里全新的社会和组织景观。中国社会科学院金融研究所周子衡先生认为："公司将不再是经济活动的主体，个人将成为经济的主体。公司理性最终要被个人理性所解构与替代。"美国托马斯·弗里德曼（Thomas L. Friedman）在《世界是平的》一书中也提到了类似的观点："如果说全球化 1.0 版本的主要动力是国家，全球化 2.0 的主要动力是公司，那么全球化 3.0 的独特动力就是个人在全球范围内的合作与竞争……全世界的人们马上开始觉醒，意识到他们拥有了前所未有的力量，可以作为一个个人走向全球；他们要与这个地球上其他的个人进行竞争，同时有更多的机会与之进行合作。结果就是，每个人现在都会问道：在当今全球竞争机会中我究竟处在什么位置？我可以如何与他人进行全球合作？"

我们可以预见，移动互联、大数据和智能制造等技术的加速应用，促进数字化商业基础设施加速形成，它不仅会带来生产方式的变化，更会带来生活方式、社会结构和资源配置方式的深刻变化，其影响从有形的产品、服务、关联业务，到企业组织架构、商业决策机制、盈利模式等，都会必然产生连锁反应，一场数字化商业变革浪潮已然涌起。面对这场"技术地震"，人类社会需要什么样的企业组织？或者说，何种组织才能在这场"地震"中生存下来？这已成为企业界不容回避的问题。企业家必须改变思维和管理模式，激发组织的内在活力，主动地实施变革才是关键。

◉ 第五节 互联网时代企业文化体系建设的重点

互联网时代企业的发展需要目标、愿景、价值观的推动，随着业务、产品的更新迭代，企业文化体系也需要进行重新梳理，而信息技术发展及其广泛应用是一种全新的经济组织方式，与传统的制造业和服务业企业存在很大的区别。

一、准确把握互联网特质，激发个体能量

互联网时代的理念与传统的概念有很大的变化，在塑造价值观时要反映出来时代特征，要真正形成以人为本的价值观。整个管理的重心就从管理员工群体逐渐变成企业的领导帮助员工去实现客户的想法，领导的任务相应地变成了协助每个员工实现个人和组织目标。企业文化建设的目的在于创造一种促进员工不断学习的组织氛围，形成组织不断创新的核心能力。

德鲁克在《已经发生的未来》一书中认为，丰田模式没有体现出目标

管理和自我控制的精髓，技术创新与改进都受指令于领导而不是自发，没有体现自己的价值，缺少的是对员工个体价值的制度性安排和支持。企业管理要从使命、价值观上面实现对组织内外个体的融合和统一，彼此维系，形成良好组织生态。这就需要管理围绕人的生活、工作习性展开研究，最终体现在如何最大化释放创业和创新活力。正如张瑞敏曾经说过的："企业平台化是大势所趋，必须这么做，我希望把海尔变成一个平台、一个生态系统。一个森林，一个自然界、一个生态系统一定是生生不息的，每天有死去的植物，但是每天也有新生的植物。如果每个员工都是一棵树，每个人都是一个创业公司，而且这个公司边界非常大，可以吸引种子、水流、空气，一定可以做得非常好。"

应该重视个体的作用，建立符合互联网企业特点的激励机制，引导员工自觉自发工作，自我管理，自我提高，使个人职业规划与公司发展同步。只有摒弃传统企业长期形成的一些不良习惯，设计自己的绩效文化体系和激励约束体系，使员工们能够激情燃烧，让创业精英愿意与企业同呼吸共命运，助推企业不断向前发展。

二、构建基于个体成长的企业平台化结构

传统文化带来的是科层组织，而互联时代的网络化带来的是扁平化的组织。扁平化组织相比传统的科层组织，效率更高，对市场反应更快。在互联网时代扁平化组织更容易把企业、员工和客户变成一个"利益共同体"，如京东网就是把企业和公司员工和消费者组成一个利益共同体，这是网络化所带来扁平化的组织对企业最大的影响。将组织去除中间层，围绕客户需求建立起来一种快速响应系统，平台扮演着基础服务商、资源调度者的角色，企业单元通过小微化、创客化去支持前端的灵活创新，以"多个小前端"去实现与"多种个性化需求"的有效对接。

但平台化建设不仅仅是组织结构的变革，更重要的是关注人，因为个

人成为越来越重要的经济主体。去中间层、管理扁平化代替"金字塔"似的组织结构，让一般员工获得全面信息的时代无疑是最好的选择。在互联网时代，员工有可能比管理层更快获得工作所需的信息，此时此刻，如果再沿用传统的层层汇报层层请示的做法无疑是对员工极大的不信任，也是组织效率的极大浪费。时代在发展、科技在进步，员工与决策者之间的距离不再是获得信息的障碍，员工与决策者可以在线交流，中间层"冗余"问题就凸显出来了。在"互联网+"时代，身处一线或者面对顾客的员工往往是信息获取的第一人，在应对工作和服务顾客上，他们完全可以按照企业的制度、标准、流程做出决策。因为今天的员工大多数都是有知识的员工，不再像父辈没有受过或者只受过很少的教育、看不懂处理标准，因此让一线员工按照现实情况拥有决策权成为可能，从快速反应的角度也完全必要。"让听到炮声的人做决策"其道理也在于此。企业文化是企业适应特定环境的产物，是企业适应特定环境的经营哲学和价值观的集中表达。因此，"去管理层"的平台化结构是时代发展的需要，是员工进步的产物，是快速响应顾客的必然选择。

三、组织与个人改变雇佣关系，建立新型的合作契约关系

100多年以来，全球所有发达国家先后进入以雇员为主的社会。这个时期，组织最为关注的是责任与授权关系、制度的规范性、个体对组织目标实现的贡献。无论是工厂的蓝领工人和管理者，还是政府机构中的公务员，以及医院的医生护士、大学中教师职员……都称为组织的雇员，为组织发挥作用从而获得薪酬。但是，随着信息技术和制造技术的日益发达，有一种趋势和常态，那就是人们不会再轻易地把自己固化在一个组织中，或者一种角色中，而期待新型的非雇佣关系。大约40年前出现的管理外包，就是一种打破雇佣关系的方式，外包环节的成员与发包的组织之间的关系不能用员工对组织的"忠诚度"去界定，更多的视角是合作及契约精

神，管理外包事实上已经是企业价值链的价值重组。今天互联环境下企业的边界无限扩大，协同、外包、供应链将更容易获得效率优势和成本优势，越来越多的企业外部协同业务甚至成为企业业务的基本构成。今天互联网时代的从业人员，当个体对于知识和能力有足够把握，个体将不再依赖于组织，而是依赖于自己的知识与能力成为企业业务的协同者，个体与组织之间的关系不再是层级关系，而是合作关系。这些改变，意味着雇佣关系已经开始解除，人们之所以还在一个组织中，是因为组织拥有资源与平台。创客型员工更是在线不在册，即"不为我所有，但为我所用"，成为企业开放的人力资源体系的构成。

承认个体贡献，表现在企业制度方面就是要重塑各个利益攸关者的关系，要从原来制造产品的加速器变成孵化创客的加速器。首先需要创建一个投资驱动平台，把企业从管控型组织变成一个投资平台，各部门和事业部转化成创业团队，让团队像利润中心一样运作，高度授权，公司与团队的关系变成了投资人与创业者的关系。与普通投资者不同的是，公司需要负责驱动员工在正确的道路上前进。过去的职能部门，人力、财务、战略、信息等就构成了服务平台，已经做好的创业小微可以在该平台上面购买服务。因此，员工原来都是由企业发薪，现在企业上级、员工上级都成为用户，为用户创造了价值，就会获得收益。平台设计的目标是让更多的有才华者利用这个平台去触达他的用户。这样，企业的管理者与被管理者之间的隶属关系，变为事实上的合伙关系，这就在管理形式和产权形式上肯定了员工的主人翁身份。随着公司股票的自由流通，资本日益社会化和公众化，最终导致的将是产权的社会化和企业的社会所有制。

四、注重经营管理活动环节的细节，塑造新型工作文化

以互联网思维改造传统企业的管理架构，建立起与互联网精神、思维、理念相对应的后现代管理模式，管理需要广义化、外部化、去中心

化、去严肃化。企业推进组织模式创新，需要以用户为中心，创建能迅速自我调整的新公司、小公司与各类新型组织；尊重多元元素，通过对人才的尊重带动对人才价值的认识，推动新型工作风气的建立；建立社区制与自治团队，众筹智慧，创立多元节点模式，促进信息流向各个方向；管理信息透明，秉承相互高度信任的管理哲学，对员工开放其他部门资讯及敏感数据；拒绝权威，鼓励边走边看，边干边学，倡导微创新、碎片化创新，增加员工互动机会和复制能力。互联网时代的管理变革要求管理者遵从互联网价值观，并切实以行动体现在日常经营管理活动各个细微环节中，如业务流程、创新项目实施、日常工作语言与可视图文、推广传播手段、绩效评价体系、人才选拔培养等。让"听得见外界炮声"的人们掌握了足够的信息量与决策权，让权力体现使命、公平、透明、信任、利他、友善等美好的因素，让互联网时代的企业工作文化变得更加具有时代意义。

五、重新定义价值链，创造新型的组织生态

从华为的"让一线呼唤炮火"组织模式，前端组织的技能要变成全能的，基层作战单元在授权范围内，有权直接呼唤炮火。后方变成系统支持力量，必须及时、有效地提供支持与服务，以及分析监控。海尔的"倒三角"组织结构、阿里巴巴的"小公司运营"模式等，我们可以看到国内顶尖的华为、海尔、阿里巴巴，他们把原来一个大的公司，不断拆成更小的自主经营体，更小的事业部和单位，以便能更符合这个环境市场的变化，相当于是一个裂变的过程。

小米的成功模式践行了系统论创始人贝塔朗菲的思想：价值就是关系。小米正是利用互联网聚集社会资源参与产品研发，创造性地带动了中国制造链条的变革和全球范围的合作，重新定义了价值链，创造了新型的组织生态。雷军说："我们投资 50 多家公司，放到小米的周边，形成一个

生态圈，并同时向这些企业注入'新国货'的理念。其实，这 50 多家公司，在传统组织形态下，本来可以就是小米的 50 多个部门或者事业部。"信息通信技术（ICT）促进了制造业的转型，为适应定制化生产这个转型目标，建立多元主体共同创新的利益分享机制更应成为企业研讨和思考的焦点。今天，阿里云所提供的消费数据（舆情分析、销量预测、正品溯源等）、大数据分析能力（不良率分析、设备远程运维、智能诊断等）以及产业链资源，恰是传统制造业所看好的，线上数据的使用和线下资源的整合，让企业成为无边界组织，让"新制造"成为现实。从手机 APP 到设备制造，众多企业将其运营的一个或几个环节外包，自身则专注于最具核心竞争力的那部分业务，处于全球经济一体化安排和资源共享条件下的企业组织构成了共生与竞争的新型生态。

六、注重价值观管理与企业发展的匹配性建设

制度背后的价值立场，实际上是企业文化的灵魂——价值观的真正体现。即使是在互联网时代，每个企业组织都会有自己独特的文化，也必须有一定的文化约束力，通过其文化的不同强度会对组织成员的态度和行为产生不同方向和程度的影响。强劲的企业文化，通过决策层的策划和网络的信息传递，能够使组织成员清楚地知道"此时事情应该怎么办"；企业各项工作的明确标识、口号，通过频繁的网络沟通和协调，使企业成员之间分享企业价值观，共创企业价值观；通过网络宣传，使组织成员具有共同的价值观体系，使组织更具特色，在成员心中形成强烈的归属感。

随着互联网技术在社会各个层面的广泛应用，当今社会沟通方式发生了前所未有的改变，这使企业员工，尤其是青年员工的生活方式、思维方式、行为模式、动员方式发生了显著变化。因此，"互联网+"时代的企业要突破传统文化建设中的时空限制，建立起多元文化发展机制，用高速的互联网手段传播企业文化和精神，从而开启新的企业发展模式。企业领导

可以通过互联网平台及时掌握员工的动态信息，加强与员工的"零距离"交流，让员工充分体验到领导对自己的重视，提高员工的满意度和对企业的归属感，进而促进企业和员工共同发展。

在互联网时代，企业文化建设应该及时推陈出新，加快新媒体平台建设。例如，企业需要完善常规媒体平台建设，做好企业官网、论坛和微博等网络传播平台维护。此外，企业还可以加强内部资源共享网络平台建设，让员工及时了解企业的发展动态、实时资讯等，进一步拓宽员工的视野。同时，还可以在企业文化建设中为员工建立专门的学习网络平台，加强对员工的教育，提高员工的文化素质。随着知识型员工数量的不断增长，依靠员工的个人价值观与组织的集体价值观来进行管理，已成为有效提升组织效率的最重要手段。

基于价值观的文化管理成为企业管理的最高阶段。在互联网时代，员工的积极性与创造性及附属于员工的知识对企业文化的影响、对企业的成功比以往任何时代都要重要，并深深地影响企业的存在与发展，因而企业文化的建设与管理比任何时期都艰巨。随着个体对于知识和信息的把握，以及个体能力借助于技术发挥得更加强大，这种雇佣型的管理习惯，是无法胜任并伤害到个性的。同时，这也需要代表组织的管理者，了解到一个根本性的改变，组织必须要了解雇员的需求，了解雇员的希望。这个改变，对于管理者提出了挑战。成员不再依赖于组织，而是依赖于自己的知识与能力；成员与组织之间的关系，也不再是层级关系，而是合作关系，甚至是平等的网络关系。这些改变，意味着雇佣关系已经开始解除，人们之所以还在一个组织中，是因为组织拥有资源与平台，倘若资源与平台进一步社会化、网络化，个体的自主性就会更加被显现出来。

CHAPTER
06

第六章
共享经济领导行为

　　共享经济创造了工业时代从未有过的深刻变化，让新的整合劳动创造价值的模式焕发生机，让工业时代少数人用管理与控制"挤出"效率、"挤出"利润的模式逐步退出舞台，让政府通过权力的强制力控制社会机能弱化。权力与财富的获取和丧失的规则发生了快速的变化，利益和资源的占有者如果离开了整合脑力的能力将迅速丧失自己的优势。反之，占有脑力整合能力的人将获得利益和资源整合的优势。他们将打破上下高低的界限，可以迅速地在某一个时间点、某一个平台、某一种角色成为引导者与资源整合的中心点。这是一个人人都可以是领导的时代，这是一个领导行为创造价值的时代。站在时代转折的节点，我们有必要重新审视权力强制力的效用，重新审视领导创造价值的行为，重新体验领导行为的智慧。

在共享经济时代，领导跟被领导关系也发生了置换，叫作非威权化，像海尔提出的"人人都是CEO"，华为提出"让听得见炮声的人做决策，人人都是中心，人人都是CEO"，那么谁是组织的中枢决策中心？还要不要中枢决策系统？由此企业的决策机制、管控机制、监督机制如何变革？组织活力从何而生？

第一节　共享经济下的新领导力

一、共享型领导的内涵与特征

移动互联网时代，人们的生活方式、思维方式、认知方式和价值观都有所改变，对于企业管理而言，随着组织的全面平台化，组织权利为零，企业的领导和治理方式都需要全新的理念，领导者和被领导者之间的关系发生重构。共享经济时代平台企业的领导应该调整自己的领导风格，向共享型领导转变。

共享型领导是2003年提出的新领导类型，是为了在瞬息万变的环境下提高组织的应变性，为了方便信息交流、增进人与企业之间关系、增加组织柔性进而采用扁平化组织结构的趋势下提出的。共享型领导强调组织中的每个主体都发挥作用，领导者通过更好地缔造企业使命、坚守价值观，构建员工和企业之间的强大心理契约，尽最大可能实现企业的高度柔性化，使企业有能力实现对客户的即时响应。

共享型领导对于组织领导而言，其前提条件也不容忽视：第一，要对改革有明确的承诺；第二，愿意投入时间进行前期的培训；第三，有管理工作的基础。共享型领导的提出是治理时代的必然要求，也是领导者对当前环境的主动回应。在共享与治理创新背景下，公共领导者为了适应开放、合作、网络化和多元化的时代背景，应该向共享型领导转变。但在转变的过程中，还存在很多约束条件，需要组织、社会和政府等多方面的配套支持。

共享领导是一种新的管理思想，该思想主张由领导者和其下属成员组成的管理团队来共同承担领导责任，领导者必须摆脱传统独自负责和控制一切的观念，使下属成员更愿意担任责任并更具主动性。当团队的所有成员充分参与到团队的领导，为最大限度地发挥团队的潜力而毫不犹豫地进行指导和影响团队其他成员时，则实现了共享领导。简单地讲，共享领导就是团队同时进行的、持续的、相互影响的过程，伴有一系列不同的非正式领导者的出现。从某种意义上说，共享领导可以被看作团队充分授权的发展，它是对过去那种期待一个拥有各项领导必备特质的正式领导者带领大家走向成功的观念修正。

和传统的垂直管理中领导者"控制"作用相比，共享领导更强调领导者的"推动"作用。建立共享领导机制，并没有排斥领导者存在的必要性，只是领导者的责任不再是决定前进的方向，控制工作的进行，而是建立一支强而有力的团队，使团队成员拥有共同的远景目标，大家平等参与、相互影响，共担责任并彼此合作。在共享领导中，团队成员对整体工作的成败负有更大的责任，都参与组织的管理职能，都必须对组织的成败和管理负责，思考问题的角度也从自己领域的利益转向全局。

共享领导是一种整合的领导模式。团队内部环境的三个方面就是让团队成员积极参与进来，为了团队的共同愿景，互相支持，把自己的知识与大家分享。团队外部指导者可以看作垂直式领导的发展，只是他对团队干预的形式和水平发生了变化。为了提高团队效能，组织首先要支持发展团队内部领导，团队外部领导者和作为内部领导的团队成员要协调决策。确定在团队任务达成的过程中各自所应采取的行动和发挥的作用。明白自己在这个团队中承担什么角色。

二、共享领导的优势

当今商业竞争环境的变化使领导面临着前所未有的压力与挑战。一方面，组织面临的任务复杂性超出领导者的能力。在竞争激烈的今天，组织的成败越来越依赖于知识型员工拥有的智力资本。对任何一个领导者来说，获取知识型工作所有领域的知识技能已经超出了个人的能力范围，再像以往那样对任务进行指挥、控制往往力不从心。另一方面，员工素质提高，要求行使更多权力。在当今组织中，知识型员工越来越多，他们对自我实现的要求越来越强烈，很多的人工作是为实现个人发展的需要，而传统领导中由领导者独自控制各项事务决策的环境，限制了员工的个人发展，也限制了个人能动性的发挥。

在传统的领导模式下，组织运作完全依赖少数几个领导者的远见与能力；许多下属的知识与才能被弃置不用；下属成员无法学习领导能力；强势的领导者扼杀了下属的主动性，导致下属产生被动心理。所以，领导者头痛下属只会期望领导者担负责任，通常把棘手问题推给上司，而且下属只关心自己的工作范围，无视整体目标，而下属则会因为领导控制过度烦恼，觉得自己的才能没有得到充分的重视而可能考虑寻求新的工作机会去实现更大的自我价值。于是，领导会更加强控制，其下属会更沮丧、更缺乏主动精神。在这样一个恶性循环圈下，组织的发展受到了很大限制。

在共享领导环境下，员工更加关注任务，而且在整体思维中变得更少关注自身，员工的自主性和控制性增加很多，工作变成了更有意义的活动。共享领导也解除了关键监督者对失败的担忧，使之能更加关注于问题的解决。所以，共享领导对于提高团队效能有着积极的作用。而且已经有研究证明了共享领导可以增加团队凝聚力、增强成员工作满意感、增加员工的创造性和团队绩效。共享领导倡导的思想对于鼓舞团队士气、促进人际关系，增强成员主人翁意识、价值感的作用毋庸置疑。

三、共享领导与团队管理

一是团队内部领导的作用。组织要鼓励团队成员积极参与领导过程。内部领导作用分为任务功能和共享功能两个方面。任务功能包括明确团队的共同目标和自己的工作目标，充分参与团队工作任务，发挥影响力，对自己擅长的领域提供给领导，评估团队和个人的绩效，对不适当的绩效进行调整。共享功能包括相互合作，提供社会支持，明确自己的角色和所要承担的责任，建立对团队的承诺和积极向上的团队精神。与队友一起分享知识，建设和丰富团队的共享心智模型。

二是团队外部领导的作用。外部领导的作用可分为关系协调和督促管理两方面。对于内部支持性好的团队，外部领导者的作用主要是协调成员间的关系，作为团队成员与上级组织之间的一个桥梁。对于内部环境较弱的团队，外部领导者的作用就是对工作任务的督促和管理。具体而言，就是使团队活动与工作任务的要求一致，促进成员的工作自主性，激发团队工作动机和为员工提供咨询。团队外部指导还会根据成员间存在的技能和能力差异，重新整合团队，使其符合工作任务的要求。团队外部指导者要能很好地了解团队的工作性质、目标和使命，并对每个成员的性格特征和能力等有一定的了解。一个称职的外部指导者还要善于沟通，能以鼓励、强化等形式来激发成员积极提出建议。在团队内部出现冲突时给予协调和帮助。团队领导者还要能觉察团队内部较弱的环境条件，从而提供恰当的激励、指导和支持。然而，对一个内部支持较强的团队来说，外部领导者就要能放开对团队的管制。

团队内部和外部的领导功能结合起来发挥影响力，便形成了共享领导模式，转而成为改善团队工作进程和提高团队业绩的一个重要来源，有利于团队的维持和进一步发展。

共享领导对员工的相关工作态度具有显著影响。当团队成员为了共同的目标工作，彼此间相互支持和尊重，他们便会体验到高水平的组织支持感，对共同目标和团队有更高的承诺，工作投入程度增加，工作满意度和主观幸福感也会显著提高，而工作倦怠感和离职意向等便会相应降低。

共享领导对员工的工作行为和绩效具有显著的积极影响。共享领导能促使员工主动采取行动以改善外部环境，积极参与到团队目标实现的进程中来。共享领导是团队成员相互作用的集体影响力，在预测团队业绩时比垂直式领导有更强的预测作用。团队的共享领导水平越高他们的工作绩效越好。

共享领导可以缓冲工作压力源的负面影响。在面临人际冲突或超负荷工作和家庭压力时，共享领导模式下的团队内部支持与肯定，以及团队外部指导者的鼓励和帮助，都能缓冲这些压力源对员工所产生的负面影响。共享领导能提升员工的自我效能感并改善团队的工作效能感。

效能感是个体对自己或自己所在的团体成功完成特定工作任务的信念。在共享领导模式下，团队成员被充分授权，员工协调着去做自己感兴趣且能胜任的工作，为了共同的目标而相互支持，分享有关的信息。这样，团队成员就会对自己和团队的能力做出积极的主观判断和评价。组织领导者应鼓励并推动团队内部领导形式。在组建新团队时，让员工把他们自己和其他团队成员都看作领导，增强员工的自主性，参与到共同领导和相互领导中去。通过培训来强化共享领导和"最佳实施"分散的理念。

管理者应确保每一个团队都有一个清晰的、共同的方向和目标，推动成员参与并投入到团队活动与决策中，建立相应的规范标准。努力形成积极的团队氛围，使成员之间相互鼓励并主动认可他人的贡献。组织也可以把团队授权制度化，进一步支持这些条件。要保证团队成员在知识、技能方面的多样性和价值观方面的相容性，这样就能使团队成员各尽其能，显著增强团队凝聚力，进而对共享领导的发展产生积极影响。团队规模也要适当，不宜太大。规模较大的团队不利于沟通和协作，团队成员之间不容易产生默契，从而影响团队成员的积极性和自主性。

当今团队工作强调基于知识的工作，其复杂性和不确定性已经使一个团队外的领导者不能很好地行使各种领导职能。员工拥有高水平专业知识，要求在如何运用知识和技能的过程中有参与权，如果不理会员工的这些新需求，组织必将会为此付出沉重代价。因此，企业管理者要不失时机地寻求变革，将共享领导模式应用到团队建设和管理中，让多数团队成员参与领导过程，发挥每个人的主动性和创造性，从而有效提高团队效能。

四、影响共享领导发展的因素

（1）共同目标。团队成员对团队基本目标有相同的理解，就会采取行动，确保把工作重点放在集体目标上。很多研究已经证明，具有共同使命感和约定目标的团队更容易被激励、被授权，并忠于团队和工作。当所有成员拥有一个共同的目标并感受到高水平的激励、授权和承诺时，会更乐于承担团队的领导责任。此外，有了共同的基本目标和方向，团队成员更容易建立自己的目标，采取支持其他成员的行动，从而促进员工目标导向和领导行为的出现，更好地作为一个集体来领导团队活动。

（2）社会支持。指团队成员间彼此提供情感和心理上的支持。通过相互鼓励，认识到个人的贡献和团队的成就，从而感受到团队内部的支持。在这种环境下，团队成员认为他们的投入是受到尊重和赞赏的。小组成员积极参与到团队中并感受到情感支持，更乐于合作并发展出对团队效能的共同责任感。

（3）员工建言。指员工在团队目标达成过程中参与和投入的程度，也是成员拥有话语权的程度。话语权若同参与决策和建设性的讨论相联系，则可以增加成员对团队重要决策的承诺。因此，要创造高水平的团队建言氛围，使成员能相互领导，并积极帮助团队达成目标，就应在组织目标实现的过程中充分发挥每一个人的能力。

这三个方面是相互作用和相互补充的。当员工积极建言参与进来时，他们就会行使更多的领导权。当整个团队集中于共同目标时，团队成员更可能积极地讲出自己的想法，把自己投入到提供领导和对他人的领导做出反应的过程中。员工感受到来自组织内的承认和支持时，更愿意分担责任、相互配合，对组织共同目标的实现有更多的承诺。

通过支持型的指导，团队外部领导者可以在多方面促进共享领导的发展。第一，对表现出领导能力的成员进行鼓励、强化或及时奖励，使团队成员认识到他们具有自主权，这样他们就会乐于表现出领导才能。第二，通过提供鼓励和支持，外部指导增强了员工对团队和团队目标的共同承诺，这样就增加了小组成员提出个人建议的可能性。第三，对员工提出适当的战略性建议，确保团队成员的活动符合工作要求。外部领导者在适当的条件下，告诉成员如何以最佳的方式管理自己的工作和进程。

对于一个缺乏共同目标、成员不能充分参与的团队而言，成员间不能彼此提供社会支持，外部领导者的指导就尤为重要。具体来说，外部领导者帮助员工建立对团队和团队工作的集体承诺，促使团队活动与工作任务的要求一致，促进成员的工作自主性。这些指导起到激发动机和提供咨询顾问的功能，使那些通过团队内部还不能充分发展共享领导的团队能较好地实现共享领导。团队外部指导还可以帮助团队成员认识到成员间存在的技能和能力差异，以及他们该怎样整合才能符合团队任务的要求。这样，即使团队还没有发展到高水平的社会支持、共同目标和发言权，团队外部的支持性指导也能使共享领导成为可能。

五、共享领导的适用条件

尽管共享领导具有很多传统领导不可比拟的优势，但它只有在特定类型工作中应用才能使其优势充分发挥。此外，在推行共享领导的实施时，还需要考虑团队成员和组织是否具备了某些条件。

共享领导刚提出不久，共享领导理论模型研究较少。为数不多的几个模型基本上是一致的，都基于团队的输入—加工—输出模式，一般以垂直领导、团队特征为输入变量，共享领导是重要的团队加工过程变量，它承接了输入变量与团队绩效、成员的态度反应等结果变量。其中，垂直领导对共享领导的作用主要体现为组建共享领导团队、团队外界事务管理、提供领导支持以及对团队授权等。团队特征包括团队成员的能力、人格、相似性、成熟性、熟悉程度、多样性和团队规模等，当成员能力越强、发展越成熟、彼此越熟悉时，就越容易推行共享领导。对团队结果有影响的任务特征很多，如任务的独立性、创新性、复杂性、危险性和紧急性等，当任务越关联、越需要创新、越复杂等情况就越适合共享领导。团队结果变量通常包括心理变量（承诺、满意感、凝聚力等）、行为变量（交流、努力程度、公民行为等）和绩效变量（时间、资金、成长等），其中心理变量和行为变量又会影响绩效变量。

◉ 第二节　共享经济时代的变革型领导范式

领导科学的发展经历了从领导特质理论、领导行为理论、领导情境理论再到变革领导理论的发展过程。特质理论、行为理论和情境理论都是以领导者为中心的研究范式，而变革领导理论对领导者和追随者给予同样的关注。变革型领导是一个改变或改造人的过程，也是领导者和追随者共同提升、共享领导权的过程。可以说，共享领导力是变革型领导的重要特征之一，也是当前领导学研究的重点课题。

一、平台型领导

领导作为不基于职位影响一群人在团体利益的框架之内去实现个人利益的能力、行为和过程，广泛存在于政府、企业、学校、医院、军队和社会团体的各个层次，存在于管理者、员工之间，因此对领导的研究有着重要的意义。数百年以来，围绕着领导这一内容，分析领导的特质理论、行为理论、权变理论的著述可谓浩瀚。研究领导的特质理论，即领导者应当具有哪些基本的特质、技能、品性；研究领导的行为理论，即领导者应当做什么，如何在关心工作任务与关心下属之间求得平衡；研究领导的权变理论，即领导者应当怎么做。在不同的下属及情境下，领导需要采用哪些不同的领导方法等，学者对这些问题展开了深入的分析。随着领导理论研究和实践的深入，引发了西方领导理论研究的革命，诸如变革型领导、魅力型领导等新型领导则成为目前领导研究中备受关注和追捧的概念。

　　尽管学界对领导及领导类型的研究已经非常广泛和深入，但中国社会转型及信息时代瞬息万变以及新一代员工的参与，无论对领导者还是下属的素质都提出了很高的要求，对领导理论的研究有必要进一步拓展。为了适应快速、动态发展的时代特征，更深刻、更系统地研究领导行为和类型，为领导实践提供更有效的启示和借鉴，是当代领导理论研究的一个重要的新课题。平台型领导就是在这种背景下提出的一个新的领导理论。

（一）内涵：平台型领导的提出

　　对于一个新的领导类型或概念而言，需要先对其内涵及结构进行较好的界定，从而明确其特征，这是形成一个结构性理论的基本途径，也是在此基础上开展更为构念开发及其相关研究的重要前提。平台型领导的平台，简单说就是指事业。之所以不用"事业型领导"这个词语，是因为在人们的理解习惯中，事业常常与家庭相对应，事业型领导容易被误解为不关注家庭而只关注事业的领导。提出平台型领导，是避开人们对领导在事业与家庭问题上的常识性认知，表明与领导是否关注家庭没有关系。平台型领导是指领导者重视自己和下属的共同事业，通过事业范围的扩展和事业质量、层次的提高，激发自己和下属的潜能，调动自己和下属的积极性，通过这种方式影响自己和下属的一种领导类型。用通俗的语言表达，就是力争把平台做大，为自己和下属提供更广阔的事业空间，提供更大的展示平台。

（二）维度：平台型领导的探究

1.关注领导者和下属的成长

考察以往领导理论的发展可以看到，到目前为止，几乎所有的领导理论都缺乏对下属的完整、深刻的认识，常常把下属归为纯粹的"下属"，而平台型领导的理论基础是马斯洛引领的第三思潮，即强调以人为本、人本主义。其意义在于，将下属当作重要的资源，把下属当成一个完整、大写的"人"来看待，而不是只把人作为工具和物品来考虑，也不能把人看作孤立的个体，要用分割的眼光来考察人的各个部分，不能像物理研究一样把事物分解成各个组成部分，再对这些局部进行孤立的分析。当把人作为一个整体来看待时，他有本能，有情感，有自我认知，有各种欲望和要求，还有各种资源，包括社会的和物质的。仅客观地研究人的行为是不够的，为了力求对人的完整性研究，还必须研究人的主观内容，因为人的行为既受内在的、固有的决定因素影响，也受外部的、环境的决定因素影响。

马斯洛的需要层次论强调自我实现是需要层次中最高的一层。马斯洛把自我实现描述为"对天赋、能力、潜力等的充分开拓和运用。这样的人能够实现自己的愿望，对他们力所能及的事总是尽力去完成"；是"一种想要变得越来越像人的本来样子、实现人的全部潜力的欲望。"自我实现指的是人们对于在工作中充分发挥自己的能力和释放、挖掘潜能的需要。在这里，人们最为关注的就是自我潜能的发掘和利用，尽可能达到自我成长、自我实现，成就最好的自己的目的。人们总是毫无例外地专注、致力于自己认为非常重要的任务、工作、责任和职业。他们对工作有浓厚的兴趣，同时也在工作中享受这种乐趣。

平台型领导对人的假设是：每个人（包括领导者和下属），都有自我实现的需要。因此，平台型领导认为领导和下属都会追求成长和进步，追求发展，追求卓越。此处发展的需要不是指基本的需要，也不是基于需要匮乏而产生的，而是领导和下属都会追求发展、进步和不断成长。

这与变革型领导中领导魅力、感召力、智力激发和个性化关怀这四个维度有着重大的区别，变革型领导的四个维度只强调领导者成为下属的典范和楷模；向下属表达对他们的高期望值，激励他们加入团队；鼓励下属创新，挑战自我；关心每一个下属。从而得到下属的认同、尊重和信任。其中，魅力型领导强调支配性的、强烈感染的、充满自信的和具有强烈的个人道德观感。但这些理论没有从根本上考虑下属素质的提高，也没有从整体上考虑下属作为一个完整的个体来给予尊重。这是平台型领导与变革型、魅力型等以往领导理论的本质区别。

2. 打造并不断扩大、优化事业平台

对一个心智健全的人来说，既然追求进步、成长和发展，那就要借助一项事业，借助一个平台来展示自己，来实现自我，取得进步。平台，既是自我实现、获得进步的媒介、工具，也是进步、发展的标志、方向和目标。领导和下属借助平台使自己成长，不断成长又促进平台不断做大，这是一个良性互动的过程。所以，领导和下属关注的中心是平台的范围、质量和层次，关注的是平台做大的过程和结果与沟通成长、进步的结合。

这就要分析一个人每天工作的动力，激励因素可能就是工作本身。要重视工作本身对下属的意义，重视员工在工作中得到赏识、进步和成长的机会，使其从工作中获得的乐趣，在工作中产生自豪，在工作上成为"佼佼者"，这可能也是一种重要的报酬。

当领导者激励下属时，常关注于报酬和工作环境，以为小恩小惠，略施技巧，提供了丰厚的报酬和不错的工作环境就能调动下属的积极性。但结果往往并不如此。实际上，领导者激励下属时，还要注重从工作、事业本身和提供发展平台来调动下属的积极性，使他们在工作中产生自豪感，让员工在工作中体验到乐趣。美国心理学家弗雷德里克·赫茨伯格（Herzberg）于20世纪五六十年代提出的著名的双因素理论为此提供了理论基础。

激励因素与工作本身有关，大家都知道"兴趣是最好的老师"这个教育规律，培养学生学习的兴趣比传授给他们知识的效果更好，更能调动他们学习的积极性。这个规律对工作同样适用。培养下属对工作的乐趣，使工作本身有意义、有价值，更能调动员工的积极性。领导者应深入思考和探索，运用各种手段，如调整工作的分工，使工作内容丰富化，使下属能做主分内工作，使工作变得有意义、有价值，提高下属在工作中的价值感和成就感。

领导素质提高，把平台做大，提高下属的能力，这就是对下属很好的激励。如何深入理解把平台做大？除了硬实力，实际上还包括软实力。例如：吸引、留住、培养更多的"大牛下属"；领导自己变得更牛；为下属的工作成长提供更好的氛围，让下属能真正学到东西，使他们充分发挥个性特长和挖掘、释放潜力，培养下属的能力和智慧，让他们真正有较大的提高，为将来成为最好的自己打下扎实的基础，从而实现价值增值；吸引到更多优秀的下属。这些内容和环节形成良性循环，这既是做大平台的标准，也是成功的标志。

曾经有人力资源专家对美国的大学生做过调研，问"愿意选择一个相对安逸、工资不低、老板要求不严的公司？还是工资不一定很高、工作有难度和挑战性、老板要求较严的公司？"这两个问题时，绝大部分大学生选择了后者，他们的理由是，要求较严的老板通常自信且有上进心，未来更有可能把事业做大。要求严格的老板是否有上进心，见仁见智，但毕业生们偏爱较大的平台是一个不争的事实。

一个人能走多远，要看他与谁为伴，下棋要找高手、竞争要旗鼓相当等，都说明了同伴的重要性。一个人能够提高的最重要的因素是同伴之间的交流和切磋。一个团队最终的成就，既取决于个人的努力，也取决于同伴的相互砥砺、相互支持以及相互帮助、共同提高的氛围。平台大，伙伴水平高，更有助于在高水平上相互切磋，也更有机会更好地共同提高。所以关注平台，可以对下属产生极大的激励作用。

做大平台，对下属也是一种无形的吸引和激励，可以增强下属对组织的归属感、认同感。做大平台，重要的标志是入职的门槛更高。这意味着登上这个平台、在这个平台展示自我不是轻而易举而是有足够的挑战性，需要付出更大的努力。太容易得到的东西没有激励作用，下属不会珍惜这样的机会，入职的门槛过高和完成任务过难又容易让下属沮丧，失去信心，这同样不利于激励下属。实际上，调动"千里马"积极性的最好办法，不是提供更好的物质条件，而是为它提供广阔的、可以驰骋千里的大草原；调动水手的最好办法，是为他提供浩瀚的海洋。这个草原和海洋，就是事业，就是平台。

3. 塑造相互成全的互动关系

以往的领导理论对领导与下属关系的本质缺乏完整、深刻的认识，普遍认为，领导一定是站在较高的位置上引领、主导下属。实际上，这与传统的信息环境和工作环境是适应的。因为在以往的工作环境中，信息的传递是金字塔式的，站在顶端的领导者掌握着重要的信息及其他资源，因此领导来引领和主导既是可以理解的，也是可以实现的。但信息技术的发展，在网络时代的空间，自媒体、全媒体大行其道，信息的来源是网状的，每个人几乎都是信息的中心和节点。在这种条件下，一个人居高临下地控制信息、发布信息几乎不可能。因此，要求领导与下属的关系过渡到双向的互动，就是顺理成章了。

本书中反复论述以人为本、尊重人，人都有自我实现的需要。这就要求领导与下属进行良性互动。总之，领导与下属关系的本质，是互相成全、一起成长，共同提高。现代领导力的内涵是不基于职位影响一群人的影响力，要影响一群人，就要把个人特质、下属特点、任务特点和组织内外环境有机地结合起来，促进组织生存和持续发展，实现共同目标，满足共同利益。要做到这一点，需要领导者不基于职务赢得下属的信任、信赖、信服，同时互相成全，一起成长，共同提高，共同取得成就。

第一，领导者要赢得下属自觉的追随、服从、忠诚，忠诚到什么程度？忠诚到下属愿意并非常努力地完善自己，使自己在工作中能超水平发挥。下属的这种追随是建立在自觉、认同、非制度化的信任、信赖、信服的基础上。这是一种柔韧、持久、牢固的关系维持方式，所谓"赢得人心"。

第二，强调成就对方，也成就自己，完善自己，提高自己，自己与下属互相成全，一起成长，共同提高，这是一个双向良性互动的过程，而不是一个单向输出的过程。因为，要不基于职位影响一群人，就要了解那群人的特点和需要，要尊重那群人，所以要求双向互动。而且，那一群人是会不断进步的，需要也在不断变化和向高层次上发展，这就需要领导者自身也要不断进步，才能提高影响力。自己提高了，包括眼界、知识水平和能力水平等，也就有了更高的追求，同时也会满足追随者更高的要求，为追随者提出更高的共同目标，实现更多的共同利益。

第三，共同的最大利益是两者都能成长。领导自我成长，也促进下属成长；下属自我成长，也促进领导成长。领导激励下属，下属也在激励领导。两者相互促进，一起成长，共同提高。

第四，领导为自己及下属提供了展示的平台和进步、成就事业的条件及氛围，他们互相成全，一起成长、提高，充分发挥了各自的潜力，成就了最好的自己，达到了自我实现的目标。领导者与下属是导师、教练、朋友、伙伴关系的综合。下属努力、愉快、主动、创造性地高效做好正确的事情，尤其要强调的是，要让资质平平的下属能够超水平发挥。在这里，下属因为领导者的能力、人品、魅力、风范，因为领导者的引导、培养而服从、喜欢、尊重、拥戴领导者，忠诚、感恩于领导者。领导和下属一起成长，但领导的起点高，成长的速度也比他们快，从而可以在更高层次上引导、培养他们。

为什么要强调互相成全？一个人要给予，而不能只索取，否则不能持久。也不能只给予而无回报可得，若长期单向给予而没有回报，会极大地影响给予者给予的积极性。只有共赢才能持久。晚清曾国藩的"自立立人，自达达人"就是这个思想的最好写照。领导与下属互相成全的过程，对领导者提出了更高的要求，因为相互成全常常需要分享，分享客户、财富、荣誉、机会乃至权力等，总之，需要分享资源。分享资源是有难度的，因为这要把自己所拥有的拿出来分享，意味着损失。因为资源的稀缺性，不独物质资源，其他资源，包括权力、荣誉、机会等资源都是稀缺的，人们对损失更敏感。肯于分享财富、机会、权力等资源的领导，因为其宽广的胸怀，可以吸引更多的追随者。这种双向、互动的要求，与变革型领导的单向关怀和引导有着重大的区别。

4. 强调互动过程的动态优化

动态的含义包括两个方面：做大平台是一个过程而不仅是一个结果；做大平台不只是一个结果，而是一个连续、动态的过程，因为平台大小是没有止境的。环境在变，社会在变，技术在变，知识在变，传播知识的手段在变，人在变，所以要求组织也要不断进取，领导要做学习型领导，组织要做学习型组织，不断取得更多的成绩，持续地把平台做大。只有这样，才能留住、吸引到希望有更大成就的人才。

第一，打胜仗是一种很好的激励。做大平台，是一个积累的过程，不可能一蹴而就。需要不断地、持续地打胜仗、集小胜为大胜。从做大平台的角度看，平台是由一系列胜仗和成功堆积而成的，所以要求领导者持续地打胜仗。从心理学的角度分析，成功的体验、打胜仗的果实可以极大地提高领导者的自信心，同时，胜仗又对下属有着无可比拟的激励作用。人们喜欢用证据说话，以成败论英雄。在激励下属的过程中，如果只有语言，只讲道理，说服力是不强的。只有实实在在的胜仗、绩效才更有说服力；同时，不断地打胜仗，积累了不断取得胜利的经验，久而久之，会成为一种成功的基因存在于组织中，形成一种成功的气质。

第二，领导素质提高是一种很好的激励。领导者的高素质，不仅对领导者自身是一种激励，更是对下属的激励。领导素质的不断提高，是打大胜仗的必要条件，有助于平台的持续扩大。而且，下属愿意信服能力更强的领导，下属从能力更强、素质更高的领导那里可以学到更多的东西，素质更高的领导可以为下属的进步提供更多的机会和可能。同时，做高素质领导的下属，可以共享因为领导者高素质而带来的资源，包括自豪感等。

在现实社会中，动态是一种常态，因为任何事物都处在发展变化之中，领导与下属的关系也可能会发生变化，而且对双方素质都提出了很高的要求，领导者也是从下属开始做起的，做到这个位置是长期的资源运用、经验、能力、努力的结果。这是个"自立"的过程。领导者"自立"，下属也在"自立"，如果领导者做到"领导"的位置上就不思进取了，或者进步的幅度比下属小了，那么为了共同的平台和事业，领导者就应当把这个位置让给下属，或者不可避免地被进步更快、能力更强的下属所取代。因此，动态的含义，包括了不断进步，也包括领导者与下属位置的非固定性。[①]

（三）不同领导类型的比较

交易型领导理论认为，领导者的职责是界定员工的角色、设定下属应当实现的目标以及由此所能获得的奖酬，并提供资源帮助下属寻求完成目标及获得奖励的途径。这种领导模式更适合于传统的企业和组织，他们的管理者习惯于依据科学管理的指导思想来调动下属的积极性。这是目前普遍流行的一种做法。

变革型领导是指领导者自身拥有较高品德修养，理想远大，注重激发、鼓舞下属的动机，使追随者努力工作，以获得提拔与晋升。这种领导模式更适合于处于高速发展阶段的企业和组织，下属的素质相对较高且已经满足了基本的生存需要，这时他们更看重的是企业的愿景和自己在工作中得到提升的机会。

魅力型领导的核心是通过个人能力的力量对追随者产生深刻而非凡影响倾向的个体。实践证明，魅力型领导与下属的高绩效、高满意度之间有显著的相关性。这种领导模式更适合于初创或处于危机时的组织。

平台型领导的理论基础是马斯洛引领的第三思潮，即强调"以人为本"。该理论从根本上考虑下属素质的提高。此外，马斯洛的需要层次论强调自我实现是需要层次中最高的一层，所以平台型领导对人的假设是每个人（包括领导者和下属）都有自我实现的需要。因此，平台型领导其本

---

① 郝旭光.平台型领导：一种新的领导类型［J］.中国人力资源开发，2016（4）：6-9.

质是领导与下属互相成全、一起成长，共同提高。这是平台型领导与变革型、魅力型等以往领导理论的本质区别。这种领导模式更适合于希望做成百年老店、基业长青的企业。

不同领导类型之间差异化显著，而平台型领导与这三种领导类型有着本质的区别，如表 6-1 所示。

表 6-1　不同领导类型的比较

领导类型	领导行为	维度	优点	缺点	适用企业
交易型领导	界限明确；秩序井然；信守规则；执着于控制	权变奖励；主动例外管理；被动例外管理	从人的趋利避害本性调动人的积极性	适应性变弱，仅仅依靠报酬奖励和处罚来促使下属工作	传统的企业和组织
变革型领导	给追随者树立榜样；支持员工尝试新理论、创造新方法来解决组织的问题；创造一种支持性氛围	领导魅力；感召力；智力激发；个性化关怀	激发员工内部的愿望；使员工对未来充满期望和期待。员工的主动性增强	缺乏互动，没有考虑共同成长，没有注重于共同事业的壮大；没有考虑领导者和员工地位的动态变化	高速发展和下属的提升愿望比较高的企业和组织
魅力型领导	对下属进行愿景激励；给追随者树立榜样；不落俗套带领变革	领导魅力；远见；对目标的坚定信念；变革	可以提高下属的绩效和当前的满意度	注重自我提高，忽视了下属的提高和长远发展	初创时期和面临危机时的企业和组织
平台型领导	关注领导与下属的成长；关注平台即事业；注重通过下属互相成全来共同成长，共同做大平台	领导魅力；互相成全；成长；动态	激发下属内部的潜力；有利于领导自己与下属不断进步、共同提高并成就最好的自己；将事业平台做大	领导者能力提高速度不如下属快，魅力会减弱，有可能引起组织的不稳定	希望做成百年老店、期盼基业长青的企业和组织

资料来源：郝旭光. 平台型领导：一种新的领导类型 ［J］. 中国人力资源开发, 2016（4）：6-11.

（四）平台型领导的实践

互联网时代的领导实践很多都具有平台型领导的特点。海尔的张瑞敏就具有典型的平台型领导特点。张瑞敏在领导实践中不断认识到企业组织必须转型，知识经济和互联网时代组织的去中心化、信息的"零距离"即时分享势在必行，而转型的根本在于提高员工的主动性和积极性，主动去拥抱适应互联网时代的变化。张瑞敏在海尔提出"自主经营体"，旨在通过组织内部变革激发每个员工的自主潜能，使"人人都是自己的 CEO"，通过自主治理的方式实现对目标、市场、业绩的负责，为员工提供事业发展的开放平台。一方面，重视无边界，包括企业管理无领导边界、供应链柔性化无尺度、以满足用户需求为根本，让一流的社会资源可直接与内部小微群体对接，让用户参与全流程体验，重视用户的直接评价；另一方面，强调员工作为企业"资源接口人"的重要性，员工被高度赋能赋权，以提高员工的创新力、创造力为根本，不再做指令的接受者，而是成为成就自己事业的缔造者，每个员工都有动力、有能力去实现客户的按需定制和即时响应。

平台型领导的另一个典型例子是宁高宁。宁高宁强调让企业的每个领导者和管理者都成为引导师和催化师。领导力最关键的是自我认知，他对团队学习特别重视，强调把团队学习变成中化集团的一种工作方式，他带领大家摒弃以往开管理层会议按照职务顺序坐在圆桌前汇报发言的做法，而是通过各种"套路"提高大家开会时的踊跃性、参与的积极性，带领领导者通过"自画像"的方式加强自我认知。宁高宁强调"管理是从人开始，再回到人的过程"，通过在中化进行大的组织结构调整，通过放权增强集团公司管理的活力，形成组织协同效应。

二、量子领导力与服务型领导

1. 量子管理与量子领导力

　　牛津大学教授丹娜·左哈尔提出了量子理论和管理的关系即量子管理学，并出版了著作《量子领导学》。量子管理体现出一种思维革命，用量子思维思考不确定时代的管理创新，思考互联网时代的企业管理尤其是人力资源管理创新，主张要应对新技术带来的不确定性，企业管理需要的是自组织，需要赋予员工自下而上的动力和空间，尊重员工个体的价值与能量，尤其是要让员工认识到工作对于自己的意义，鼓励员工的积极参与，激励员工释放自己的潜能。

　　量子管理思维推崇企业持续不断地变革与创新，构建动态有序的聚变式成长组织。组织是一个动态发展的过程，要实现动态有序的发展，首先要不断打破无序，呈现一种建设性的破坏。要打破原有的固化的直线职能制组织结构，通过建立新的结构来实现组织的价值创造能力，形成新的竞争力，在新的组织结构下各个部分不是像机器零部件一样规则运行，而是一个自组织系统，企业的成长呈现出跳跃式的、聚变式的成长轨迹。量子领导力要求领导者能够适应动态与变化，跳出传统的固定思维模式，勇于自我超越、拥抱多样性，重构框架体系，大胆创新。

2. 领导就是服务，做服务型量子领导者

　　美国领导理论流行服务型领导（Servant-leader），也可译为"仆人式领导"。服务型领导最早是由美国管理顾问罗伯特·K.格林里夫（Robert K. Greenleaf）于1970年提出。"谁愿为首，就必做众人的仆人。"格林里夫据此发展出的服务型领导正在引领一场管理领域的革命。在《服务型领导》一书中，格林里夫精辟地归纳了服务型领导的主要特征，包括倾听、接纳和同理心、省察、说服、医治、管家意识、预见等特征。格林里夫认为，服务型领导首先是仆人，怀有服务为先的美好情操，用威信与热望来鼓舞

人们，确立领导地位。①

用量子思维重新来认知管理，领导者的定位和角色发生了重大转变。打造服务型领导是量子管理理念带来的颠覆性变化，服务型量子领导者是依靠企业愿景和建立与员工的信任关系来领导企业。量子领导者要放弃权威，从前端转到后端，做一个服务者和支持者，而不再是一个命令者，并懂得信任、放权，具有同理心。领导重在引导员工找到正确的"道"，为员工提供成就自我的平台，帮助员工以更好的方式来实现自我成长，领导要做的主要事情，就是为团队成员服务好，鼓励员工共同学习、勇于承担责任。因此，每一个人都是领导者，组织中的每一个人，都能通过自我管理来实现自我超越。

3. 量子型领导的中国实践

在我国最具量子态的大企业当属海尔和华为，体现出量子型领导的管理特征。海尔创新性地尝试把企业的组织结构由"正金字塔"转为"倒金字塔"（见图 6-1）。顾客是上帝，直接接触顾客的员工在第一线，位于上层，领导由低到高依次位于下层，领导不再是发号施令者，而变成了资源提供者和有力的支持者，支持员工满足客户需求。张瑞敏强调：在互联网时代，企业要变成"员工听客户的，领导听员工的"，由此引发了海尔的"中间层"革命，组织变得扁平化，把以往的金字塔结构重组成三个级别，化解为 2000 多个自主经营体，引入市场机制的自主经营体被赋予了决策权、用人权和分配权，大大简化了组织结构的层级体系。

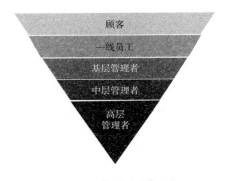

图 6-1 "倒金字塔"结构

① 成刚. 量子领导力与服务型领导［J］. 企业管理，2017（7）：42.

华为则主张要把资源更多地配置到一线员工这些"能听到炮火"的人手中，强调与顾客紧密接触一线员工的重要性，包括一线销售人员、售前售后技术支持人员等。把一线客户的需求、竞争对手的情报和资源、市场环境信息等形象地比喻为"炮火"，同时把公司的各种资源支持如人员、物流、设备、成本等也比喻为"炮火"，所以才有了华为团队管理中的"让听得见炮火的人有权呼叫炮火，在资源有限的情况下，优先、科学、快速地发射炮火，以获得最大收益"。

三、愿景型的领导行为

愿景型领导行为指的是领导者总能"看到"美好的境界，并把境界生动具体地演绎出来，深入人心，引起员工共鸣，激励员工的热情，凝聚人心，共同为实现愿景而努力。这种境界可以大到一个组织、团队，小到一个项目、一个任务。如果领导者自己看不到愿景，也不能帮助员工看到美好的愿景，那就不是一个真正的领导者。要成为愿景型领导者，需要领导者具备对未来的洞察力，能从公司发展的全局来思考企业战略管理问题，能够清晰地阐述企业未来将实现的境界，要做到"看得出、讲得出、说得好"。

愿景型领导要实现让愿景深入人心，需要具备一定的亲和力，但绝对不是"先谈感情、再谈领导"式的领导。就如老子在《道德经》中所说的："太上，不知有之。其次，亲而誉之。其次，畏之。其次，侮之。悠兮其贵言，功成事遂，百姓皆谓我自然。"要成为一流的领导，需要建立一定的影响力，需要领导具备一定的亲和力，建立与员工之间的信任感，让员工感觉到领导愿意倾听、善解人意并且值得信任，这一点是成为愿景型领导所必需的，而不能以"先谈感情，再谈领导"为导向，走入过分注重"情和义"的误区。

愿景型领导的典型例子是苹果公司领导人乔布斯，很少有人会说乔布斯是"讨人喜欢、先谈感情"的领导。因为乔布斯首先关注的是企业愿景，强调如何让世界因为苹果而变得不同，如何通过创造出伟大的产品深刻地改变人们的生活，这是苹果公司的愿景。乔布斯领导苹果品牌做到了这一点，领导企业从根本上颠覆了电影、音乐、电脑和通信等行业，极大地丰富和改变了人类的生活，而做到这些的前提是领导者对企业发展愿景有清晰的认识，并带领团队为了实现愿景而共同努力。

四、包容型领导与期待创新型领导

"人非圣贤，孰能无过"。在任何组织当中，每个员工的独特性使其在面对自己的行动偏离目标或标准时所采取的行为倾向即差错取向是不同的。当遇到一时无法解决的新问题时，员工就需要在没有以往的经验和实践的指导下推陈出新，加强对差错的感知，并从全新的角度勇于直面自己在工作中的不足和挑战。

面对激烈的市场竞争，各行各业都在强调创新，并将其视为企业发展的主要动力之一。因此，企业就对员工的创新行为提出了更高的要求，以新思维、新方法、从全新角度解决问题。每一位从事创新工作的员工更大限度地激发自身的创新性，也就意味着在工作中要不断尝试，更要以积极的态度和行为应对差错。但创新不仅受个体特征的影响，同时会受到领导行为方式的影响。包容型领导更能关注追随者的行为，擅于倾听和了解员工的需求。如果个体能够对差错进行正向的感知并具有积极的行动倾向，将对创新行为产生正向的影响。同时，直接上级如果能够以包容型领导的方式为员工提供宽松和自由的工作环境，将进一步促进员工创新行为的产生。

（一）包容型领导

包容型领导，是一种擅于听取下属观点和认可下属贡献的领导方式。

包容型领导更能关注追随者的行为，善于倾听和了解员工的需求，具有开放性、有效性、易接近性的特点。对包容型领导的定义则更为强调关注追随者的需求，能够认可员工的贡献，营造包容、开放、和谐、公平、人本、共享的组织氛围。包容型领导对差错取向与员工创新行为具有一定的调节效应。

1. 差错取向

创新活动是一项风险事业，这种风险主要体现在可能出现的各种差错。当差错发生后，持积极差错取向的个体能够迅速对差错做出反应，并会及时与他人沟通，提出解决办法，从差错中学习。然而创新需要不断试错，需要对未知不断地假设并验证，在不断探索、对错误反复思考和学习过程中进一步激发创新行为。实证研究表明，正向个体差错取向与个体的创新行为具有显著的正相关关系。创业者的差错取向均对其创业绩效具有显著的正向影响。

在差错取向的差错学习和差错风险承担两个维度，对员工创新行为具有显著的正向作用。差错取向的行动导向均能对员工创新行为产生显著的正向影响，这就意味着员工在工作中能承担差错所带来的风险，并对差错进行学习、思考和沟通，最终能够合理地解决差错，将能有效激发员工的创新行为。因此，差错取向对员工创新行为具有积极影响。

领导对员工创新行为的推动具有重要影响。在宽松、包容的组织氛围中，高质量的领导成员交换理论可以增强领导和成员之间的信任，能够消除员工因犯错导致的焦虑和遮掩，使员工将更能直面自己的错误，并主动与领导或有经验的人沟通，最大限度地减少差错带来的影响。当包容型领导营造一种积极对待差错的组织氛围时，员工将对创新持有更高的积极性。包容型领导能够调节组织层面的差错管理氛围对创造力的影响，也能调节个人层面的差错取向对创新行为的影响。

2. 差错取向与激发员工的创新行为

组织宽松和包容的氛围是员工在新环境中最先感知到的，开放、容忍多元化冲突和多样性的组织文化，能拓宽员工的思维。包容型领导在领导风格上表现出开放性特征，领导者愿意倾听员工的意愿、需求，使员工感受到组织的尊重，自身所从事的工作对组织有价值，激发他们在组织内部的创新行为。

创新行为是个体、领导、工作群体和创新气氛共同作用的结果。从个体角度出发，差错的积极感知能够正向影响创新行为。同时，差错取向中的行动导向能对创新行为产生正向影响。因此，如果一个员工能够勇敢地面对差错，并与同事和他人进行有效的沟通，想办法及时解决问题，且能从差错中有所收获，这便是一个具有积极差错取向的员工，相比其他员工将更富于创新性。当存在高包容型领导时，其产生的调节效应明显强于低包容型领导。

激发员工创新行为，不仅与员工个人的差错取向有关，而且还受到包容型领导的调节作用，同时也对企业的人力资源管理实践提出新的要求，"三管齐下"将更有助于员工创新行为的产生。对员工而言，工作中的差错在所难免。对具有积极差错取向的员工，其特质是要勇于面对差错和担负相应责任，当自己无法解决差错时能积极寻求帮助，努力降低差错带来的负面影响，不断学习并避免差错再次发生。因此，员工要以积极的态度面对差错，不能惯性逃避和忽视差错，能够与有经验的前辈或上级敞开心扉，采取最有效快捷的方式将差错的影响降到最低。

对企业而言，需要从招聘、培训、绩效考核三方面进行控制。第一，在招聘环节，企业要有倾向性地选择具有积极差错取向的员工。第二，在培训环节，加强员工对自身认知方面的培训，帮助员工清晰认识到自己的差错取向。在培训中要对员工予以积极引导，鼓励其试错，大胆创新。第三，在绩效考核环节，企业应加大创新指标的权重，以创新结果为最关键的考核指标，使员工认识到提高自身创新行为的必要性和重要性。

对领导而言，为激发员工的创新行为，就要能够容忍员工犯错，因为这在创新过程中是不可避免的。为员工营造宽松的氛围，并能接受和容忍员工犯错，这是作为包容型领导的基本要求，更高的要求是能够在工作中关注员工需求，同时给予有效帮助。当企业在努力打造一支积极应对差错的队伍时，其员工具有正向的差错取向，领导展现出包容性，将有助于员工更积极热情地投身于创新之中。

（二）期待创新型领导

创新是指在工作过程中，员工推动创新构想的产生和实施的行为，个体创新自始至终都是创新的最终源泉。员工创造力及创新行为是组织创新的源泉和起点。领导的创新期待对员工根本性创新行为能够产生直接影响。

员工创新是指在组织情境下，员工产生的新颖而有用的想法，即这些想法相对于组织中的其他可用想法是独特的，并且在短期或者长期对组织有潜在的价值。在当前的商业环境中，组织面临着日益激烈的市场竞争以及不可预知的技术变革，员工创新已经成为组织赖以生存、发展和获取竞争优势的原动力。为此，学者们也开展了大量研究来探讨哪些因素能够促进员工创新。其中，领导行为被证实是影响员工创新的重要因素之一。正如 Sternberg 注意到推动创新在过去只是领导力建设的一个可选项，但是今天不能激励下属创新的领导将不能引领组织走向未来。

由于领导者拥有分配工作任务的职位权力，他们对员工的创新角色期待会使员工将创新活动看作工作要求，因此在很大程度上影响了员工对创新行动的意义构建。实证研究的结果已经证实领导创新期待对员工创新具有正向预测作用，其中 Tierney（2003）等以创新的皮格马利翁过程为概念框架，发现对下属持有较高创新期待的领导者表现出更多的创新支持行为，这些行为通过影响员工感知到的创新绩效期待来进一步促进员工的创新自我效能感和创新绩效。

创新作为人类智慧的最高表现形式，要求个体进行一系列复杂、高强度的认知加工。如果不投入大量的时间精力到创新过程中去，很难提出新颖而有实用价值的想法。在 Amabile（1988）的创造力成分模型中，与创新相关的认知过程是其核心组成部分，主要包括三个关键的活动，即问题界定、信息搜索和编码、方案生成。创新产生于人类思维的认知阶段，因此投入大量精力到创造性问题解决的认知过程中，至少与内在动机和创新意愿有同等重要的作用。

在当今的组织中，创新行为多数在团队背景中发生，创新管理需要深入探讨团队情景如何影响个体创新。为了创造性地解决问题，员工不仅需要获取大量的信息资源，而且需要以全新的视角对这些信息进行集成和重组。因为创新性问题解决过程包含分析问题、收集相关信息和形成备选方案这三个复杂而关键的因素，需要投入大量精力，故我们认为创新过程投入是领导创新期待影响创新行为的一个中介机制。也就是说，领导的创新期望促进员工追求创新并将大量的时间、精力和注意力分配给创新活动，推动这些与创新有关的认知过程，进而激发创新。此外，虽然个体为创新所付出的努力有利于根本性创新想法的产生，但由于个体的认知资源和思维方式都存在局限性，再加上变革性解决方案具有较强的开创性，因此个体提出的根本性创新想法往往不够完善和可行，需要进一步优化和论证。团队掌握氛围重视每个人的努力、分享和合作，强调学习和技能发展。这样的团队氛围促进团队成员在创造性问题解决过程中的资源共享、优势互补，每个成员都会在比较、对照和补充的过程中，有意无意地认识、学习到其他成员思考问题的方法，使自己的思维能力得到潜移默化的改进，从而在相互启发的过程中，激发出全新的创意或对已有的根本性创意进行修正和完善。因此，团队的掌握动机氛围可以进一步提高创新过程投入对根本性创新行为的积极效应，且两者协同影响员工的根本性创新。

总而言之，在当今中国，只做一个道家式、清静无为的甩手掌柜不行；只做一个强调德治、仁政、修身和教化的儒家式的领导者也不行；仅强调严刑峻法只做一个法家式的领导者可能就更不行了。一流的领导者，也许是融合了道、儒、法诸子百家的领导理念和行为的领导者，他们能够因需而变、融会贯通、信手拈来。当然这是一个令人向往但又难以实现的境界了。

第三节　共享经济时代的有效领导行为

互联网时代，领导权力的表现形式已经发生了根本性的转变，不再依赖权威与利益，而是转向依靠信息和非权力影响力来实现领导，更强调非强制影响力的重要性。权力的非强制影响力没有固定的模式，既可以是领导者具有亲和力的个人魅力，也可以是领导者的洞见与商业智慧，体现了领导者善于在信息的辨识中把握主要矛盾的智慧，在顺应员工需求的前提下善用权力并获得团队成员心甘情愿的追随。

21 世纪是人人都是领导者的时代，时代对领导行为提出了一定的要求，需要找到领导行为变革的关键点，需要一场信息社会下的领导创造价值的革命。在信息、财富快速变化的时代，睿智的领导者转向对团队成员的让利，加强与员工的沟通并引导其成长，不靠权力也能赢得追随者与之共同奋斗，彼此实现生命的价值。如何把握领导创造价值的新规律与新特点，跨越空间和层级整合资源拥有者和利益相关者，实现领导力新的革命，是当下互联网时代领导者需要思考的重要问题。

一、超越权力——领导创造价值

一个先进的理念变成一个可操作的行为，在历史上可能需要经过千年的徘徊，经过"总结—认识—总结"反复的过程。其中难处在于从理念到行为的实现进而创造价值，必须弥补中间的一系列环节，形成有效的成长路径。实践告诉我们，要夯实新理念的基础就先要对领导的核心——"引导"进行分析，而且要从行为产生价值的层面上进行分析。

第一，引导实现价值的力度比起控制通常要低得多。控制往往是以威胁为基础的，不做事就没有回报，做得不好回报就少。经过200多年的经验积累，控制整合手脚是成熟有效的，且通过经济杠杆的作用，控制形成了快速实现组织目标，有效实现组织目标的整个流程。然而从引导来说，它的难度要大得多。

如何让柔性的引导产生力度、落到行为上。Google 等企业想尽量创造条件尝试去解决，即可不可以让被领导者精神和生命价值尽量在工作中迸发，而不是简单地以手脚和时间来满足组织的需求，这种高科技企业的尝试和一些真正从政的人从扫地开始做到高官的过程是有相似性的。他们都在尝试让别人或自己把远景目标和眼前行为相统一，根据目标去引导自己的行为，不追求甚至是降低眼前行为的价值去努力达到自己思想追求的高点。但这一点，对于大多数人来说是不可能的。大多数人只希望一事一报——今天我付出多少劳动，你给我多少报酬。在这种情况下，引导在控制面前是没有力度的。这是引导要体现力度遇到的一个挑战，也是领导要创造价值遇到第一个大的挑战。

第二，通过引导要达到把个人思想和组织目标的统一比控制要难得多。控制的目标和结果可以很快地达到统一，如在皮鞋的生产流程中，把皮鞋的制造分为150多道工序，一道一道地把握标准，拼装起来是一件相对比较容易、可按部就班实现的事情，而用引导的方式把每一个人的思想和组织要达到的目标统一起来的过程往往是很漫长的。对思想的梳理要远比对行为的梳理难得多。在这种情况下，虽然一系列的企业鼓励创新，鼓励大家要敞开来想，大家要动脑，大家要用心工作，但是组织的制度实际上又对这些东西进行全面封闭。即使是 Google 这样充满人性的组织，80%的时间还必须按照组织的规定去做，组织只可以给组织成员 20% 的工作闲暇空间去做自己感兴趣的事情。

创新目标和创新结果统一虽然很有价值，但是成功的概率太低了。什么是创新，即 1000 个想法，100 个考虑，10 个试验，两三个成功，任何组织都承受不起这么沉重的代价。所以最人性化的组织也只能给组织成员 20% 的时间和空间去做，80% 还是要把组织成员的脑袋变成手脚，按照组织规定的目标，哪怕是勉强去做。这是引导创造价值，或者说是领导创造价值遇到的第二个挑战——很难迅速达到目标与结果的统一。

第三，对人手脚的控制相对比较简单，而对人性、人的追求与组织目标的统一是很难的。对人性了解，顺其自然，因势利导达到组织的目的是领导的最高境界。然而，将人性的引导达到组织目标的中间环节实在太多了。历史上只有拥有足够智慧的人才可以做到。比如，毛泽东可以做到让农民与许多留洋归来的知识分子都能心悦诚服、尽心尽力地去为中国革命实现目标奋斗，但那是在一种生死存亡的压力下各个阶层的人的一种追求。和平年代，大家在一定程度上可以"安于现状""得过且过"的情况下，怎样使这种人性和组织，以及个人和组织的价值达到有机的统一，这远不是工业时代整合人的手脚那么容易的事情。

我们有没有可能对未来有可能产生价值的要素进行条分缕析，并进而系统地整合其价值，至少让对未来可以创造价值的体系形成一个类似箱子一样可以分门别类装东西的格局，然后再一块一块地去剖析它，去解决它，并逐步地形成整个箱子系统的功能整体。应对这种挑战，我们的对策只能是实证。从历史告诉我们的有价值的东西，从未来需要的有价值的东西，从领导行为的一些核心点开始进行梳理。这些梳理不是根据以往的战略、组织、实施、决策、用人、调查研究、思想工作等套路进行，而是根据我们在人与人之间的沟通，把领导落到实处的六大环节，即魅力导引、利益磋商、共启愿景、网络组织、制度引导、价值激励这样一种全新的视野来展开。

面向未来，领导创造价值是一个值得努力的方向。我们要认真审视领导创造价值的活动要素，一方面需要基于过往的实践和经验，较为全面地理解人类在领导方面蕴含的智慧；另一方面领导者要基于历史经验勤于思考，使过往的实践经验产生价值。领导者要思考如何使固化的权力组织转型为网络组织，思考如何使下对上的沟通更灵敏，如何塑造制度引导的智慧，进而为组织战略的实施服务，为决策活动和执行活动提供方向、理念、制度和规范，进而产生有价值的领导行为，这是一个柔中带刚、潜移默化的进程，是网络时代一场整合资源与凝聚管理智慧的全新革命。

二、魅力导引——让人追随你

网络时代领导者的魅力导引具体需要注意做到一些要点。第一，树立人本管理的目标。领导者与被领导者确立一致的中长期目标，并持之以恒地坚持不动摇，是让人认同并追随的关键。领导就是让跟随的员工活得更好，甚至活出生命的价值。人本管理的目标引领，就在于领导能不能体验整个组织群体内在的目标。要求领导整合资源，让整个组织群体活出更高的生命价值。以人为本，是当今社会进入互联网时代，文明发展的结果。人本管理要求领导者把以人为本的理念贯彻到管理中，给整个群体带来价值，所以离开了价值的增值，领导的目标引领就没有作用了。

第二，持之以恒的执行目标，执行力。一般钓鱼的人，有咬钩的都提上来，这就浪费时间精力。执行力，通常被认为是领导提出的要求大家是否能做到。这其实是不对的，执行力的关键在于领导的目标怎样突破整个群体相对关注眼前利益、切身利益的"瓶颈"，而真正以目标为行为导向，实现综合利益的魅力导引。执行应形成一种良性循环。领导者为团队成员设定面向未来最有价值的目标，团队成员既得到眼前利益的同时又为未来提供很好的潜在发展空间，在做的同时每一步行为又形成良性循环，这种执行的思路是形成良好习惯乃至领导创造价值的关键。

第三，点点滴滴形成良好的习惯。行为改变可以是偶然的、间断的，形成长期习惯却需要持之以恒地付出。比如，健康的关键在于运动。所以对未来方向明确以后，要善于形成习惯，习惯是一种最低成本、最高效率、最大价值的对人生命意义的一种叠加。

第四，时时处处注意克服时间误区。进入网络时代，珍惜时间的价值，不在于手脚的快速动作，也不在于单位时间所做出的工作量，而在于自己往做对的事上花了多少时间和精力，获得了组织群体多少的认同。对于领导者来讲，时间的误区最大的损失就在于把事情做对花了太多时间精力，因为这是整个组织群体共同努力的结果，而领导的主要责任不是把事做对，而是做对的事。做对的事是要投入时间、精力、财力，是有成本的。学习、体验、交流、沟通，这些都是领导做对的事必须花大量时间去进行的。领导者各司其事，各展其能，就是要克服工业时代那种以检查监督为自己的主要职责，甚至事必躬亲、代替下级做事的现象，防止进入角色不对的时间误区。

第五，以结果为导向，由过程到结果，所以目标导向和结果导向是不一样的。以目标为导向，就是以最直接、最快捷的方式达到目标去决定自己的行为，而以结果为导向，是考虑到目标实现以后的影响，再回过头来调试自己的行为，这两条是有根本区别的，一个是只考虑到终点，另一个考虑到达终点后产生的影响。

进入网络时代，领导创造价值的是脑力劳动和创新。今天的领导，更重要的不是压迫别人的劳动力取得价值，而是引领一批追随者去创造更大的价值。我们如果更深入地去体验它背后的东西，在魅力导引上我们就可以走向一个更正确的方向。

三、利益磋商——整合资源拥有者与利益相关者

如果可以通过自己的努力得到利益，一般就不愿意跟别人分享。只有个人不可能得到利益时，人们才会去探索通过集体的力量来借力得利。领导创造价值就在于通过群体行动带给个体单靠个人之力无法得到的利益，通过利益整合来牵动社会价值的整合。整合利益的前提是人们有利益追求

的需求。工业时代把复杂劳动化繁为简，降低成本，通过扩大市场来赢得利益。这种规模化、量的扩张扩大财富价值的模式必然形成管理者对外、对内以博弈为主的获取利益的方式。对外，在竞争中比对手占据更大优势，就像今天不少管理者说，"把竞争对手灭了"；对内，花最少的劳动成本让人手脚快速地创造利益，劳资矛盾的尖锐冲突由此而来。解决矛盾的思路应是把博弈变为利益磋商，把握利益磋商要掌握以下四个根本原则：

第一，迅速、正确地发现对方的利益。利益有虚有实、有浅有深。言行直接表现的、眼前的利益往往具有迷惑性，更实更深的利益是未来的好处。每个人都想追求自己未来最大的好处，但由于社会的复杂性，由于每个人的基础平台不一样，所以对利益追求的表现是不一样的，越是需求大往往对利益的表现就越隐晦，越是弱势群体越想获得大的利益，就会在利益的表示上采取相反的方式。因此，对真正利益的判断并非一件容易的事。在错综复杂的情况中间，迅速发现对方的利益点，知道对方真的要什么是需要智慧的。发现对方真正的利益点，正确地进行评价，正确地进行权衡以及正确的举动，这是利益磋商代价最小、利益最大的前提。

第二，寻找双方利益的增值点和互利点。如果说在工业时代中利益博弈的关键是寻找战胜对方的弱点，即发现对方的软肋在哪里，发现对方的关键牵制点在哪里，那么网络时代就是在利益磋商的过程中寻找双方的双赢点和互利点，这是需要有求同存异的智慧。当然，要做到互利、共赢，需有一个前提就是要有实力。另外，把握利益的增值点必须给对方留面子，必须在让对方感到他是有价值的同时又不让对方觉得他可以凭借他的价值获得非分的利益。

第三，守住自身的利益底线。判断利益，找互利双赢点，必须基于自身的生存和发展。如果连自身的生存和发展都不能守住，双赢互利也就无从谈起。所以，该说"不"的时候要善于说"不"，但是要学会把"不"字说得像"是"一样好听，把"不"字说得不伤面子，把负面作用降到最小，为未来留下更大的磋商空间。当不能够维持自身的生存和发展时，当不能够随着发展不断给别人带来价值时，所有的努力都是无效的。

第四，给别人他所希望的，而不是给别人自己认为的。从传统的利益分配方式来说，得到多少利益要根据贡献的多少来进行分配。这是一种基础的常态。但是我们如果能够进一步，认真发现对方需要的是什么。说得通俗一点，就是在商界已经大为流行的"资源串换"在利益点上的突出延伸。汽车厂商想推广产品，提升品牌，就必须在有影响的媒体上投入一定量的广告。直接花钱找媒体或者广告代理去推行，耗费实在太大，所以汽车厂商往往会尝试与各个媒体接触，寻找那种愿意接受"实物赞助"的媒体或者广告代理商。假如恰好某家媒体需要采购一批汽车，那么就有可能跟汽车厂商在需求方面实现互补。只要双方都相互认同对方提供的产品、服务，那么就像"凹"找到了"凸"，两者结合后的利益分配可以大大提升分配的效能。就好像之前提到过的利益具有的"信息"特性，信息是"你有一个信息，我也有一个信息，我们两人分享就各有两个信息"。同样，在这里通过"资源串换"，汽车厂商暂时拥有了专业媒体在传播方面的效能，而媒体也暂时拥有了汽车制造商在大量生产下的制造成本优势。利益的分配实现了有效的整合，达到了共享"双赢"的局面。

四、共启愿景——甘当群众的小学生

整合人脉、资金、技术等资源，是领导者的重心所在、能力体现。整合所有组织成员愿景与组织愿景的一致，同样是领导者的重要使命，甚至是先导使命，当全体成员的愿景与组织目标高度一致，领导者再整合内外资源就更加得心应手、水到渠成。

共启愿景成功的基础，在于领导者要善于体验被领导者的个人愿景。每一个人由于背景不同，条件不同，境界不同，都会有自己的价值取向，并且愿景也不一样。领导者要实现自己更大的价值，不能以自己的取向为取向，而应该以大众的取向为取向。联想集团有限公司董事局主席柳传志有一句话是这样说的："艺术家可以追求美，道德家可以追求善，科学家可以追求真理，而一个职业经理人，一个企业的经营管理者，他的兴趣只能是把摆在面前的每一个问题认真处理好，给企业带来利益。"从这个意义上来说，领导者要突破自己个人的兴趣，个人的幸福与痛苦的感觉，以大众的感觉为依归，这样才能体验每一个群众的个人愿景。我们要避免一个误区，即脱不开管理者那种指挥协调的心态，老觉得自己比下属高明，这是错的。领导价值的发挥，在于怎样在赤、橙、黄、绿、青、蓝、紫，多种多样的个人愿景中筛选出整个群体觉得活出生命意义的愿景，凝聚成一股巨大的力量，创造更大的价值。领导者要做到共启愿景，取决于个人愿景的确立。什么是领导人个人愿景，真正有智慧的领导，会摆正自己的位置，凝聚大众愿景为个人愿景。

五、网络时代——让组织活起来

如果说工业社会本着"人性本恶"的出发点，用金字塔组织将每个组织成员打造成组织的"螺丝钉"，不惜以破坏积极性与创新力为代价，来保证组织的低成本与高安全性运转，那么网络时代领导面对复杂劳动、脑力劳动、高级劳动创造新价值的趋势，则应探索怎样的组织形态与理念更能创造价值，是否能让每个组织成员从"螺丝钉"式的手脚劳动中解放出来，更多地发挥头脑的价值，成为领导者群体性的"外脑"，成为组织活力的催化剂。学习型组织就是一个能充分创造新价值的典范。

把学习和组织结合起来，这是进入网络时代以后人们对整合资源创造价值的一个新思路。组织一方面要为员工创造在工作中体验生命价值的条件，另一方面要充分利用信息时代为组织创造"互联网式"的沟通契机。互联网时代的最大贡献是能利用几乎"零成本"的信息进行沟通，它给我们创造了"大脑互联"的条件，即类似大脑中一个个神经元的结合，我们每一个大脑都可以成为组织大脑的一个神经元，让每一个人的大脑智慧，通过互联网连接形成组织的公共智慧，为组织创造新的价值。

个人学习的境界要提升，组织学习要把个人的学习力和群体的学习力统一起来，面向网络时代创造新的价值，我们就必须对工业时代的金字塔组织进行根本性的改造。学习型组织的理念提供了改造的方向，也给我们展开了面向未来组织变革的新视阈。原来的组织是"铁打的营盘流水的兵"，而现在，不仅人员可调整，"营盘"也可以变动，并通过这种变动产生更大的价值。今天我们进入网络时代后产生的价值漂移趋势，要求组织由整合手脚产生高效能进而整合脑袋产生高绩效，这就提出了组织变革的革命性课题，由此学习型组织应运而生。

在网络时代中，组织与学习为什么要结合在一起，一是要使每个脑袋不是简单指挥手脚动作，而是要与其他脑袋进行整合，这是传统金字塔组织做不到的。二是要使脑袋的整合形成合力。上下一致是上和下的迅速沟通、部门与部门间迅速沟通的前提。传统的金字塔组织做不到这一点。网络时代系统整合的关键在于每一个节点都要从全局去考虑问题。三是要使所有的资源拥有者、利益相关者形成一种合力。在传统的金字塔组织中上层提供资源，下层具体干活儿的那种模式同样也做不到这一点。这三个根本的局限，使我们要突破旧的组织模式，形成学习型组织的新架构。从提高组织价值的作用考量，这种探索的根本作用是：第一，它通过新的组织架构和运行规则的变动，形成上下左右的横向沟通，减少大量的扯皮怠工的行为，使整个组织中上下左右各个节点配合得相对畅通。上层固然有其权力和视野的优势，同样地，下层也有自己的优势，因为下层一线对实际情况的变化具有最敏锐的感觉。学习型组织创造了一种模式，使上下优势形成智慧的叠加。第二，今天要做成一件事，部门与部门的配合并且能快速反应也是很重要的，面对迅速变化的情况，部门间的扯皮和配合不畅的问题越来越突出。新的组织运行规则能在很大程度上解决这个问题。在工业时代，我们已经基本解决把对的事做成程序方法。进入网络时代，更大的价值在于把握住做对的事。学习型组织这个新"营盘"的规则使组织在更大程度上把握正确的方向，把握新的价值。总之，进行创新是要成本的。它要求组织成员群策群力一起思考，而不是简单的只要上层思考就行。学习型组织这种模式创造了一种上下前后左右智慧叠加的机制。

20世纪90年代的管理大师彼得·圣吉，其代表作《第五项修炼：学习型组织艺术实践》提供了一套使传统企业转变成学习型企业的方法。圣吉是通过提出五项修炼的理论构架构建的，即自我超越、改善心智模式、建立共同愿景、团队学习、系统思考。关于这五项修炼理论构架的整合作用，他用了一个飞机发展的形象比喻。将五项修炼综合起来形成组织，塑造成一种可以达到新目标的高效能的管理模式，这是圣吉的贡献。学习型组织创造了一个整合人的大脑而不是手脚的新的高效系统，这个系统对组织是人谋生手段的传统观念进行根本的转向，并提出了通过新的模块拼装组合，让人在工作中活出生命的意义。

学习型组织模块之一——系统思考。驾驭全局的能力是领导者的突出能力，但学习型组织要求每个组织成员都退出"螺丝钉"的浅短视野，在领导者的引导下同样站在部门全局、组织全局进行思考，如升降机般向上纵览全局，向下则沉潜务实，在系统中思考，在全局中执行。面对工作的目标和任务，我们往往是从眼前的和局部的情况做出反应。行动后遇到其他方面和未来变化的障碍后退回来再试。在互联网时代联系越来越紧密、变动越来越大、越来越快的背景下，效率的低下和资源的浪费就凸显出来了。系统思考整合资源成为学习型组织的第一模块就是在这样的背景下产生的。系统思考不是新的东西，人们随着实践经验的丰富，知识积累方面的能力会不断提升，其关键的问题是能不能通过明晰的理论和工具，大幅度减少实践磨炼交学费的代价，系统思考理念，有具体的系统基模和模拟训练软件，可以使人动态仿真地改变自己侧重局部、眼前思考的局限性，从对现状只做反应转为根据现状创造未来。系统思考有三个关键，即不断增强的回馈，反复调节的回馈和时间滞延。许多因小失大、贻误全局的错误往往是由于缺少跟踪、反馈、汇报及调节而做出的轻率决策。领导者若能从制度及非正式规则上强化这些环节，从信息上辅助执行者的判断，从理念上教导团队成员的全局观，则能大幅减少决策失败、执行不力的风险。不断增强的回馈是指让我们设想一个行动出来后的预后变化估计，与相关方的模拟互动。反复调节的回馈是在这个基础上的方法和做法的调整。时间滞延是指我们设想行动的后果在未来会有什么变化，并用新语言来对变化进行模拟和预测，通过一系列基模把现实中大量非规范的、不可重复的现象放到大系统中进行考察、演示，培养领导和管理者系统思考的观念。

学习型组织模块之二——自我超越。自我超越在这里的意思是组织通过一系列的设计环节，让人在不断澄清并加深个人真正愿望的基础上，引导成员自觉使个人愿景与组织愿景相互一致。自我超越要把握两个关键点。第一，自我超越是组织设计的。常态中人们往往直接考虑的是我要做什么、这对我有什么好处，从而决定自己的态度和时间精力的投入程度，因此个人目标与组织目标执行起来往往是分离的。要达到两者的一致，组织应搭建一个沟通和坦诚的平台与渠道，如通过座谈、内部网络、业余组织活动等方式让团队成员畅所欲言，把个人的愿望说出来，倾听并整合大多数个体的需求。一是要排除个人的各种顾虑，让大家敢说话、说真话。二是特别要注意引导个人意识到长远利益对眼前利益的超越、全局利益对个体利益的影响，从而学会适时搁置眼前利益与切身利益，意识到利益点之间的配合和沟通的重要。三是进而引导个人认识实现目标的组织因素和组织作用。这里的核心在于区分表面需求与深层需求，探索、明晰个人的真正愿望。第二，切忌将领导者对现状判断所形成的组织愿望直接、简单地强加给整个群体。它要求领导者改变把下级当作机器、"我说你做，我打你通，我按按钮你运转"的这种表层关系，创造条件让下级不断澄清自己个人的愿景，充分表明自我的立场。再巧妙地整合个人愿景提升为组织愿景，让大家觉得"这就是我想要的"。这就是学习型组织与传统组织最截然不同之处。

学习型组织的模块之三——改善心智模式。心智模式是根深蒂固于心中，左右着个体对世界、社会、企业、领导者的价值判断，深刻地影响个体的行为模式。把镜子转向自己，是心智模式修炼的第一步。领导者先要检查自己的观念模式与变化是否相容。从大势与现状的对照中把握变化的趋势与时机，克服自己的误区。人的心智模式主要是由经验形成的。人们在实践中根据成败得失决定自己面对未来情况的抉择，奠定自己的言行举止规范。然而，经验是最好的老师，也可能是最大的桎梏。面对变化的世界，过去的成功做法，在未来未必就会成功，而过去失败的做法，未来未必失败。在这个每天都在变化的世界里，我们要随时审视自己源于过去的经验，对现状的变化要有敏感的触觉，对反映未来变化的趋势性现象要有深入的解读。人改善心智模式在过去一般是在非常时期，即当个人遇到大喜大悲的事情、环境发生重大变动、个人命运遇到重大转折时对自己的观念、行为进行的反思、调整。今天我们要常怀"空杯"心态，不断创造机会使自己"归零"，沉到底处看世事沉浮。

学习型组织的模块之四——共同愿景。共同愿景是组织群体共同的远期愿望，是大家愿意努力达到的图景。共同愿景越是激励人心，领导者的牵引力就越强，学习型组织的障碍和成本就越低，创造的价值就越大。学习建立"共同愿景"的关键是放弃愿景总是由高层宣示，或者是来自组织制度化规划过程的传统观念。建立共同愿景要善于通过群体互动聚集个人愿景，必须启发组织群体每一个人内心的真心意愿，使人们"向内看"，发现自己真正的目标，而不是领导者简单地把自己个人的意愿强加给群体。所以，共同愿景是在群体互动中逐渐形成的，要在群体互动中完善每个人的个人愿景，而后建立共同愿景。

学习型组织模块之五——团队学习。学习不只是业务的培训和升级，不仅是咨询外脑的引入，而且更在于领导者要创造机会让下级说话，倾听他们的声音，与被领导者一起互动共同达到对目标和任务的共识。在组织中每一个人的智商都在120以上，为什么有时候集合在一起，整体的智商

却只有 60 多，团体学习告诉我们应该如何去避免这种困境。它主要包括
"深度会谈"与"讨论"这两种运用。"深度会谈"要求先暂停个人的主
观思维，用心聆听、体悟别人的看法与想法，听到它心底的声音。"讨论"
则是提出不同的看法，激发交锋，在争论中升华对问题的认识。

六、制度引导——让鲤鱼跳龙门

1. 制度的引导价值

制度在过去是控制带来价值，而今天我们更为关注的是制度如何通过
引导带来价值。引导、沟通通过制度的设立让每个人、让每一个被领导
者在工作过程中不是感觉到被束缚，而是感觉到自己努力的生命价值和
意义。

网络时代与工业时代制度产生价值的最大区别就在于工业时代是控制
到位产生价值，而网络时代是引导到位产生价值。怎样突破历史留给我们
的制度产生价值的桎梏，探索面向网络时代制度产生价值的关键，我们还
是要从实践中已经成熟的管理模式中去进行探索。在工业时代向网络时代
过渡的过程中，现代管理理论面向未来的突破在于除了学习组织之外还有
一种典型的组织文化管理模式。组织文化管理让文化也成为一种整合人心
的管理模式。为什么企业要引入组织文化管理，本源就在于企业管理者意
识到控制并不是万能钥匙，控制了手脚却永远控制不了思想。组织文化的
引入让管理者放松行为的控制，握紧思想的引导，尝到了组织成员更认同
组织、更理解领导者、对组织成员更放心的"甜头"。组织文化的管理模
式核心是价值观问题。

价值观的统一必须有制度的保证。集体研究、集体探索、共同认同是
企业发展高层制度的必备条件。组织文化的管理模式如果仅停留在价值观
的探索上是毫无价值的，必须通过企业的经营理念、管理理念的一系列制
度去保障价值观的执行，这就是企业从管理到奖惩激励一系列网络时代的

制度重新审视的必要性。这种价值观贯彻还必须落实到员工的行为上，对员工不可以做什么，在工业时代已经有了一系列非常成功的经验，对员工可以做什么，行为的激励特别是价值激励是组织文化管理模式给制度建设带来的新课题。

组织文化的管理模式是在制度遇到"瓶颈"以后求助于思想与价值观的整合。当价值观不一致时，哪怕有严密的制度，也总会有空缺和漏洞导致分裂和失败。美国管理学家法兰西斯曾说："你能用钱买到一个人的时间，你能用钱买到劳动，但你却不能用钱买到热情，你不能用钱买到主动，你不能用钱买到一个人对事业的奉献。而所有这一切，都是我们企业家可以通过组织文化的设置而做到的。"当人们价值观一致时，整合与互动创造最大价值。组织文化的管理模式以共同理念与价值观引导个人与企业高度融合，是面向 21 世纪、进入网络时代以后创造价值的新模式。

2. 正确理解企业制度与组织文化

企业制度是有形的、刚性的，表现形式有规章、规范、规定、条例、指标、责任制等，是一种外在的约束和硬性调节；企业文化是无形的、柔性的，表现为一种精神状态，往往需要通过有形的企业活动、企业制度等表现出来，是一种内在的约束和心理认同。企业制度要通过企业文化起作用，有效的领导要善于运用企业文化来促进企业制度的实施，通过企业制度的引导去发挥企业文化的作用。企业制度的内涵及实施一定要得到员工的心理认同并自觉遵守，使企业制度变成所有人都遵守的组织文化。

组织文化管理模式核心在于实现从理念到行为的贯通，通过理念认同让员工自觉自愿地去体验企业的文化，在体验过程中随着价值观的调试，形成价值判断，进而由内而外地改变员工的行为，通过行为最终实现为组织创造价值。组织文化管理要实现的是一种群体认同的文化氛围，其中的关键点是通过一系列制度的引导使理念变成行为，它包含以下几个环节：

第一，要有一个清晰的理念，也就是要明确组织的核心价值观，在核心价值观的引导下促使员工朝着一个方向共同努力，这就是组织文化的力量。第二，核心价值观的理念传达要通过深入浅出的形式表达出来，是深入人心、感召人心的理念。第三，理念的实施要有清晰的框架。框架是制度评判的标准，是理念得以变成现实的保证，体现了共同的价值点，以价值点来定制度是可行的。第四，流程引导。流程引导有利于工作的规范性，开放的流程能够给予员工发挥的空间，流程管理要做到考虑关键绩效指标（KPI）的指标管理，要关注关键的业绩。第五，注重方法。除了制定制度外，共享经济时代有效的领导要善于给执行制度的员工提供一系列方法和参照系，帮助员工顺利地达到制度的要求，要引导带领员工多学习参考好的经验、好的方法，尤其是在互联网时代充分利用网络学习的便利条件，从而大大增加制度执行到位的概率。第六，善于运用优秀案例和榜样。优秀的案例和榜样的力量是无穷的。领导要高度关注符合企业理念文化、已经成功的优秀案例，对案例内容进行宣传，这是运用组织文化管理模式让制度创造价值的有效方式。同时，组织文化的引导作用的发挥，离不开领导者的主导性和特质，不同特质的领导者将造就不同类型的企业文化。

组织文化除了受领导者的特质与风格影响外，也受一个国家的文化潜移默化的影响，还受外在行业特质、竞争压力的影响，引导组织对环境做出反应的策略和处理内部冲突的方式有不同的表现。即使受同一国家的文化影响，不同企业的组织文化也不可能雷同，如同样属于美国文化，惠普公司的企业文化强调尊重人、信任人，善于运用激励手段；IBM 公司的企业文化则强调服务，对市场和环境的适应性。面对组织文化的复杂性，企业领导的使命在于通过制度引导来突出组织所需要的有利于组织发展壮大的文化特质，借助优势特质带动提升组织竞争力，根据组织的愿景、行业特征、领导理念和团队成员的特质，构建具有企业自身特色的组织文化。组织文化的价值观一致并通过行为产生价值离不开企业制度的引导作用，通过有效的制度构建学习型组织的企业文化，形成一种制度创造价值的新模式。

七、价值激励——给员工想要的

（一）创造活出生命意义的价值激励

工业时代与网络时代在创造价值上最大的不同，在于工业时代是通过整合人的手脚，将复杂劳动转化为简单劳动来创造价值。网络时代则是通过整合人的头脑，聚集智慧创造价值。后者的整合关键点就在于要让人自觉自愿。自觉是悟到自己真正要的是什么，自愿是有冲动愿望愿意去做。两者结合的最高境界是明确自己的生命意义自觉自愿地去做。在现实中达到这个点人总是要经过由实践到认识多次反复的过程，要进行有效的价值激励，必须分析这个过程。人在什么时候会自觉自愿，这需要以时间、地点和条件为转移，以人的成长和成熟过程为转移。依据马斯洛需求层次理论，当人的生存遇到威胁时，首先考虑的是生存的保障。当生存问题基本解决以后，想的则是安全上能否好些。进而追求的是交往的广度和层次以及他人的尊重，而更高层次的需求是自我实现。它的前提是要明确自己这一辈子生命的意义是什么。随着生活质量和文明程度的提高，尊重和自我实现在人的价值激励中的作用越来越大。

需求决定动机，动机决定自觉自愿的程度。革命战争年代的先烈志士为了革命理想愿意放弃生命是一种自觉自愿的自我价值实现，但那是在整个民族处于生死存亡的残酷状态下，在个人发现社会生命价值由于社会恶劣的环境不能得到保证、更不能得到尊重的前提下，觉得"这不合理，这不对，我要改变这种现状"的强烈冲动的情况下，产生的一种跨越式的自我实现的体验冲动。今天已经过了这个时代。21世纪在大多数人通过正常的工作，生存和安全问题完全可以得到解决的情况下，领导怎样引导人们对高级需求的追求，即交往尊重及自我实现的追求去努力奋斗，这是时代对领导的价值激励提出的新问题。事实上，当人们觉得生存和安全的需求可以比较容易达到的时候，还是有很多有智慧有悟性的人愿意将自己的生存和安全放到底线上去考虑，转而为了兴趣和活出生命的意义去做对未来有高价值的选择。自觉自愿地追求生命的意义是新一代年轻人深沉的行为冲动。

面对新员工，构建新型员工关系。其实如今的"80后""90后"一样有不计报酬的奉献精神，比如在抗击新冠肺炎疫情中的青年志愿者。"80后""90后"在自己的岗位上主动、积极地探索，实现自身价值的欲望，在某种程度上比"60后""70后"更强，比如许多百货商场中服务在一线的"80后""90后"对客户需求的把握和服务，比起老业务员更为亲和、灵敏和积极，做得更为到位。总体而言，人类群体还是按照需求层次由低到高进行社会行动的，需求的层次不尽相同，需求强烈程度也各不相同，其自觉自愿创造价值的成果自然境界和层次也不同。今天的情况与以往相比有了很大的变化，生存和安全的需求满足随着社会的文明和进步，相对容易获得。为了能吃饱饭和有衣穿而工作，满足活着的物质生活条件就是生命意义的人已经不多了。大多数人的需求重点上升到交往和尊重的层面，越来越多的人开始关注和探索自我实现的需求追求。领导进行价值激励的重要前提是对需求的判断。从人的追求来看，许多看似为了生存与安全需求的行为，实际上是为了交往与尊重，比如公务员国考热，我们可以发现岗位的竞逐并不仅仅是为了解决工作与生存的问题，它更多体现的是一种使自己比较快地站到一个较高的社会平台上，得到社会尊重与认可的需求。

领导的价值激励，必须克服一种"想当然"的惯性逻辑。许多长期以来下意识遵循的原则和价值判断需要随着时代的变迁、个体的差异而与时俱进地进行更新。领导的价值激励要破除工业时代"钱就是万能"的传统思路。按照传统的交换原则，"我出钱你出力理所应当"，但如今领导所支付的报酬并不一定是被领导者想要的，而被领导者不尽力或不愿出力的情况大量出现。尤其是如今大量被领导者是"90后""00后"的新生代，他们中的大部分人在物质生活上并不成问题，因此对自我价值的实现有着更个性更多元的需求。如果说"70后""80后"更多地认同这样一种价值观，即如果能满足个人生存与安全需求，那么全力付出自己的劳动与努力也理所应当，而在排除了生存与安全的底线需求以后，对于不能帮助他们价值实现的事情，其会态度鲜明地"Say No"（说不）。如果单纯地认为"90后""00后"过于以自我为中心，缺乏奉献与牺牲精神，也未免有点主观臆断了。

　　领导实现价值激励判断的关键点在于——我们是根据占有资源、占有利益者固有的甚至已经过时的观念去激励，还是根据被领导者的需求进行激励，这是完全不同的两种思路。当然，经验总是很有价值，"60后""70后"磨炼出来的很多经验是被证明对未来有很大价值的财富，可是经验既有可能是财富，也有可能是面向未来最大的桎梏。领导者要调动人的积极性、让人自觉自愿地劳动和投入，需要对价值有全新的判断，对激励的对象和激励的手段有全新的认知。这里的关键就在于占有资源和利益者要使资源和利益增值，还得靠下一代人的认同和努力。做到这一点的关键是要善于"空杯"和"归零"，换一个角度从干活人的需求出发，去进行自己的价值激励。

（二）与员工创造价值共同体

　　领导的价值激励突破点还在于打破一味地自上而下的激励方向。价值激励并不是单向的激励，即不仅仅是上级激励下级、上级整合下级。21世纪是人人都是领导的世纪，21世纪是下级可以整合上级、弱势可以整合强势的世纪。引用一句话来表述——"生气勃勃的社会主义实践是人民群众自己创造的"。处于一线的员工或弱势群体希望活出自己生命价值的意愿与企业高层或资源拥有者相比同样强烈。领导者能否顺其自然、因势利导是一项重大的考验。换位来看，被领导者、相对弱势者为了实现价值，不妨把领导者、资源拥有者、利益相关者都当作价值实现的平台和伙伴，对各方资源进行整合。活出生命的意义不在于如何拥有大的资源后得到应有的回报，而是即使只有微小的资源，通过自己的头脑和知识，在给别人带来价值的同时实现自身的价值。

　　领导者真正创造价值，并不只在于领导自身，还在于下级是否能得到领导的认同和支持。下级所提出的想法要得到领导的认同和支持，必须是从领导所在的高位而言是有价值的，对于全局而言是有价值的。所以每一个管理的层级，每一个岗位的角色，都有创造价值的可能，都有给全局带来价值的机遇。如今任何一件事的成功，都涉及跨部门的配合，涉及利益相关者，因而必须持有一种"空杯"与"换位"的视角，思考相关者需要的是什么，需要自身如何配合，要实现配合和整合，必须从平时就善于积累自身的资本，当大家要创造价值的时候，迅速地形成合力。如今一项事业的成功，最前沿的关键是客户关系的把握，客户是给我们创造物质价值的人，我们所提供的产品、服务，如何长久地给客户带来他们所要的价值，甚至是超出客户希望和满意度的价值，这也是一种价值激励。要走出价值激励的误区，关键在于不要想当然地认为自己心中的价值就是对方心中认可的价值。

　　对被领导者而言，他们所需要的往往是经过领导者的深入思考后提出让人眼前一亮的价值方案，使员工感觉到"这就是我要的"。这就需要领导者及时发现员工的生命价值意义，并适时对其进行激励，帮助员工实现价值创造。这对于领导者来说要求较高，需要领导者善于换位思考，具有为员工服务的心态和情操，根据员工需求因材施教。在服务经济时代，企业价值创造的关键在于服务，领导就是服务，通过服务为员工创造实现生命意义的价值激励，才能引导员工共同创造价值，进而创造企业竞争力。

（三）领导者的自我激励

　　领导最核心的激励取决于自身。员工往往需要通过领导的肯定来确认自己的价值，而领导者需要时刻保持清醒的头脑，不能受员工一时一事的情绪影响而偏离给员工带来根本和长远价值的方向。但领导同员工一样，也需要激励，领导是组织的顶梁柱，领导者更多的时候需要进行自我激励。要善于正确地评价自身的价值，通过自我境界的提升让自己增加自信，通过自我价值的认知使前进的脚步更有力度。对于追随者而言，员工需要具备的一个核心理念是，相信跟着这个领导是有前途的，"会把我带向我想要的未来"，只有对这一点有清晰的认识，员工才会始终追随领导共同创造价值。

领导要认识世界，改造世界，首先要认识自己，改造自己。怎样让自己从工业时代的思维定式中解脱出来，进入网络时代的轨道；怎样从执行到位、管控有效的眼前利益中解脱出来，进入善于引导、注重长远价值的未来轨道，领导创造价值的最大考验在于自我价值的提升，所以领导的自我激励是领导成其为领导的重要前提。每个人都在既定的历史条件下生存，每个人都只能在历史所提供的条件下做事。但是观念先行的好处是——我们可以站上引领趋势的高度。领导者的自我激励，从思想上首先要让自己从权威时代的思维定式中解脱出来，进入面向后权威时代的轨道。从行为上，领导者要进行角色转换，从业务公关、"先遣部队""监狱长"的角色转型为导师与资源整合者，让自身在更高的平台上来牵引组织转向发展更长远的未来轨道。

CHAPTER 07

第七章

共享经济下组织的转型
与变革

　　加拿大管理学大师亨利·明茨伯格认为："为
了保持内在特征的连续性，创造工作流程的协调性，
并且适应外部环境，诸如企业这样的组织也必须建
立起结构。结构的本质就是和谐一致，有效的组织
并不一定要把每一件事都做好，而是要集中全力，
围绕特定主题，配置自己的特性，达到自我适应。"
企业的组织结构就像是一个巨大的机器，各个零件
都各司其职，既有分工又有协作，彼此配合让企业
正常运转。

　　中国的传统企业在经历了相当长的发展期之
后，形成了相对稳定的组织结构，在企业转型的过
程中，很多企业的组织不但没有发挥积极作用，反

而成了企业转型的拖累。因此，企业要把握大势就是首先明确前进的方向，因为方向往往比努力重要，方向正确了，努力才会有好结果。把握好大势一般意味着紧跟大势，甚至能预测大势，但把握好大势并不是要超越大势，如某种产品超前于大势可能就无人问津了。对于有超前意识的企业家来说，预见大势是一种重要的智慧。当一种大势还未到来时，就着手研发相应的产品；当这种大势初见端倪时推出自己的产品，从而使自己的产品成为大势的代言者。在互联网时代，组织面临很大挑战，因而组织必须做出转型的选择。

第一节　共享经济即将开启"共享经济 4.0 时代"

一、共享经济有巨大的市场空间和发展前景

在整个共享经济的大浪潮中，我们可以把共享经济大致分作 4 个时代，已经到来的"1.0 时代"，和刚刚到来的"2.0 时代"以及快要到来的"3.0 时代""4.0 时代"。总体来讲，共享经济在朝着好的方向发展。共享经济是创新、协调、绿色、开放、共享发展理念的重要体现，随着发展环境的不断优化，共享经济在未来仍有着巨大的发展潜力。

（一）技术创新的机遇

当前，以大数据、云计算、物联网、人工智能等为代表的新一代信息技术正在不断加速发展，5G、人工智能、物联网等技术得到更广泛应用，推动线上线下加速融合，新的信息技术也必将进一步推动共享经济向智能化、高效化、精准化方向发展。在共享经济领域，最具权重的两项新的信息技术应用，一是区块链，它被认为是具有划时代意义的新技术，是社会革新的能量块；二是人工智能，被认为是左右人类命运的终极因素。这两种技术交叉应用，将会引领全新的共享空间及应用场景。

（二）消费升级的机遇

共享经济打破了原有商业模式，实现了消费由"所有权"向"使用权"的转变，共享经济在促消费方面的潜力将进一步得到充分释放。共享经济既能满足传统服务模式所压抑的消费需求，也能不断激发消费者的各种新需求。随着人们消费理念的转变和对美好生活的追求，共享型服务将加速向主要生活领域渗透，并成为促进消费的重要力量。随着共享规模不

断扩大、共享内容不断丰富，消费不断升级，强调以人为本和可持续发展、崇尚最佳体验和物尽其用的新的消费观和发展观。

随着人们的在线消费习惯得到进一步培养，能否为用户带来更好的体验和更多的价值，将成为企业能否赢得竞争的关键。未来一段时期，随着消费升级的持续推进，服务消费将持续快速增长，教育、医疗健康、信息技术、专业服务和娱乐休闲等服务将成为经济新增长点。要进一步释放内需潜力还需要从供给侧着力，不断发展能够满足消费者多样化需求的新型服务业态，这对共享型服务业发展提出了新的需求，也意味着共享型服务业有着巨大的潜在市场。

新冠肺炎疫情后共享型消费新业态、新模式有望加速发展。从供给侧看，一是疫情冲击下更多经营者看到了线上和线下相互补充的重要性，数字化、线上化转型会加速；二是疫情防控需要为一些新技术应用开辟市场空间，无人机送货、无人车载人等新兴服务供给方式加速出现，传统的行业发展和商业模式可能被打破，推动线上消费内容和场景不断丰富。从需求侧看，一是随着居民线上消费习惯的养成，消费方式将进一步在线化；二是更加注重健康、环保和品质化消费，更加注重个性化、便捷化的服务体验。此外，新基建、在线支付体系、现代化物流体系等的不断完善，都将为共享型服务和消费新业态提供日益强大的基础和支撑。①

（三）制度创新的机遇

1. 政策支持不断完善

我国积极倡导包容审慎的发展治理理念，发展与监管并重，在共享经济的制度创新上率先探索与实践，努力为共享经济创新发展提供良好环境。2020年11月公布的《中共中央关于制定国民经济和社会发展第十四个五年规划和二〇三五年远景目标的建议》中明确提出，要"促进平台经

---

① 资料来源于国家信息中心分享经济研究中心发布的《中国共享经济发展报告》（2021）。

济、共享经济健康发展"，将其作为发展现代产业体系、推动经济体系优化升级的重要组成部分。这些既使共享经济发展有了强大的市场需求支撑，也将为共享经济高质量发展奠定基础。

我国在共享经济的制度创新上率先探索与实践，努力为共享经济创新发展提供良好环境。2020 年我国出台的一系列稳就业、促消费、稳增长的宏观政策中，几乎都提到了发展共享经济、平台经济新业态、新模式。2020 年 7 月国家发改委等多部门发布《关于支持新业态新模式健康 发展激活消费市场带动扩大就业的意见》，明确提出要"培育发展共享经济新业态，创造生产要素供给新方式"，并从拓展共享生活新空间、打造共享生产新动力、探索生产资料共享新模式、激发数据要素流通新活力四个方面提出了具体的发展重点和任务。9 月，国务院办公厅发布《关于以新业态新模式引领新型消费加快发展的意见》提出要"培育壮大各类消费新业态新模式"，"进一步支持依托互联网的外卖配送、网约车、即时递送、住宿共享等新业态发展"。同时还要"加快出台电子商务、共享经济等领域相关配套规章制度，研究制定分行业分领域的管理办法，有序做好与其他相关政策法规的衔接"。①

2. 监管力度不断加强

2020 年 12 月，中央政治局在会议上再次要求强化反垄断和防止资本无序扩张。立法方面，全国人大常委会法工委将反垄断法的修改作为下一年重点工作之一。反垄断的核心在于运用法治手段维护公平竞争的市场秩序，激发市场活力。对平台经济进行科学有效的反垄断监管已成大势所趋，并呈现新的特点：一是重视维护各方合法利益，将侵害消费者、平台内经营者等其他主体的权益作为垄断行为认定和规制中的重要因素；二是着力预防和制止大平台有碍市场创新活力的行为；三是加强对平台协同行为的监管。反垄断监管的加强将对平台企业、资本等多方面产生重要

---

①　资料来源于国家信息中心分享经济研究中心发布的《中国共享经济发展报告》（2021）。

影响，将更好地规范和发展平台经济，清理制约行业发展道路上的障碍，激发平台经济的创新发展活力，实现平台经济整体生态和谐共生和健康发展。

（四）国际化拓展的机遇

我国鼓励共享经济企业积极参与全球竞争，推进国际化运营，特别是与"一带一路"沿线国家在技术、理念、管理、资金、服务、产品等方面深化合作，拓展新的发展空间。鼓励共享经济企业在开展业务的国家和地区设立海外研发中心、客服中心、运营中心等分支机构，构建跨境产业体系，打造国际知名品牌，进一步提升我国品牌形象。国内外环境的深刻变化使得共享经济平台企业国际化面临更大挑战和风险，在挑战和风险的背后我们也应该看到共享经济全球发展的国际化机遇。未来，我国将致力于打造全球共享经济创新中心之一，积极促进共享经济在更多领域、更深层次的创新应用。

二、共享经济的新商业模式

产业生态的共享经济模式或者说"共享经济 2.0 时代"将成为未来共享经济发展的大趋势。展望新经济所带来的未来社会，将出现七新：

（一）新产品

在未来，能连接互联网和用户互动并能被人工智能平台控制的产品，方能称之为这个时代的新产品。不限于我们日常生活相关的家居、电器、交通工具和服装，还包括生产领域的机床、货架和监测设备等。这些新产品需要具有以下六个特质：①基于互联网消费需求数据定义的产品；②数字化，互联网化的产品；③基于物联网传感器即时更新状态信息的产品；④能和用户智能互动的产品；⑤基于大数据平台实现人工智能管理的产品；

⑥基于共享应用而设计的产品。

（二）新制造

在未来社会，基于数字化、物联网、大数据和人工智能技术实现智能自动制造的制造业，方能称为新制造业，简称新制造。其具有以下特点：数字化 3D 设计，在线生产；在线个性定制，以需定产；单一产品小批量生产、产销均衡；智能制造；柔性生产；基于共享应用而设计的生产线。

（三）新媒体

传媒产业是最早被信息技术颠覆的产业，很早就实现了数字化，不管是影视广播还是文字报刊业，数字化编辑、数字化印刷到数字化线上输出基本已经全行业实现，非线上输出的媒体已经不再作为主流媒体而存在。未来社会，新媒体数字化只是基础，虚拟现实、物联网、大数据、人工智能技术的应用，会继续翻天覆地地改变现有媒体行业的发展。所以，我们对新媒体的定义包括以下几点：数字化；移动化、在线化、碎片化；人人输出及个性智能定制；在物联网下的环境感知及多屏智能互动；在物理空间下的虚拟现实和增强现实拓展；基于共享应用而设计的媒体平台。

（四）新金融

未来社会，人类的货币将发生改变，区块链货币最终将崛起。不仅如此，未来的资金流也将改变，如此带来传统经济结构中："产品设计＋原材料及能源＋机器＋人力＋组织管理＋流转资金＝商品。"我们预计，在新技术推动的新经济下，"人力＋组织管理"两个要素会消失。因为人力会被智能制作代替，组织管理也会被基于大数据的人工智能机器人替代。

新经济的产品生产要素会简化为："产品设计＋原材料及能源＋机器＋流转资金＝商品新金融业本身"。在新经济时代有以下几点特质：基于人工智能和大数据的对接实现动态的自动授信和监管服务，自身效率和成本也会实现极大优化；基于产业链大数据做跨界风控模型，坏账率更低；基于产业生态共享平台下的产业链大数据和 SaaS 平台实现资金跨界流转，因此产业价值更大。

（五）新服务

本书所研究的服务业是指产品销售给消费者过程中关联的各种服务，如售后服务涉及的故障检测、维修及置换服务，消费金融服务部分的消费分期、消费租赁及回收服务。不包括餐饮、美容教育等和产业不直接关联的服务业。由于产业链被信息技术高度融合以后，物理空间、运转流程及运营方式都发生了很大变化，所以围绕产业消费者服务的新业态也将发生重大变化。

我们简单归纳为以下几点：由于物联网及移动互联网技术的深度应用，服务平台的介质将由线下的场所改变为线上网站平台；由于线上交易产生的送货交易成为主体，所以售后服务等及相关服务物理空间和位置发生很大变化；由于人工智能和物联网技术将催生出各种各样具有面向消费者服务功能的智能机器人，因此新服务业的服务主体，将会由人对人的服务，转变成机器对人的服务，甚至机器对机器的服务。

（六）新物流

传统的生产物流与仓储体系已经难以满足智能化发展的趋势，对于各家 AGV 机器人以及智能化物流解决方案公司而言，其市场运作将会面临新的挑战与机遇。当然，传统制造业物流仓储的升级改造迫在眉睫。除此之外，以电商仓储、快递分拣等新型市场的崛起，则给物流解决方案公司一个全新的市场机会。从新物流的主体供应链来看，有三大特点：电子商务时代供应链优化尤为重要；基于产业生态共享的"F2C+ O2O"物流体系；SaaS 助力全智能仓，降低信任成本。

（七）新零售

新零售到底是什么？我们认为，新零售不仅仅只是指零售环节，而是涉及了新经济模式整个销售渠道的内容。随着新零售销售渠道的崛起，传统渠道或销售渠道中"批发"将逐步弱化甚至消失，面对零售商批发的B2B业务也会弱化直至消失。在新经济范畴下的新零售是以F2C为模式下的最优方案。未来的新零售将是在拥有线上产品展示、线上客户咨询服务、线上支付、线上发货基础上新增了线下实物体验和现货自提及现场售后的可选能力，更重要的是新增的服务不再是通过以前的服务方法，而是基于数字化技术、物联网、大数据和人工智能技术提供的服务，具有智能化、低成本、高效率及增强消费体验的特点。

三、共享经济带来的新经济影响

共享经济除了带来高效和便利等好处外，还带来了经济去中心化、民主化、公平化三个值得高度重视的对人类经济的影响。共享经济能够横空出世并摧枯拉朽，是因为共享经济相比传统经济带来了更高的效率和更大的便利。除了这些显而易见的经济影响外，我们的研究还认为，共享经济对人类经济带来了以下三大影响：

（一）经济去中心化（Decentralized Economy）

在传统经济下，无论是创业还是企业生存的门槛都很高，拥有资本优势以及各种优势的大企业因此成为经济的主导，经济陷入中心化甚至"极化"（Polarization）的恶性趋势，而共享经济却使大众能以自己有限的资源和资产，同时以各种便利、弹性、灵活的方式参与到社会分工与交易中来，因此出现了区别于传统零工、技能零工和"共享零工"。"零工经济"大行其道，这使经济出现去中心化的趋势。

（二）市场民主化（Democratized Marketplace）

在传统经济形态下，资本往往具有很大的话语权，劳动者不得不"朝九晚五"、服从资本的"官僚"或"层级"式管理，但开放的资源、分散的知识、信息的平台、手机的普及以及"摩尔定律"（Moore's law）下硬件成本的不断降低却使共享经济兴起，进而将个人从资本的束缚中解放出来。这使市场更加民主化，社会生活也更加人性化。

（三）收入分配公平化（Equalized Allocation）

在传统经济下，资本垄断加上创新垄断必然带来收入分配的两极分化。相对于传统的经济形态，共享经济形态下的个体具有双重角色（Two-Sided Role）：既是资源的供应者（Providers of Resources），又是资源的获得者（Obtainers of Resources）；人人向他人供应资源，与此同时也从他人那里获取资源。这有利于社会收入分配朝向公平化，而不是两极分化。当前全球收入差距非常大，收入公平分配的现状非常严峻，特别需要共享经济这样的新经济形态来扭转收入分配不断两极分化的恶性趋势。

◉ 第二节 共享经济与平台型组织

时至今日，数字化革命依然方兴未艾，物联网技术不断成熟，5G 通信开始逐步试点和广泛推广，数字化智能正以一日千里的高速率进化，虚拟现实正走出一些试验性领域开始全面融入我们的生产和生活。在这个万物互联、虚实相融、人工智能和人类智慧交相辉映的时代，信息碎片化、组织僵化和封闭化、人们的创造力被层层压制和扼杀、顾客需求满足存在无数妥协和痛点的传统金字塔组织正日近黄昏，提升产业专业水平、解放知识工作者的创造力、推动产业格局重构的平台型组织革命正在各行业呼之欲出。

平台型组织是面向数字化互联时代的全新企业组织形态。平台型组织是企业为了应对高度复杂的市场需求、不稳定的竞争和知识型员工日益增长的自主管理需要，充分利用高度透明的数据化治理技术，将大公司专业资源集聚的规模优势和小公司敏捷应变的灵活优势进行集成的开放型组织模式。平台型组织崇尚赋能而不是管控，主张开放而不是封闭，强调动态迭代而不是静态锁定。

共享经济时代数字经济发展趋势下，诸如华为、海尔、平安、万科、小米、永辉、韩都衣舍、尚品宅配等诸多中国领先企业实践案例，都实现了传统企业由日渐反应失灵的传统垂直型组织向平台型组织进化。这些企业勇于探索创新变革的成功经验，也必将驱动更多的中国企业投身于数字化变革，成就更能应对动荡的商业环境、更具备可持续生存能力的平台型企业。

一、驱动平台型组织形成的力量

平台型组织首先明确客户导向，以满足客户需求、增加客户价值为企业经营出发点，反对官僚主义和形式主义，简化内部程序，促使组织扁平化，通过"平台＋前端"的方式，打造贴近客户的敏捷性组织。客户需求的变革、技术的升级和知识型员工的自我管理需求觉醒是推动平台型组织形成的三个重要力量。

高度专业化、细分化和动态化的客户需求，使传统企业必须在"组织上学习软件企业中间层＋应用端口"的开发思路，即一方面构建相对稳定和专业的"中间层专业平台"，另一方面充分赋权赋能于客户端，使它们能即时响应客户不断变化的需求。

极限化而且不稳定的复杂市场竞争，使企业一方面要靠强大的开放型专业平台形成立足之基，另一方面要通过敏捷业务前段把握市场机遇并与竞争对手竞争。

知识经济时代的全面到来，形成以知识员工为主的员工结构，使传统的以命令为核心的科层式组织模式面临破产，企业必须激发员工的自发动力，并充分赋权员工利用平台去创新创业，充分满足员工的内在成就感。

二、平台型组织的构件

平台型组织，是一种由用户需求拉动的组织，企业的动力是接触用户的前台项目。从状态上讲，是"创客听用户的"。而科层制组织，是一种由领导者"推动"的组织，企业的动力是在不接触用户的后台职能部门。从状态上讲，应该是"员工听领导的"。平台型组织以"后台＋中台＋前端＋生态"为固有组织范式，重组组织内部流程，架构组织外部生态，为客户提供个性化、多样化、一体化解决方案。

在平台型组织（见图7-1）中，前台是最接近用户的，它们负责交互用户并理解用户的刚需。后台负责组织企业内部的资源，形成对应的产品、服务或解决方案，同时提供资源和机制保障，要确保平台具备"资源洼地"和"共享机制"，要有质优价廉的资源和公平分配的政策，能够吸引创客过来。中台是前台和后台之间的连接器，既是后台的代言人，又是前台的业务伙伴，其本身的利益也应该与前台绑定在一起，负责甄选出好的项目注入资源，并对项目进行管理。一方面，中台承接了来自公司高层对于某个项目的要求；另一方面，中台将这种要求变成对于项目的要求。

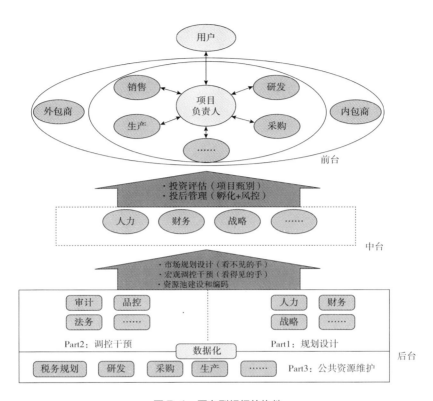

图 7-1　平台型组织的构件

资料来源：穆胜.大批企业组团学华为、海尔，平台型组织的真正门道你看懂了吗［EB/OL］.正和岛，2017-10-19，https：//baijiahao.baidu.com/s?id=1581692877310894070&wfr=spider&for=pc.

三、平台型组织的特征

平台型组织是共享经济时代数字化推动形成的新型组织形态，具有与传统科层制组织明显不同的特征。

（1）扁平化。不同于传统高科层组织的多层级分工，平台型组织是在信息技术支持下的扁平化组织，组织的各个客户经营模块被充分授权，并在中台的赋能下灵活地开展经营。平台型组织彻底摧毁了传统科层企业的层级金字塔逻辑，变成了一个高度扁平化的网络链接组织。

（2）专业化。平台型组织是为了响应后工业时代服务化和知识化的需求而诞生的新型组织，中台组织的高度专业化和前端作战小组的多专业联合是其竞争力最基础的来源，也是其满足日益专业化和苛刻化的客户，应对日益升级的竞争的基本能力。因此，平台型组织的专业化和知识化是其基础。

（3）智能化和敏捷化。平台型组织是构建在信息技术和大数据基础上的现代组织模式，大数据集成化、即时化和智能化是其运行的基本保障，同时，资源和能力的集成和业务端的高度柔性，使平台型组织具备"随需而变""高速响应"的智能化与敏捷化特征。

（4）开放化。平台型组织已经远远超过传统科层组织的边界，资源和能力池的开放使它可以整合一切全球资源能力为己所用，业务组合和集群边界的开放使组织的业务集群处于动态更新中，不断有外部业务被连接到客户的解决方案之中，因此平台型组织也可以被视为"全球开放整合型组织"。

平台型组织与传统科层制组织在思维导向、结构特征、管控模式、责权利分配、开放程度、员工与组织的关系、企业文化特征等方面都存在显著区别。具体如表7-1所示。

表7-1　平台型组织与传统组织的差别对比

项目	传统组织模式	平台型组织模式
思维导向	内部资源与能力导向	外部客户导向
结构特征	垂直科层制、结构稳定	扁平化、柔性化
管控模式	严格的行为管控	相对宽松的使命管控
责权利分配	集权集利	赋权赋能、共享利益
开放程度	封闭式、本位主义	高度开放
员工与组织的关系	雇佣关系	合作关系
企业文化特征	忠诚、保守	开放、创新

资料来源：刘绍荣等. 平台型组织——面向数字化互联时代的全新企业组织形态［M］. 北京：中信出版集团，2019.

四、平台型组织的中国实践

共享经济将由平台型组织和"新合作生产"两个重要变革因素引发重大变革：一方面，平台型组织以合作性、开放性、个性化和合作伙伴关系为力量促进科层制组织向合作制组织转变；另一方面，共享经济通过线上线下方式融合不同领域开展"新合作生产"，通过消解所有权和使用权的界限，改变准公共领域的供给方式，提高了该领域的供给能力，引发了"自上而下"到"自下而上"的变革。

在开创共享经济发展新格局、共享经济的"中国样本"领先世界的实践中，中国市场涌现出一大批不断拓展创新的平台型组织实践者。华为的"铁三角"，韩都衣舍的"小组制"，海尔的"小微 + 创客"，谷歌的"合弄制"，腾讯的"FT 团队"都是基于客户导向的敏捷性前端组织。通过结构、人员、流程、权力、技术等模块的整合完善，使企业具有持续发展和变革能力的组织模式。

华为总裁任正非一方面坚韧地锻炼管理和技术基本功，几十年来坚定实施基础平台系统，用管理和技术解决技术发展中的问题；另一方面不断革新自我打造高度流动和赋权一线的项目型组织。实施军团作战，打造资源聚合功能大平台，突破传统的产品战略逻辑和垂直管控的组织思维，向开放、敏捷、赋能的平台战略和平台型组织转型，为员工提供充分的弹药装备，"让一线听得见炮火的人做决策"。海尔的张瑞敏认为，平台型组织就要打破组织边界，实现用户价值创造的"零距离"。平台化的目的是变成一个响应用户价值需求的价值创造生态圈。张瑞敏前瞻性地试探将传统的巨型科层式组织拆散成生机勃勃的创业生态，向网络化平台型生态圈组织转型，他自己作为企业领导者不断重新定义自身的角色，将自己定义为服务型领导，通过一定的激励约束机制提高前线人员的主动性和创造性，实现由传统的利益共同体向事业共同体的转变。

海尔用"企业平台化"颠覆"科层制",全公司只有三类人:平台主,为创业提供最合适的土壤、水分、养料;小微主,在平台上自主找寻机会创业;创客,所有的员工都是创客,参与平台或小微。就这样,海尔从原来制造产品的加速器,变成孵化创客的加速器,海尔管它叫"共创共赢的生态圈"。海尔的平台型组织如图 7-2 所示。

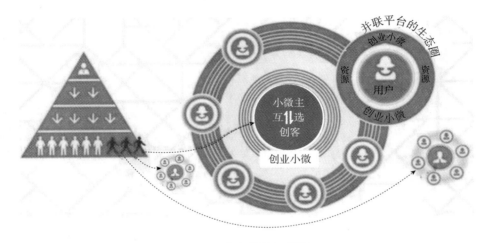

图 7-2　海尔的平台型组织

资料来源:张小峰.平台型组织的中国进化:64 字关键特征与 12 大案例深度剖析 [EB/OL].和讯网,2019-11-22,https://news.hexun.com/2019-11-22/199377116.html.

除此之外,万科集团郁亮、永辉集团张轩松等传统产业领袖不断颠覆自身的传统优势,将传统时代的笨拙巨象逐步拆解成敏捷和灵活的创业者集群;马化腾、刘强东等创业者不断进化自身基于数字化基础设施的复杂网络型组织,成就互联网世界中强大的多物种生态。除了这些企业规模较大的领先者之外,还有不少中型企业也开始了一系列平台化组织的实践尝试,如韩都衣舍将自身定义为外部伙伴和内部创业组的创业跑道和赋能平台;尚品宅配立志于整合家居产品和家装服务,成为客户"一揽子"解决方案的提供者;艾佳生活从地产商开始接手,打造最具价值的生活家"一站式"服务平台;柏堡龙立志于整合全球设计师,为中国客户和中小服装店主服务等。这一系列大小企业的平台化探索和实践，创新了客户需求满足的商业模式，释放了各个产业的创造力，成为中国商业面向未来的新生动能。

第三节 企业组织转型与变革管理

一、传统企业进行组织转型势在必行

传统企业如今正面临着一次全面的互联网化转型，企业转型先要进行组织转型：由严密、精确、规范为特征的机械化组织，向高效、协作、信息化的流程化组织转型。我们常常说转型难，转型甚至比创新还难，很大原因是整个组织的思维惯性成了制约企业转型的瓶颈。时代是全人类共同造就的，但既不是每一个个体可以选择的，也不是一个组织可以回避的。处在互联网时代的组织，既面临着互联网科技的冲击，也面临着互联网科技带来的机遇。拥抱互联网时代，进行组织的转型是每个企业组织的必然选择。

（一）思维方式的转变势在必行

不只是领导者，全体员工都要树立产品思维和用户思维。一旦真正认识到企业是为用户服务的，是为用户工作生活中的痛点提供解决方案时，企业才真正找到了存在价值，一切的企业行为和组织行为也就有了出发点和动力。

（二）核心是提高效率

互联网企业的高效率在于去中心化、去平台化和去权威化。它们的组

织模式基本上是按照一个项目建立团队，团队在行动和财务上有充分的自由。传统企业也可以借鉴这种方式，以项目为中心建立执行团队，项目完成，人员解散，遇到新的项目再重新组合。这样可以有效改善僵化的组织结构，解决工作思维问题。

（三）形成支撑组织运行有活力的企业文化

联想在创立 30 周年的时候，总裁柳传志提到了"联想的发动机文化"，他说整个联想内部就像一个发动机组合，高管是大的发动机，子公司是小的发动机，他们像齿轮一样，互相咬合，充满动力。

中国著名经济学家于光远说过："关于发展，三流企业靠生产，二流企业靠营销，一流企业靠文化。"企业文化对于激活组织、激发组织的战斗力、激励员工的学习和创新精神有很大作用。

（四）渐进式调整，而非跨越式变革

企业转型的根本目的是适应不断变化的市场环境，在动态的环境中形成新的竞争力，而现实情况是：传统企业是一个复杂的相对平衡的系统，在新的市场环境中，打破固有的平衡再造新的平衡既是一个艰难的也是一个长期的过程。

二、互联网时代企业组织转型的平台化趋势及方向

今天我们所处的时代是互联网时代，因为互联网科技全方位地既改变着全世界人们的生存方式，也改变着企业组织的发展方式。传统的组织管理理论不再那么适用，传统组织陷入前所未有的困境，即便是互联网组织也很焦虑，因为一个互联网企业也可能一夜之间被另一个互联网企业所取代。在组织集体焦虑的背景下，从管理哲学的角度看，进入互联网时代以后，很多传统的管理方式已经不再适用。企业组织在互联网时代面临着前

所未有的挑战，新的创新模式、营销方式、组织结构等都发生了很大的变化。那么，在互联网时代去探讨新的组织变革管理模式，以代替弊端日益显露的科层制管理方式，对推动管理哲学理论的创新具有积极意义。

在互联网时代，一个企业能否进行成功的转型升级决定了这个企业是否能够持续健康地发展。无论是互联网企业，还是传统企业，都面临着互联网科技发展的冲击，都需要转型升级，一个企业怎么转型就成为一个很具现实意义的问题。

要能够真正不断实行自杀式创新和微创新就要改变企业的组织结构。今天，企业的组织架构正在转型，而转型的方向就是平台化。如果说"金字塔式"的管理是"火车模式"——火车跑得快，全靠车头带；那么平台化组织的管理应该是"动车模式"——动车跑得快，靠着每节车厢的动力一起带。火车的速度是远不如动车的，因为动车的动力是最大限度地发挥了集体中每一个个体的力量。打造平台化组织就要去掉中间层，建立自由的项目团队，最大限度地激发每个员工的潜能；根据组织的核心竞争力，经营互利共赢的平台化生态圈；将组织愿景与个人愿景充分融合，塑造富有凝聚力的平台化组织文化。

在互联网时代，人们对企业组织平台化的认识更进了一步，组织不仅要在内部成为员工发挥才能的平台，组织还要在外部建立互利共赢的生态圈。很多成功企业家如腾讯的马化腾都经常谈组织的生态问题，对于大型企业组织，建立外部平台化的生态圈是很重要的。马化腾还提出了企业组织通向互联网未来的"七个路标"：连接一切、互联网加传统行业的发展模式、开放的协作、消费者参与决策、数据成为资源、顺应时代潮流的勇气和连接一切的风险。其实，国外的学习型组织理论早就开展了组织平台化的研究。1965年，福瑞斯特发表了一篇题为《企业的新设计》的论文，运用系统动力学原理，构想出未来企业组织的理想形态——层次扁平化、组织信息化、结构开放化。传统组织经历了严格的等级制和制度化的科层制，正是因为在当时的历史条件下，这种等级制和科层制是保持组织高效的制度设计。在互联网时代，组织的去中心化同样出于组织效率的考虑。其实，这里面有一个清晰的演变历程，那就是随着人们思想的开化和技术手段的进步，每个人的智慧发挥得越来越充分，交往成本变得越来越低。组织去中心化、扁平化的一个结果就是组织平台化，组织成为员工实现个人价值的平台。组织在实现个人价值的同时，组织的总体价值才得以实现。也就是说，在互联网时代，那种为了某个特定的抽象价值的实现而大大损害每个员工个体价值的组织会越来越少。

在组织平台化之后，组织成为多个自由团队的联合体，此时如何经营管理自由团队成为非常重要的问题。互联网时代里的组织细胞是每一个人，但一个个的研发团队构成了组织的一个个功能性的器官。组织的真正创新成果就来自一个个研发团队。中央党校教授钟国兴提出了"双型组织"的概念，就是要创建一种能够同时提高执行力和团队智商的组织。所有组织成员在规范化的执行组织中，必须成为高效行动的一员，但同时又是自由团队成员，是智慧的贡献者。钟教授认为，执行组织加自由团队的双型组织是信息化、全球化的最佳组织结构。

跨界整合成为组织发展的新方向。互联网时代的组织更容易被颠覆，被跨界进入本行业颠覆的可能性更大。跨界的优势来自跨界成本的降低，跨界的高门槛被打破。跨界能够成功，又得益于跨界者没有前期行业的既得利益和思维惯性。没有历史的包袱，往往更能轻装快速前进。当跨界成为一种模式，互联网时代的组织一方面要探讨新的发展方向，另一方面要不断颠覆自己已有的组织模式。目前很多企业都是层级结构，按职能分成不同的部门。如果环境稳定，分工企业就是可靠的，而且绩效也是可以预估的。

互联网时代还催生了免费的营销模式，而这种模式就发生在当前的商业竞争中。免费往往可以颠覆一个行业，奇虎360是靠免费起家的。奇虎360颠覆了整个杀毒软件市场，而盈利来自后续发展起来的360浏览器的广告费用。360浏览器的用户正是靠360免费的杀毒软件积累起来的。腾讯的 QQ 和微信也是采用免费模式而获得海量的用户，尤其是近年来发展起来的微信，对移动通信的业务造成极大的竞争。移动公司发现，它真正的竞争对手，不是联通，而是微信。

组织是个人获得自我成就和自由发展的平台，构建平台化组织成就不仅是组织的目标，还是个人的价值。马克思和恩格斯在《德意志意识形态》一文中指出："只有在共同体中，个人才能获得全面发展其才能的手段，也就是说，只有在共同体中才有可能有个人自由。"这里的共同体就是各种组织，当然包括企业组织。应该说企业组织是各种组织中发展更为充分的组织形态，是个人实现其自由和价值的重要平台。很多企业组织也在有意识地打造成平台化的组织，典型的是"阿米巴经营"组织。日本著名企业家稻盛和夫在经营京瓷公司和第二电气公司的过程中，创办了名为"阿米巴经营"的经营手法。他在《稻盛和夫阿米巴经营》一书中详尽阐释了阿米巴的经营模式：把组织分成一个个小的团体，通过独立核算加以运作，在公司内部培养具有经营意识的领导，实现全员参与型经营。

三、企业组织转型必须要持续研究的问题

综观学术界近 20 年的研究状况，关于互联网时代组织转型的研究主要集中讨论的问题有以下六个方面：

（一）关于互联网时代产品创新方式的探讨

关于互联网时代的产品创新理论很多，影响最大的是克莱顿·克里斯坦森提出的破坏性创新和彼得·蒂尔提出的从 0 到 1 的创新。克里斯坦森在他的代表作《创新者的窘境》一书中系统阐发了破坏性创新的理论，克里斯坦森在书中探讨了大企业在互联网时代创新的窘境，他们往往要考虑现有大量用户的需求，放弃或者推迟创新产品的研发和投入市场。大企业的迟疑往往给中小企业带来巨大机会，中小企业没有新产品的研发优势，

但他们没有原有用户需求的负担，往往能迅速研发出新产品并投放到市场中，从而可能改变整个市场格局。

彼得·蒂尔在他的代表作《从 0 到 1：开启商业与未来的秘密》一书中阐述了从 0 到 1 的创新理论。蒂尔强调真正意义上的创新不是从 1 到 N，而是从 0 到 1，就是强调原发式的创新，而且他认为原发式的创新才能真正形成市场的垄断地位，赚取巨额的市场利益。他对这种原发式创新带来的垄断收益很欣赏，甚至说失败者才去竞争，创业者应当选择垄断。

在国内的管理理论和管理实践中推崇两种创新方式，即微创新和快速迭代。微创新就是产品微小的改进，一点一滴的优化，这种创新是产品时时刻刻都要做的事。然而快速迭代一旦新技术发展成熟，就能立即投入使用，打造出相应的产品投入市场。在传统的商业模式中，一项新技术出现以后，组织往往不急于推出新产品。因为已有产品的市场还在，甚至很好，利润空间还很大。此时，投入新产品无疑会积压已有产品的市场，影响组织利润。这种经营理念，在传统组织中曾经大行其道。然而，这种模式却在互联网时代遭遇一次又一次的"滑铁卢"。传统的产品追求标准化和大批量，从成本控制中获得高毛利。在互联网时代，个性化、审美化的简约时尚产品成为时代的宠儿。在传统组织中非常重要的销售团队和实体销售渠道的地位大大被削弱，而产品的研发、设计的地位却大大提升，这就使组织中的产品经理人变得很重要，而且对产品经理人的匠人精神要求很高。

（二）互联网时代营销方式的探讨

互联网时代的营销方式发生了很大的变化，传统的营销方式不再适用于互联网时代。随着自媒体的崛起，消费者掌握的权力越来越大。So Lo Mo Po 消费族群成长起来了，"So Lo Mo Po"是四个英文单词"Social""Local""Mobile""Personalized"的缩写结合体。在互联网时代，消费者的消费特点是社交化、本地化、移动化和个性化。这也就意味着组织的品牌战略要做到全社交媒介，在各种媒体上与用户做沟通。

雷和托马斯·范德尔·沃尔合著的《互联网思维的企业》进一步阐释了互联网思维，该书认为互联网时代的企业不仅像传统企业那样改进产品和服务的品质，而且在管理方式、组织结构和企业文化方面进行了变革，建立具有互联网思维的企业。

企业需要建立透明的互动和交流平台，崇尚自治和应变的组织结构，实验和学习的企业文化，以及一整套鼓励员工创新的新式管理和奖励体系。互联网思维是指在互联网科技快速发展的背景下，对产品、服务、营销、组织结构、领导方式乃至对整个商业生态进行重新审视的思考方式。互联网企业家对互联网思维这个词很热衷，百度的创始人李彦宏最早提出了互联网思维这个概念。小米手机创始人雷军宣称，他是在用互联网思维做手机。他把互联网思维解释为七字诀：专注、极致、口碑、快！奇虎360 的董事长周鸿祎把互联网思维总结为四个关键词：用户至上、体验为王、免费的商业模式和颠覆式创新。海尔集团创始人张瑞敏认为，互联网思维是"零距离"和网络化思维。互联网时代的来临使互联网成为人们生活的水和电，在改变我们生活的同时，也带来了思维方式的改变。

（三）互联网时代领导模式的转变

美国通用电气公司的前 CEO 杰克·韦尔奇在其代表作《赢》中系统介绍了他管理企业的经验，而如何做好一个组织领导者是该书的核心部分。书中系统介绍了企业在组织招聘、人员管理、制定战略、自我管理等诸多方面的独到见解。韦尔奇著名的"数一数二"战略、无边界行动、人才的区别考评制度等管理见解在书中都有详细的论述。韦尔奇认为，企业招聘的人才要具有 4E 和 1P 的品质。第一个"E"是积极向上的活力（Energy）；第二个"E"是指激励别人的能力（Energize）；第三个"E"是决断力（Edge），即对麻烦的是非问题作出决定的勇气；第四个"E"是执行力（Execute），即落实工作任务的能力。所谓的"1P"就是指激情

（Passion）。由埃里克·施密特、乔纳森·罗森伯格、艾伦·伊格尔合著的《重新定义公司：谷歌是怎么工作的》一书全面介绍了谷歌公司的管理状况，以及谷歌的文化、战略、人才、决策、沟通以及创新之道。谷歌公司崇尚工程师文化，工程师有很大的决策权。谷歌很重视招聘，要招聘到最优秀的人才。谷歌把自己的人才定义为创意精英，其非常看重人才的创新能力。

德鲁克在《21世纪的管理挑战》的最后一章是"自我管理"。德鲁克的这本书几乎处处谈到21世纪领导者领导方式的转变，在最后一章德鲁克专门讲了知识工作者的自我管理问题，而这同样适用于组织领导者的自我管理。中国的传统文化中包含着丰富的管理学思想，尤其是领导者的自我管理思想。中国人民大学教授葛荣晋所著的《中国管理哲学导论》系统介绍了儒家、道家、法家、兵家等各家学派的管理思想，这些管理思想有一个共同点，那就是强调组织领导者的自我修养。

（四）关于未来组织形态的畅想

著名管理学大师彼得·德鲁克在《下一个社会的管理》一书中提出了"知识工作者"的观念，知识在互联网时代里会发挥越来越重要的作用，而拥有知识并能应用知识的知识工作者是组织必须倚重的关键资源。那么，组织要把知识工作者当成伙伴，而不是雇员。传统森严的等级制显然不适合用来管理知识工作者，对知识工作者要实行"无为而治"，给他们更加宽松自由的组织环境。这样，组织的结构一定是扁平化。

在互联网时代，共享经济兴起。杰里米·里夫金在《零边际成本社会：一个物联网、合作共赢的新经济时代》一书中提出，"交换价值"正在被"共享价值"所取代，使用权的重要性超过了所有权，越来越多的社会产品以极低的价格甚至免费提供给人们。里夫金还预言，互联网时代孕育着一种新的混合式经济模式，即共享经济的兴起。互联网和电子邮件等新信息技术，已经消除了物理上的沟通成本，这意味着最有生产力、最能创造财富的方式是分权式组织。互联网技术的发展使人们能更便捷地获取信息，而拥有信息就等于拥有权力，权力已转移到顾客的手中，不管顾客是另一家企业还是最终消费者。

人工智能的发展正塑造着全新的组织模式。雷·库兹韦尔在《寄点临近》这本书中预言，到 2045 年计算机智能将超越人类。他认为，科技正在以史无前例的速度前进，计算机将会全面超越人类智能的各个方面。人类将会与机器融合，嵌入人类大脑的知识和技能将与人类创造的容量更大、速度更快、知识分享能力更强的人工智能相结合。克里斯·安德森在《创客·新工业革命》一书中，全面阐述了 3D 打印技术。他认为由于 3D 打印技术的发展，每个人都可以参与到制造业之中，就可能形成全民 DIY 的创客行动，从而改变了原有的制造业生产方式。人工智能的发展必然带来组织结构的变革，原来的岗位不复存在，新的岗位又会诞生。但新诞生的岗位一般会比原来的岗位少一些，也就意味着组织人员更少一些。而且，新岗位对新技术的操作使用能力要求会越来越高。

（五）互联网时代学习型组织研究

学习型组织是伴随彼得·圣吉《第五项修炼——学习型组织的艺术与实践》的热销而传播到中国的。信息化、全球化时代，知识的传播速度、传播途径、传播方式均发生了质的变化。发达的信息技术、海量的知识信息资源、现代化的学习工具使学习条件、学习观念、学习内容、学习方式等发生了颠覆性的变化。更为重要的是这个时代飞速发展带来的新的、复杂问题不断涌现，各种组织都要积极主动应对。

继彼得·圣吉之后，夏莫·奥托提出自己的"U 型理论"，认为组织要从未来学习。他认为组织不能总是从过去来思考未来，而是要从未来思考现在。就是要思维超越现状，站在未来的角度来思考现在应该做什么。学习型组织专家夏莫·奥托非常重视面向未来的思维方式，他在其代表作《U 型理论》和《U 型变革》中对这种思维方式进行了详尽的阐述。他在

《U 型理论》中指出,我们不能重复过去的模式,按照个人的习惯思维方式来看待世界。首先,我们需要悬搁评判并用全新的眼光去观察世界。需要连接到场域,从整体的角度参与到情景当中。连接到最深层的源头,未来的场域开始在那里生成。其次,我们从想要生成的未来设想新生的创造。最后,我们就周围的实际情况建立原型,通过实干探索未来。

中国研究学习型组织理论的专家学者也很多,其中中央党校的钟国兴教授提出了"升级才能生存"的理念。钟国兴教授先后出版了《升级才能生存》《带着问题学——裸面学习法》《找点:精准高效的做事方法》《链式学习法:组织学习的六级台阶》等著作,这些著作系统呈现了"升级才能生存"的组织学习理论。他认为,提高团队智商是组织升级的智能支撑,链式学习法是组织升级的根本方法,双型组织是组织升级的结构基础,点式管理是组织升级的科学管理方法。

(六)关于互联网思维的探讨

凯文·凯利所写的《失控:全人类的最终命运和结局》是探讨互联网哲学的权威著作。该书从蜂群思维谈起,逐步展开了对人工智能、生命进化、工业生态学、网络经济学、电子货币、时空规律等一系列哲学问题的探讨,而由戴夫·格联网时代的产品创新显得尤为重要。当前的两大创新理论是破坏性创新和从 0 到 1 的创新,都存在一定局限和困境。笔者认为,互联网时代最为可行的产品创新分为两种:"自杀式创新"和微创新。"自杀式创新"是指企业研发取代现有产品的创新,然后迅速推往市场。这往往需要企业能够另外建立研发团队,来研究颠覆自己现有产品的创新方式。微创新是指企业持之以恒地对产品的性能进行改进,这就需要重视工匠精神和简洁极致的用户体验。在"自杀式创新"和微创新中贯穿着从用户出发来研发设计的换位思考。

四、组织转型：让组织结构真正与企业转型匹配

"小米七字诀"的最后一个字是"快"，"快"恰恰是这个新时代的特征和表现：技术在快速更新，产品在快速迭代，信息在快速传播，与之相适应的是企业对市场额快速反应能力，而拥有一个高效率的企业组织结构是达到这一要求的前提和基础。对于传统企业来说，组织运行的效率并不高，甚至滞后于市场行为。在这飞速发展的时代，传统企业的转型必须从组织转型开始，建立一个与企业转型相匹配的高效能的组织。具体来讲，传统企业的组织转型体现在组织结构、组织任务、组织系统、组织战略和组织文化五个方面。下文重点介绍组织结构、组织任务和组织文化三个方面。

（一）从纵向型组织结构转向横向型组织结构

纵向的组织结构也称为直线型组织结构或者职能式组织结构，呈现金字塔的形状，在各级行政领导下设置相应的职能部门，越往上管理者权力越集中。这种组织结构有利于最高决策层的统一领导和指挥，从而达到步调的高度一致；这种组织结构的各个部门职能分工细密，有利于发挥各个部门的专业性力量。但是各职能部门之间的横向联系和沟通较差，不利于彼此之间的协作。其最致命的缺点就是由于组织的层次多、机构大，造成了效率低下，而且权力集中于高层，会影响普通员工的自主性和积极性。

横向型组织结构是新时期互联网企业普遍采取的一种组织形式，也称为扁平型结构。这种结构属于分权性结构，层级较少，下属部门有较强的自主权，有利于提升管理者的责任心，提高组织绩效。同时，因为缩短了上下级之间的距离，组织结构成员间的沟通交流更为顺畅，提高了管理效率、降低了管理费用。

"扁平型组织"的最早实践者是美国通用电气公司。在 20 世纪 80 年

代，美国通用电气公司拥有一个庞大的职能型组织系统，员工多达 40 万人，从董事长到各个职能部门领导再到普通员工，管理层级多达 26 层。韦尔奇就任通用公司首席执行官后，首先进行了组织转型，他提出"组织无边界"，施行"零管理层"的措施，将公司组织层级减少到了 5 层，改变了通用电气根深蒂固的官僚作风，极大地提升了企业的管理效率，而且还节约了大量管理成本和人工成本。

扁平型组织结构非常适应互联网时代对于效率和沟通的需要，因此传统企业的组织转型就是将直线型的组织结构转向扁平型。但是扁平型的组织结构有可能导致组织中心权威的丧失，失去对下级的管控，也有可能导致同级间各自为政、难以协调等弊端。这就需要企业的最高领导者增强自身的素质和管理能力，树立起自己的威信和形象，其次是通过相应的激励措施增强组织的凝聚力，比如股权激励、多举行集体活动等。

（二）从常规型组织任务转向有充分授权型组织任务

随着企业生产的程序化程度越来越高，管理者总是试图将所有的内容纳入程序化的组织运行中来，这就形成了常规职务型的组织任务。它边界清晰，组织结构稳定，工作流程也较为固定，执行起来就像机械生产一样井然有序、按部就班，而且新兴企业的组织表现出更灵活的方式，是一种以任务为中心的授权型组织，成员获得充分的授权，大家都自发地为完成任务而工作。美国当代杰出的管理学家沃伦·本尼斯曾经说过："每个时代都会发展出与它相适应的组织形式。"我们认为，是否建立了授权型组织成为传统企业转型与否的标志之一。

（三）从僵硬型文化转向适应型文化

单线不成丝，独木不成林，企业组织构成了企业，反过来又影响企业的发展。就像英国首相丘吉尔说的那样，人们塑造组织，而组织成型后又会反过来塑造组织成员。在一个优秀的适应市场环境的企业组织里，每个人能发挥出自己的最大效能，才能使企业顺利实现转型，实现后续的升级和发展。

企业通过众筹模式来完成创新项目，可以融聚来自社会大众的资金、资源和智慧，成为改善、升级产品的源泉，还可以起到新品试验作用，看看自己的产品是否有足够的用户支持。众包模式是共享经济的具体体现，企业的工作任务不局限于自己的员工，还可以通过网络发布出去，让大众参与，企业从中选择最佳方案。

克里斯安德森提出的"长尾理论"认为，由于成本降低和效率提高的因素，每个人都可以进行生产，而且以前那些需求和销量不高的产品会占据相当高的市场份额，甚至可以和主流产品的市场份额媲美。

传统的层级组织结构被省略，传统的信息传递渠道转化为网络状，传统的营销渠道演变为社会化营销方式，传统的产品开发方式转变为众筹方式，传统的生产方式改变为 C2B 模式等。在这个时代，各种新的商业模式不断涌现，改变着整个商业形态。

总之，传统企业在转型中迫切需要完成组织转型。一个伟大的组织是充满战斗力的，一个松散的组织则是企业前进的绊脚石。互联网时代最突出的特点就是去中心化、去中介化，组织的边界变得模糊，外延不断扩大。传统企业应该抓住这个大好机遇，整合所有相关产业链上的所有人，让自己的企业组织发挥出更大的效能。

第四节　共享经济及组织变革未来新的发展方向

一、区块链与共享社会

对于区块链，激进者认为它是新时代的基础设施，不但重构社会经济生活，而且导致权力解构和重新分配；观望者则认为，这种所谓引领伟大的技术时至今日除比特币之外并没有被广泛而成功地应用，关于它的所有革新想象，仍旧停留在想象阶段，距离大规模应用尚遥遥无期。虽然未来尚未定论，但就这项技术来说，区块链的核心要素是去中心、去媒介、弱控制，倾向于自治性，本质是区别于现有社会机制的新型社会结构。这些似乎与共享经济的本质在很大程度上具有相似性。共享经济，强调的也是分散式的、点对点的连接共享，弱化中心乃至平台功能，让参与者直接进行资源交互，从而实现互惠受益。当然，最为关键的，并不是两者在精神气质上心有戚戚，而是区块链为共享经济的实现提供了一种更为切实的路径，是共享得以实现的技术基础。

显而易见，现代社会并没有一种可以让陌生双方进行直接交易的机制，非中心化点对点交易的货币化方式对应的是高风险和高成本，因此我们处于高度中心化的社会当中，集约化的经济代表着高效率。直到区块链技术的出现，它使人类看到一种可能：运用区块链技术在网络中建立信任而无须任何中央管理机构。也就是说，区块链技术被看作能够彻底重塑我们所有经济活动的核心潜力。它可以用于建成完全透明、无主、分散的系统，能在没有任何形式中介的情况下，保证各种交易方安全进行交易，这些交易方包括个人、企业乃至政府及各种相关机构。技术在毁灭中心，取代平台，数字信用将取代权力中心，这毫无疑问将会在最大程度上带来一种全新货币化方式，个人冗余资源将更容易进行分享和交易。

例如，美国一家创业公司正在进行点对点直接租车的区块链商用实践，其做法是：他们有一个汽车共享原型，其中 RaspberryPi 设备（代表汽车）在区块链上拥有自己的身份，且车辆和人能够自主进行交互。该系统在计算平台上进行编码，类似于比特币的区块链，但对大量的交易拥有更好的处理能力，并且包含"智能合同"，能够进行身份认证和执行预先商谈好的条款。在汽车共享的情形下，智能合同可能会验证你是否真正拥有汽车，询问你是否愿意和声望分数在 90% 及以上的人们共享你的汽车，并且该车在未来某时必须能够共享给他人。一旦想要租车的人满足这几个条件，车门就会解锁，发动机也将被允许使用。智能合同也许会为了方便付款而使用专门的货币。这样就可以让用户避免因使用常规货币而带来的金融交易费用。

未来，所有权和使用权通过区块链会更容易分离，也更方便实现货币化。届时，每个人的每样资产都可以随时进行共享获益，对于现在的我们来说，那是全新的生活形态，与之匹配的，也将是全新的社会经济结构。

二、平台的未来

应该说，现如今共享经济是由平台塑造的。这也解释了某些平台发布的一些共享经济报告中认为未来趋势之一是"越来越平台化"。平台的确在这个过程中扮演着重要角色，他们搭建了共享的生态、链条以及实现方式，甚至创造共享经济的场景，当然他们也从中分享共享的收益。以Uber为例，司机通常需要把顾客支付金额的25%上交给打车平台，以此来享受该平台所提供的相应服务。在现阶段的共享经济中，平台不仅没有萎缩，相反在世界范围内都出现了一些巨型平台，如阿里巴巴、亚马逊及Uber等。

但与平台的存在根基不同，区块链提供了一种基于"机器信任"方式，这将取代平台在经济交易中所扮演的信任中介角色。唐·塔普斯科特和亚力克斯·塔普斯科特在畅销书《区块链革命》中由此设想了BAirbnb和Suber两款产品。从名字上看，就知道这是Airbnb和Uber的升级版。在BAirbnb中，没有中心化的商家存在，当有租客想租一个房间时，BAirbnb软件在区块链上收集所有的房源，并将符合要求的房源过滤后显示出来。代替客户评分的方式，就是基于所有的交易记录会被分布式存储，一个好评会提高房源供给者的声誉，并塑造他们不可更改的区块链身份，所有人都可以阅读这些信息。同样，在Suber中，网约车也不再有赚取高额提成的平台公司，用户与车辆提供者通过加密方式进行点对点的联系，并且基于区块链记录的不可篡改性，参与者会累积值得信任的声誉度，平台将拥有自发的消费者黏性，而不是像现在这样基本仰赖"砸钱"抢用户。

可以想象，这种去平台化的交易，会从共享出行、共享食宿延伸到生活的各个领域，最终金融共享也通过区块链实现高效率、低成本、快速化交互。P2P借贷，就真的成为点对点的直接交易。因此，整个金融体系被重新缔造。银行等传统典型中心化、中介化的存在不得不进化出新的生态面貌。基于这样的思路，平台在未来将会逐渐淡出主流共享领域，平台的作用也不再是为交易双方提供信用中介和交易服务，一部分保守平台会在过程中逐步消失，因为不拥抱变化的团体，将随着主体湮灭而消失。社会学把这种规律叫"孤岛灭绝"，指的是如果一种新的规则出现，不参与进来的玩家将很快被淘汰。

另一部分更加强悍的平台，会依赖其对技术的储备和创新，成为新型共享经济体的技术设施提供方。可能正是因为有这样的巨大可能性，全世界的"中心"和"中介"都将投入区块链的研究中。几乎各个国家都在建立区块链及数字货币的研究项目，普华永道（2018）发布的一份研究报告显示，全球80%以上的公司都在不同程度上实施区块链项目，无数新型创业团队成为区块链商用开发中的一员。人们普遍感到在新技术的推动之下，革新即将到来，而这场革新，可能恰恰是由中心和平台推动的。

三、人工智能带来的变化

我们相信，未来在区块链搭建的全新"网络协议"上运行的是各种智能物联网设备，当然人工智能又是这些设施的高级表现。万物互联的整体环境和互联节点的高智能进化，都为共享生态提供了高效实现的基础。与此同时，AI的高度智能化，有可能将人类本身演进为共享的一个终端。从现在看向未来，虽然人工智能带给人类的前景仍未可知，但可知的是AI

及相关应用，将在共享经济发展中扮演至关重要的角色。

（一）人工智能已步入真高潮

如果说区块链的发展总体还处于"伪高潮"阶段，那么人工智能已经步入真正高潮。2018 年 2 月，中国信通院发布的《2017 年中国人工智能产业数据报告》指出，从短期来看，人工智能是全球 2017 年信息通信领域的最大热点，远高于物联网、5G、安全与隐私、区块链等。从长期来看，人工智能行业总体处于爆发增长阶段，公司和产品数量众多，并在垂直行业中开始渗透。此前积累的技术潜力迅速释放，新技术发展迅猛，算法和算力的突破为技术创新奠定了良好的基础。

在产业投资方面，国内人工智能领域投融资在 2011 年初见规模，除 2013 年出现一定波动外，该领域投资热情持续高涨，2017 年投融资总规模达到 18 亿元人民币，平均每笔金额接近 6 亿元人民币。从国内投融资来看，近三年内人工智能领域主要集中在智能驾驶、大数据及数据服务和"人工智能＋领域"。2017 年我国人工智能市场规模达到 216.9 亿元人民币，比 2016 年增长 52.8%。从技术分类上，计算机视觉、语音相关领域技术发展更为成熟，所占比例分别为 37% 和 22%。随着人工智能各项技术的不断成熟以及各类应用场景的落地，预计在 2018 年时人工智能市场增速达到 56.3%，整体规模达到 339 亿元人民币。2018 年，机器学习、深度学习等算法能力的增强将促进计算机视觉、语音等技术的不断突破，这也促使人工智能产业继续快速增长。

由于技术发展的迅速和变化的复杂性，在总体上人工智能的走向呈现扑朔迷离之势，相关预测也变得极为困难。但有一点是可以肯定的，AI 在未来的较量将不再是速度而是智能。简单地讲，机器不再互相攀比高峰计算能力，人工智能的各种应用能力才是竞争焦点。其中，各种智能终端在共享经济中提供的应用，也会是一个庞大而充满竞争的市场。

（二）为共享提供基础设施

智能设备的最终发展，将成就一个万物互联（IOE）的世界，这当然也是共享经济进行的理想生态配置。可以想象，当我们周围的一切都通过物联网实现即时交互，那不仅意味着家里的冰箱可以为主人准备家常购买食品，还可以在主人出差期间，将即将过期食品共享给那些需要的路人或者邻居。这种生活场景已经被描述过无数次，在可期的十年甚至更短的时间内就会变成现实。所以，在这条可以预见的跑道上，全世界最优秀的公司都在夜以继日地奔跑着。

来自2017年中国信息通信研究院发布的《互联网发展趋势报告（2017）》中讲道：全球互联网连接增长步入动力转换阶段。全球互联网正从"人人相联"向"万物互联"迈进，物联网作为互联网的网络延伸和应用拓展，实现对物理世界的感知识别、实时控制、精确管理和科学决策。从连接规模来看，全球联网设备数量保持高速增长，全面超越移动互联网设备数量。

以可穿戴设备为例，IDC最新报告显示，2017年全球可穿戴设备整体出货量达到1.132亿部，而在2021年这一数据有望达到2.223亿部。智能硬件无论在生产端还是消费端，都大受欢迎。除了可穿戴设备之外，自动驾驶汽车是一个极大的热点，不仅全球所有汽车品牌将其视为未来市场生命线，一些意图在人工智能方面有所"蓄谋"的科技公司及互联网公司也致力于无人汽车的开发和实践，如我们所熟悉的特斯拉和百度。

鉴于这一波共享经济是以共享交通为领衔的，所以市场普遍预计，伴随无人驾驶技术近年来成为投资热点，新版共享出行最可能在共享汽车领域实现质变性突破。前文也提到过美国创业公司正在进行基于区块链协议的共享汽车商用探索，可能未来的汽车会在程序中增加一个功能：共享模式。此模式一旦开启，汽车可以根据需要被即时共享出去，而这个动作的关键在于汽车可以自动执行共享行为。这种"共享模式"，在未来可能成为所有智能设备的标配功能，正如我们的智能手机都有一个"飞行模式"按钮一样。当然伴随智能终端越来越智能，可能这个按钮都不必存在，机器可以不通过人类决策而直接进行交互和共享。

参考文献

［1］ Amabile，T. M. A Model of Creativity and Innovation in Organizations ［A］. B . M . Staw & L . L . Cummin.Research in Organizational Behavior，1988（10）：123-167.

［2］ Chris J. Martin，Paul Upham，Leslie Budd.Commercial Orientation in Grassroots Social Innovation：Insights from the Sharing Economy［J］. Ecological Economics，2015，118：240-251.

［3］ Davlembayeva Dinara，Papagiannidis Savvas，Alamanos Eleftherios. Sharing Economy Platforms：An Equity Theory Perspective on Reciprocity and Commitment［J］.Journal of Business Research，2021（127）：151-166.

［4］ Felson M.，Spaeth J. L.Community Structure and Collaborative Consumption：A Routine Activity Approach［J］.American Behavioral Scientist，1978，21（4）：614-624.

［5］ Higuchi，Koichi.KH Coder［EB/OL］.［2020-03-01］.https：// github.com/ko-ichi-h/khcoder.

［6］ Irina V. Kozlenkova，Ju-Yeon Lee，Diandian Xiang，Robert W. Palmatier. Sharing Economy：International Marketing Strategies［J/OL］. Journal of International Business Studies，2021-02-15，https：//doi.org/10.1057/ s41267-020-00393-z.

［7］ Liu Pingkuo，Gao Pengbo，Chu Penghao. How to Evaluate the Feasibility on Renewables'Sharing Economy in China：A Case Study of Uberlike Mode Plus Wind［J］. Renewable Energy，2021（169）：80–94.

［8］ Luri Minami Adriana，Ramos Carla，Bruscato Bortoluzzo Adriana. Sharing Economy Versus Collaborative Consumption：What Drives Consumers in the New Forms of Exchange?［J］. Journal of Business Research，2021（128）：124–137.

［9］ Nancy F.Koehn.The Story of American Business：From the Pages of the New York Times［M］.Boston：Harvard Business School Press，2009.

［10］Pamela Tierney，Steven M. Farmer，Kate Kung–Mcintyre.Employee Creativity in TaiWan：An Application of Role Identity Theory［J］. Academy of Management Journal，2003（5）：618–630.

［11］Pouri Maria J.，Hilty Lorenz M. The Digital Sharing Economy：A Confluence of Technical and Social Sharing［J］. Environmental Innovation and Societal Transitions，2021（38）：127–139.

［12］Weber T.A.Intermediation in a Sharing Economy：Insurance，Moral Hazard，and Rent Extraction［J］. Journal of Management Information Systems，2014，31（3）：35–71.

［13］蔡斯.共享经济：重构未来商业新模式［M］.王芮译.杭州：浙江人民出版社，2015.

［14］陈春花.管理解决的三个效率问题［EB/OL］.砺石商业评论，［2017–02–06］. http：//www.sohu.com/a/125547378_467215.

［15］陈健，龚晓莺.共享经济发展的困境与突破［J］.江西社会科学，2017，37（3）：47–54.

［16］程熙镕，李朋波，梁晗.共享经济与新兴人力资源管理模式——以 Airbnb 为例［J］.中国人力资源开发，2016（6）：20–25.

［17］丁国峰.共享经济视域下竞争政策的完善路径［J］.中国流通经济，2021，35（3）：44–53.

［18］丁元竹.推动共享经济发展的几点思考——基于对国内外互联网

"专车"的调研与反思［J］.国家行政学院学报，2016（2）：106-111.

［19］董成惠.共享经济：理论与现实［J］.广东财经大学学报，2016，31（5）：4-15.

［20］分享经济发展报告课题组，张新红，高太山.中国分享经济发展报告：现状、问题与挑战、发展趋势［J］.电子政务，2016（4）：11-27.

［21］高超民.分享经济模式下半契约型人力资源管理模式研究——基于6家企业的多案例研究［J］.中国人力资源开发，2015（23）：16-21.

［22］管克江."共享经济"悄然改变消费模式［N］.人民日报，2013-03-28.

［23］国家信息中心.中国分享经济发展报告（2016）［EB/OL］.［2016-02-29］.http：//www.sic.gov.cn/News/568/6010.htm.

［24］国家信息中心.中国分享经济发展报告（2017）［EB/OL］.［2017-03-06］.http：//www.sic.gov.cn/News/79/7747.htm.

［25］国家信息中心.中国共享经济发展报告（2020）［EB/OL］.［2020-03-09］.http：//www.sic.gov.cn/News/568/10429.htm.

［26］国家信息中心.中国共享经济发展年度报告（2018）［EB/OL］.［2018-03-02］.http：//www.sic.gov.cn/News/79/8860.htm.

［27］国家信息中心.中国共享经济年度报告（2019）［EB/OL］.［2019-03-01］.http：//www.sic.gov.cn/News/568/9906.htm.

［28］何勤，邹雄，李晓宇.共享经济平台型灵活就业人员的人力资源服务创新研究——基于某劳务平台型网站的调查分析［J］.中国人力资源开发，2017（12）：148-155.

［29］胡泓，顾琴轩，陈继祥.变革型领导对组织创造力和创新影响研究述评［J］.南开管理评论，2012，15（5）：26-35.

［30］江朝虎，钟向征.基于共享经济理念下的企业人力资源管理与创新［J］.人才资源开发，2021（4）：69-70.

［31］李怀勇，张贵鹏.基于共享经济的商业模式创新［J］.商业经济

研究，2017（1）：120-122.

［32］李建军，毕新华. 新时期企业人力资源管理问题研究［J］. 现代
管理科学，2014（7）：97-99.

［33］李晋，刘洪，刘善堂. "互联网+"时代的电子化人力资源管理：
理论演化与建构方向［J］. 江海学刊，2015（6）：102-107.

［34］李真. 共享经济的勃兴与挑战——经济学和法律视野下的分析
［J］. 当代经济管理，2016（8）：6-13.

［35］李作战. 组织变革理论研究与评述［J］. 现代管理科学，2007（4）：
49-50+101.

［36］林卡，李骅，李勇. 共享经济、共享发展与社会发展的导向——
从共享经济案例看共享发展的关键［J］. 福建论坛（人文社会科学版），
2017（11）：107-113.

［37］刘根荣. 共享经济：传统经济模式的颠覆者［J］. 经济学家，
2017（5）：97-104.

［38］刘海英. "大数据+区块链"共享经济发展研究——基于产业融
合理论［J］. 技术经济与管理研究，2018（1）：91-95.

［39］刘洪，胡以文. 组织变革的方向——建立学习型组织［J］. 合肥
工业大学学报（自然科学版），2000（1）：57-62.

［40］刘建军，邢燕飞. 共享经济：内涵嬗变、运行机制及我国的政策
选择［J］. 中共济南市委党校学报，2013（5）：38-42.

［41］刘珂含. 基于协同治理理论的共享经济治理对策研究——以共享
单车为例［J］. 统计与管理，2021，36（1）：65-70.

［42］刘蕾，鄢章华. 共享经济——从"去中介化"到"再中介化"的
被动创新［J］. 科技进步与对策，2017，34（7）：14-20.

［43］刘绍荣，夏宁敏，唐欢，等. 平台型组织——面向数字化互联时
代的全新企业组织形态［M］. 北京：中信出版集团，2019（3）.

［44］刘艳. 民宿独角兽Airbnb上市　共享经济未来该如何定义［J］.

中国商界，2021（Z1）：32-33.

［45］刘奕，夏杰长．共享经济理论与政策研究动态［J］.经济学动态，2016（4）：116-125.

［46］罗晓静，葛小莉，孟梦．共享经济平台下灵活就业人员的人力资源管理［J］.人才资源开发，2021（3）：93-94.

［47］马广奇，魏梦珂．"互联网+"时代下我国共享单车市场的实践困境与应对策略［J］.企业经济，2017，36（12）：124-128.

［48］马化腾．分享经济［M］.北京：中信出版社，2016.

［49］毛培杰．共享出行平台灵活就业人员工作价值观对工作绩效的影响——基于代际差异的视角［J］.科技与管理，2021，23（1）：87-96.

［50］孟范祥，张文杰，杨春河．西方企业组织变革理论综述［J］.北京交通大学学报（社会科学版），2008（2）：89-92.

［51］孟韬，李佳雷．共享经济组织：数字化时代的新组织性质与成长动因［J/OL］.经济管理：1-18，2021-05-03，https：//doi.org/10.19616/j.cnki.bmj.2021.04.012.

［52］齐永智，张梦霞．共享经济与零售企业：演进、影响与启示［J］.中国流通经济，2016（7）：66-72.

［53］秦铮，王钦．分享经济演绎的三方协同机制：例证共享单车［J］.改革，2017（5）：124-134.

［54］秦子岩．共享经济背景下，企业用工的机遇与挑战［J］.人力资源，2021（4）：140-141.

［55］屈丽丽．信用和边界：共享经济绕不过的两道坎［J］.商学院，2015（10）：50-52.

［56］阮晓东．共享经济时代来临［J］.新经济导刊，2015（4）：54-59.

［57］邵洪波，王诗枏．共享经济与价值创造——共享经济的经济学分析［J］.中国流通经济，2017，31（10）：100-109.

［58］世界银行．世界银行数据［EB/OL］.［2020-2-25］.https：//data.

worldbank.org.cn/.

［59］孙永波，孙弘，胡晓鹏.共享经济下企业的组织资源贡献行为及创新绩效——基于中国三大高新区高技术企业的定性比较分析［J］.北京行政学院学报，2021（2）：94–103.

［60］汤天波，吴晓隽.共享经济："互联网＋"下的颠覆性经济模式［J］.科学发展，2015（12）：78–84.

［61］万博楠.互联网变革下新型组织形态研究［J］.中国市场，2021（9）：186–187.

［62］汪茜，刘海琴.共享经济背景下零售企业雇佣模式探讨——以盒马鲜生为例［J］.商业经济研究，2021（5）：136–138.

［63］王松涛.无边界组织：企业组织结构变革的新模式［J］.同济大学学报（社会科学版），2008（4）：118–124.

［64］王晓雪.共享经济背景下商业模式的变革与创新——基于三大典型案例的启示［J］.商业经济研究，2018（3）：30–32.

［65］吴光菊.基于共享经济与社交网络的 Airbnb 与 Uber 模式研究综述［J］.产业经济评论，2016（2）：103–112.

［66］杨帅.共享经济类型、要素与影响：文献研究的视角［J］.产业经济评论，2016（2）：35–45.

［67］杨学成，涂科.出行共享中的用户价值共创机理——基于优步的案例研究［J］.管理世界，2017（8）：154–169.

［68］杨学成，涂科.共享经济背景下的动态价值共创研究——以出行平台为例［J］.管理评论，2016，28（12）：258–268.

［69］杨学成，涂科.信任氛围对用户契合的影响——基于共享经济背景下的价值共创视角［J］.管理评论，2018，30（12）：164–174.

［70］叶剑波.分享经济时代人力资源管理的挑战［J］.中国人力资源开发，2015（23）：6–9+21.

［71］叶盈莹，刘杰，胡西斌.共享经济视角下乐享资源交互平台的价

值共创模式分析［J］.技术与市场，2021，28（1）：128-129.

［72］于博.区块链技术创造共享经济模式新变革［J］.理论探讨，2017（2）：103-107.

［73］于晓东，刘荣，陈浩.共享经济背景下的人力资源管理模式探索：以滴滴出行为例［J］.中国人力资源开发，2016（6）：6-11+54.

［74］余航，田林，蒋国银，等.共享经济：理论建构与研究进展［J］.南开管理评论，2018，21（6）：37-52.

［75］余红心.从"抢人大战"到"共享人才"［J］.决策，2021（Z1）：52-54.

［76］陈春花.管理解决的三个效率问题［EB/OL］.砺石商业评论，［2017-02-06］.https：//www.sohu.com/a/125547378_467215.

［77］张建辉.互联网与企业人力资源管理［J］.中国软科学，2002（4）：82-85.

［78］张孝荣，孙怡，陈晔，等.探寻独角兽［M］.北京：清华大学出版社，2017.

［79］张新红，于凤霞，高太山，等.中国分享经济发展现状、问题及趋势［J］.电子政务，2017（3）：2-15.

［80］张烨，高素英，王羽婵.互动导向共享经济平台用户的价值共创：一个混合效应模型的检验［J/OL］.［2021-03-31］.http：//kns.cnki.net/kcms/detail/62.1015.C.20210303.1333.017.html.

［81］张玉明，管航.共享创新模式：内涵、特征与模型构建［J］.科技进步与对策，2017，34（13）：10-16.

［82］赵铁.共享经济催生的商业模式变革研究［D］.重庆：重庆大学，2015.

［83］赵德志，刘丽.移动互联网转型期运营商人力资源管理模式创新策略研究——以LLT公司为案例［J］.中国人力资源开发，2014（16）：78-86.

［84］郑联盛.共享经济：本质、机制、模式与风险［J］.国际经济评论，2017（6）：45-69+5.

［85］郑志来.供给侧视角下共享经济与新型商业模式研究［J］.经济问题探索，2016（6）：15-20.

［86］中国互联网信息中心.第44次中国互联网发展状况统计报告［EB/OL］.［2019-08-03］.http：//www.cac.gov.cn/2019-08/30/c_1124938750.htm.

［87］周丽霞.规范国内打车软件市场的思考——基于美国对Uber商业模式监管实践经验借鉴［J］.价格理论与实践，2015（7）：21-24.

［88］左小蕾.推动共享性的经济发展［N］，中国证券报，2007-10-19.

后　记

　　目前，共享经济呈现快速发展态势，是拉动经济增长的新路径。由国家发展和改革委员会组织编写的《中国共享经济发展报告》给出这样的判断："我国已成为全球共享经济创新发展的主阵地和示范区。"从发展前景上看，共享经济是一种技术、制度和组织的组合创新方式，能够大幅度降低交易过程中供需双方的成本，提升资源配置效率。无论是从培育经济增长新动能、推动产业转型升级，还是从满足消费者巨大的潜在需求来看，共享经济的作用远未充分释放，共享经济向经济社会各领域加速渗透融合的大趋势不会改变。正如 2019 年 3 月 15 日国务院总理李克强所说，共享经济"作为新事物，和任何新事物一样，在发展中总会有利有弊"，"互联网经济、共享经济、平台经济还有很大的发展空间"。

　　经历了 2019 年末到 2020 年的新冠肺炎疫情的洗礼，共享经济正逐步迈向理性和规范。共享经济需要真正面对的是回归理性的阵痛，"规模打天下"的时代已经过去，回归最本真的商业逻辑，为市场和用户创造更多的价值才是真正的王道。如何快速满足用户需求，为市场和用户创造更多的价值，在诸多企业进行互联网转型的过程中，相对于商业模式的转型，组织模式的转型看起来更重要。互联网时代最大的商业矛盾，是急剧变化的用户需求与企业的不灵敏反应之间的矛盾。其实，每个企业都拥有难以估量的"潜能"，这种潜能是员工"个体"被压抑的能力和意愿，是员工可以盘活的一切"组织"资源。这两类潜能陷入"囚徒困境"、不能被释放的"瓶颈"，正是传统金字塔组织带来的局限性。所以，要基于企业的

"潜能"深入探讨企业的组织形态和组织结构，本书正是基于这样的研究起点，对共享经济下的组织形态和行为进行研究。

共享经济将在组织转型过程中稳步成长。2015 年被称为"共享经济元年"，也是"组织转型元年"，自 2015 年起很多企业都在尝试进行组织变革与转型，有的是创业公司，有的是传统企业，有的是互联网"原住民"企业，有的是准备线上和线下相结合的"移民"企业，大家都感觉到了组织转型的必要性和趋势，希望能够找到适应未来的组织模式。

组织形态由不同的结构组成，结构特征决定组织功能特征，内外部环境的变化会引起内部结构的改变，导致组织功能发生变化，因此可以通过组成结构与功能特征之间的联系探寻组织形态的演变规律，不但可以发现组织的成长轨迹，还可以推测组织的发展方向，为组织转型与变革提供理论依据。

传统的组织形态分析方法是以运动中的组织作为研究对象，以动态的视角审视静态的组织现状，组织形态管理则是以静止中的组织作为研究对象，从静态的视角研究动态的发展过程，探寻组织从低级到高级形态的演变进化规律，使组织发展与变革有规律可循。组织作为生态中的一个价值个体，将随着生态的发展而不断进化，组织管理是为了符合"适者生存"的生态法则，因此组织变革最终是为了组织进化。基业长青的组织都在不断的变革与进化中发展，形成组织与生态、组织与人相适应的组织形态，并得以持续发展。最佳的组织形态是组织与生态、人保持一种相互平衡的价值关系。

笔者基于对过去几年我国共享经济发展的观察和思考，以及对新形势下组织形态管理领域的研究趋势，形成了本书的研究内容。本书能够成功面世，要感谢经济管理出版社的各位编辑的辛苦工作，尤其是杨雪编辑，从提交书稿到完成修改的整个过程，我们多次进行沟通、反复修改，最终本书才能如期与大家见面。

因笔者水平有限，加之经济社会不同领域共享经济的发展态势差异较大，新技术、新模式和新业态领域创新速度不断加快，书中难免有诸多值得商榷之处，恳请广大读者指正并提出宝贵意见，在此表示感谢。

赵慧娟

2021 年 4 月